VOYAGE

EN ALGÉRIE

VOYAGE EN ALGÉRIE

ÉTUDES AFRICAINES

PAR M. POUJOULAT

NOUVELLE ÉDITION

PARIS
LIBRAIRIE D'ÉDUCATION. — Gérant : A. RIGAUD
33, QUAI DES GRANDS-AUGUSTINS, 33.

PRÉFACE

DE LA PREMIÈRE ÉDITION.

Je donne au public le produit de deux ans d'études sur l'Afrique française. Depuis mon voyage en 1844 pour éclairer et animer l'Histoire de saint Augustin de la peinture des lieux, j'ai laissé ma pensée attachée à ce que j'avais vu, et j'ai mille fois en esprit recommencé mes courses dans les provinces d'Alger et de Constantine. Parti d'Afrique plus tôt que je n'aurais voulu, je me promis de la revoir encore et de prolonger ce premier voyage trop rapide par les recherches et les lectures qui touchaient à des pays dont mon âme était si remplie. Des correspondances de plusieurs points de l'Algérie ont été comme autant de voix qui sont venues me parler des hommes et des choses que j'avais quittés ; je me trouvais au courant de chaque changement, de chaque amélioration, de chaque nouvel aspect que présentait la conquête africaine. Nul ne suivait avec plus d'assiduité, d'intérêt et d'ardeur les nouvelles et les mouvements divers de cet empire naissant : de là-bas me venaient des joies ou des tristesses. La gloire de la bataille d'Isly, les désastres héroïques de la colonne Montagnac, les braves de Sidi-Ibrahim, les prisonniers de la Deira qui, pour charmer leurs lugubres ennuis, chantaient les *Hirondelles* de Béranger et qui, trop émus, ne pouvaient jamais achever la chanson, ces prisonniers dont l'horrible fin a été une douleur pour la France et une souillure pour Abd-el-Kader, voilà des images qui n'ont pas passé devant moi comme les fugitives impressions du jour, mais qui m'ont bien remué.

On a publié d'excellents travaux sur l'Algérie. La science géographique, archéologique et historique, et la science administrative ont inspiré d'importantes œuvres. Mais chaque homme apporte dans l'étude d'un sujet les dispositions, les habitudes de son esprit. Nous avons tous notre point de vue comme nous avons une physionomie qui nous est propre. Après avoir lu les principaux ouvrages auxquels a donné lieu notre conquête africaine, il m'a semblé qu'il restait beaucoup à dire, et que si un penseur, un moraliste s'emparait d'un tel sujet, un livre tout à fait neuf pourrait en sortir. Les souvenirs chrétiens de l'Afrique aux divers âges, mis en regard du christianisme renaissant sur la terre africaine, me paraissaient aussi une source d'intérêt. Malheureusement ma faiblesse m'avertit à l'avance du peu de succès de mes efforts, et peut-être ce livre ne sera-t-il que l'indication d'une riche voie nouvelle. A défaut de l'éclat qu'il aurait reçu sous une autre plume, on y reconnaîtra un profond sentiment d'impartialité, le désir d'élever la question africaine, de faire comprendre le vrai caractère, la vraie grandeur de notre mission en Algérie, mission trop souvent réduite à des proportions misérables, à de mesquins horizons. Mon œuvre, inspirée par le patriotisme et l'amour des grandes choses, n'appartient pas à des intérêts ni à des points de vue du moment; elle est écrite des hauteurs de l'histoire et de la réflexion philosophique.

Depuis que je barbouille du papier, je n'ai jamais plus regretté de ne pas savoir tenir la plume à la façon des maîtres. Je suis convaincu qu'un bon et beau livre sur l'Algérie contribuerait merveilleusement à la solution de la question africaine, parce qu'il attacherait fortement les âmes à ces contrées : le style a aussi sa puissante manière de prendre possession d'un pays. Mais que Dieu me garde du glorieux tapage du style contemporain !

Cet ouvrage a été écrit à Hyères, où me retenait un devoir domestique, au milieu d'orangers qui me rappelaient ceux de Blidah, en face du petit archipel, gracieuses Cyclades de la Provence; en face de la mer bleue qui s'en va battre les rivages d'Alger et d'Oran, de Bougie et de Bône. Pourquoi faut-il que la prose qu'on va lire n'ait rien gardé de la beauté de ce ciel et des suaves et belles lignes de cette nature? Mais ce livre sera au moins une date.

VOYAGE
EN ALGÉRIE

I

DE MARSEILLE A ALGER

Impressions au départ de Marseille. — La mission religieuse de la France. — L'horizon de l'Espagne et les oiseaux voyageurs. — Le coucher du soleil et les îles Baléares. — Souvenirs historiques à la vue des rivages d'Alger. — Arrivée à Alger.

Le 15 avril 1844, à six heures et demie du soir, je partais de Marseille pour Alger, à bord du paquebot le *Pharamond*. Le soleil se couchait derrière l'île de Pomègue. Je me retrouvais en mer, sur cette mer que j'avais traversée à vingt ans pour aller demander à l'Orient des enseignements et des souvenirs, pour aller aux lieux où s'était fait entendre la parole des plus grands hommes, et retremper ma foi aux sources mêmes du christianisme. Le but principal de ma pérégrination nouvelle était la recherche des traces de saint Augustin et le perfectionnement d'une œuvre d'histoire. Je voulais aussi étudier l'Afrique renaissante, le débrouillement de ce chaos d'où un monde doit sortir. La guerre, et la civilisation qui marche à la suite, sont des spectacles auxquels le philosophe et le moraliste ne restent pas indifférents. L'œuvre de saint Louis n'est pas morte avec lui à Tunis; les idées sont immortelles, et la renaissance chrétienne de l'Afrique est une de ces grandes choses qui se préparent, se fécondent et s'achèvent lentement à travers les âges.

Depuis Charles Martel, la France est le missionnaire armé de la civilisation évangélique. Avec Charlemagne elle recevait les clefs du Saint-Sépulcre et fondait l'indépendance du premier pasteur de l'univers catholique; avec Godefroy, Beaudouin, Louis VII, Philippe-Auguste et saint Louis, elle frappait et affaiblissait les masses conquérantes de l'islamisme, ouvrait le monde oriental jusque-là fermé à l'Europe, jetait sur tous les points de l'Asie des semences chrétiennes; avec François Ier, elle recueillait en quelque sorte les premiers fruits de notre vieille influence en Asie, établissait sous le nom de *capitulations* nos droits et la supériorité de notre nom, et dans les pays d'outre-mer toute puissance européenne se rangeait pour nous laisser passer; avec Louis XIV, la France envoyait aux quatre coins de l'univers d'intrépides propagateurs de l'Évangile et de notre langue, étendait au loin son empire par les chefs-d'œuvre des maîtres, répandait sur les côtes africaines de salutaires terreurs et protégeait de sa royale bannière les cent mille Maronites du Liban et tous les chrétiens épars à travers les régions de l'islamisme. Comme notre force importe à l'avenir du monde, la France du Consulat et de l'Empire, tout en obéissant à l'ambition d'un homme, ne faisait pas moins son œuvre avec les conquêtes de Napoléon ; enfin la France, arrachant la Grèce à l'oppression musulmane, servait encore le mouvement civilisateur, et sa gloire se levait comme un soleil nouveau lorsque en 1830 elle plantait son drapeau sur les murs d'Alger. Notre établissement dans l'ancienne Afrique romaine réalisait les plans de saint Louis, faisait disparaître les bandits de la mer et mettait au cœur de la barbarie un foyer d'idées chrétiennes.

La civilisation au moyen de la guerre est un des mystères qui frappent et étonnent le plus l'intelligence. Civiliser à coups d'épée, imposer des usages, des idées, des institutions avec tout l'appareil de la violence et le terrible accompagnement des batailles, c'est une loi de la terre, loi aussi ancienne que la société humaine. Il en est des nations comme des individus, à qui souvent on fait accomplir le bien par force. Une perversité native ne permet guère à l'homme d'aller au bien de lui-même. Ainsi les peuples ne montent pas à la civilisation tout seuls; on les y pousse par la guerre. C'est l'œuvre de la France en Algérie, et dans sa mission africaine la France a de plus beaux destins que Rome. La lutte entre le christianisme et l'islamisme, entre la révélation et l'invention, sera la dernière grande lutte de ce monde.

Ainsi s'en allait capricieusement ma pensée tandis que la vapeur m'entraînait vers les rivages de l'Afrique. Je restai sur le pont aussi longtemps que je le pus ; le grand air, la mer immense et le ciel étincelant avaient plus d'attrait pour moi qu'une cabine. Le 16, au lever du jour, du haut du pont, j'apercevais à l'est, cachées dans les brumes, les hautes cimes de la Corse ; à l'ouest, sous un ciel d'opale semé de petits nuages blancs, je cherchais les côtes de Port-Vendre, de Barcelone, de Malaga. L'Espagne, que je n'ai jamais visitée, m'apparaissait belle encore malgré ses malheureuses divisions. Quelques brumes montaient de divers points du ciel ; des nuages qui figuraient de longues écharpes de gaze étaient suspendus sur nos têtes. Toutefois la brise restait douce, et la mer n'était pas plus agitée qu'un lac. Plusieurs rouges-gorges fendaient péniblement l'air ; ils revenaient fatigués du côté de l'Espagne et se sont reposés sur les mâts de notre navire ; malgré le bon accueil fait à ces gracieux réfugiés, leur timidité ne leur a pas permis de rester longtemps au milieu de nous. Les rives de France étaient d'ailleurs le but de leur voyage, et nous voguions vers les rives africaines. Les rouges-gorges ont donc continué leur voyage, et j'aurais voulu, je crois, être l'un d'eux pour m'élancer d'un vol vers les orangers d'Hyères, où j'avais laissé les doux trésors de mon cœur [1].

A trois heures après midi (le 16), nous découvrions au sud-ouest les îles Baléares. L'île de Minorque se détache d'abord comme une muraille grise sur un horizon blanc. Nous passâmes à deux portées de fusil

---

[1] M. Poujoulat, en partant pour l'Afrique, avait laissé à Hyères sa femme et sa fille. *(Note de l'éditeur.)*

du port et de la ville de Mahon qui se montre sur une hauteur, entourée de gracieux paysages ; au bord du plateau qui domine la mer s'élève une église comme pour bénir la marche des navigateurs. Le temps continuait à nous être propice. L'orient était noir, mais le soleil se couchait avec splendeur. Des nuages s'étendaient comme des flèches et des lances, et d'autres, comme des léviathans, sur l'horizon embrasé ; quelques-uns de ces nuages se balançaient et représentaient des bois de pins au fond d'un ciel lumineux. L'imagination retrouvait ses fantastiques demeures dans les couleurs magiques du couchant sur le ciel de l'Espagne. Les couleurs de toutes les pierres précieuses étincelaient dans ce monde féerique produit par le coucher du roi du jour ; ce tableau, que nul pinceau de la terre n'aurait pu reproduire, offrait, en s'effaçant lentement, mille scènes diverses, mille jeux poétiques et ravissants. Ces magnifiques apparitions du soir sur la mer, apparitions qui s'évanouissent si vite et qui sont de si fidèles images de la vie, me retraçaient les songes de la jeunesse.

Les îles Baléares sont une halte naturelle sur le chemin de France à Alger ; elles deviendront un jour françaises. En 1840, à la première menace de guerre, des ordres avaient été donnés pour que nos vaisseaux s'emparassent de ces îles espagnoles, qui du reste passeraient volontiers sous notre domination. Le nom de ces îles se mêle aux plus tristes souvenirs de piraterie algérienne [1]. Il en est un qui nous

---

[1] Les gens des îles Baléares, tout chrétiens qu'ils étaient, firent quelquefois eux-mêmes le métier de pirates.

revient particulièrement à l'esprit. Dans la première moitié du seizième siècle, le corsaire Khayr-Eddin, devenu capitan-pacha de la marine ottomane, s'était vu enlever la Goulette, Tunis et ses trésors par Charles-Quint; son intrépidité n'avait pu le sauver d'un désastre; mais son caractère était d'acier; il reparut bientôt sur les mers, entraîné par la soif de la vengeance; les rivages de Sicile et d'Espagne eurent à souffrir de ses surprises terribles. Un jour l'audacieux Barberousse, suivi de quarante galères enlevées dans ses courses, se présente devant Mahon avec les couleurs de l'Espagne sur tous ses navires et s'avance comme pour une fête. Les Mahonais, trompés par les bannières de leur nation, crurent voir la flotte de Charles-Quint et firent retentir joyeusement toutes les cloches de leur ville. C'était aux approches du soir; Barberousse attendit la nuit pour entrer dans le port; Mahon s'était endormie au milieu de l'allégresse, elle se réveilla dans le pillage et la servitude. La population tout entière fut jetée pêle-mêle dans les galères de Khayr-Eddin et transportée à Alger; chaque Mahonais dut se racheter à prix d'argent. Les côtes de la Méditerranée au seizième siècle voyaient souvent de ces dramatiques aventures.

La matinée du 17 fut pluvieuse et mauvaise; le vent nord-est soufflait avec violence, et le roulis du bateau me fatiguait horriblement. Des requins et des souffleurs, précurseurs des orages, suivaient notre paquebot. Le ciel était d'un gris de plomb. Des courants contraires, venus de Malte et de Gibraltar, augmentaient les secousses du navire. Mais nous en fûmes quittes pour quelques heures de tangage. A deux heures après midi, nous distinguâmes, malgré les brumes, les côtes d'Afrique, les hauteurs d'Alger.

Lorsqu'on voyage en mer, le premier aspect d'une terre qu'on n'a jamais vue excite toujours de l'émotion, surtout quand cette terre est célèbre et, de plus, marquée des souvenirs de la patrie. En apercevant les hauteurs d'Alger, je vis tout à coup passer devant moi comme une image de son histoire depuis trois cents ans. Les frères Aroudj et Khayr-Eddin, corsaires fameux, rois terribles de la mer dans la première moitié du seizième siècle, fondaient la puissance algérienne et déposaient sur ce rivage le riche produit d'immenses spoliations; le phare d'Alger me marquait l'emplacement de ce fort du *Pagnon* occupé par les Espagnols et qui fut l'occasion de l'imprudent appel fait à la bravoure rusée des deux frères; Alger, auparavant grand village maure sans défense, vit le génie européen, grâce à l'or de Khayr-Eddin, l'entourer de murs solides, de bastions, de casemates et de citadelles; devant la *Guerrière* (El-Zeïr) tombe l'orgueil de Charles-Quint. Du môle qui commençait à se déployer devant moi partaient autrefois des galères, effroi des paisibles navigateurs. L'espace que je venais de franchir depuis Marseille avait été le témoin de bien des angoisses, le théâtre d'atroces brigandages.

Au milieu du dix-septième siècle, la piraterie algérienne osait porter ses attaques jusque sur les côtes de Provence; l'amiral de Beaufort fit subir des pertes aux Barbares; il les châtia sous le fort de la Goulette, en vue de Cherchell et en vue d'Alger. Ces expéditions, glorieuses pour la France, aboutirent à un traité de paix conclu avec les Algériens, en 1670 ; par suite de ce traité, tous les esclaves français furen remis en liberté, et les navires capturés rendus à leurs maîtres. Onze ans plus tard, Alger rompt la paix ; Louis XIV avait alors plus de cent vaisseaux de ligne et soixante mille matelots ; il envoie Duquesne attaquer Alger que de terribles images environnaient depuis la mauvaise issue des expéditions espagnoles ; la flotte française, battue par des tempêtes, cherche un abri au cap Matifoux comme avait fait la flotte de Charles-Quint ; puis Duquesne s'approche d'Alger malgré le mauvais temps et lance des bombes sur la ville ; douze cents boulets, partis des batteries algériennes, n'atteignent pas un seul des hommes de France ; cinquante maisons détruites et cinq cents morts marquèrent les ravages de notre feu. Si une affreuse mer n'avait pas forcé Duquesne de reprendre la route de Toulon, Alger, dès cette époque, eût appartenu à la France. Ce bombardement d'Alger fut pour l'Europe et le monde une formidable nouveauté.

Au mois de juin 1683, Duquesne reparaît devant Alger et bombarde de nouveau ce grand nid de vautours. Sept ou huit cents personnes périssent écrasées sous les débris de leurs demeures. L'épouvante gagne les habitants ; ils pressent le dey de demander la paix. Un esclave français, le capitaine Beaujeu, est interrogé et répond que la soumission à l'Empereur de France, est le seul parti qui reste ; le dey s'indigne contre un avis pareil et dit qu'il aimerait mieux voir Alger en cendres. Forcé par le peuple et la milice, il envoie le père Levacher, vicaire apostolique et consul de France, porter des paroles de paix ; Duquesne répond au consul resté dans sa chaloupe qu'il ne sera question de paix qu'après la remise de tous les esclaves français et des esclaves d'autres nations chrétiennes, et menace de recommencer le bombardement. Le 5 juillet, cinq cent quarante-six esclaves arrivaient à bord de la flotte française. Bientôt le feu gronde encore ; quatre cent vingt Français occupés à la Calle par le commerce et la pêche du corail viennent, sur un ordre de Duquesne, s'abriter sous notre drapeau. Mezzomorte, devenu le chef d'Alger, accuse le père Levacher de faire des signaux à la flotte ; on lui donne à choisir entre un turban et la mort. Le consul subit le martyre ; on l'attacha à la bouche d'un canon [1] et son corps vola en lambeaux. Un semblable trépas fut réservé à plusieurs esclaves français. Les relations contemporaines citent le trait d'un reis (capitaine) qui voulait mourir avec le jeune Choiseul à la bouche du canon, en souvenir des bons traitements reçus de l'officier de marine pendant que l'Algérien avait été prisonnier.

Je me rappelais aussi le troisième bombardement d'Alger, commandé par le maréchal d'Estrées, à la suite de la rupture du traité du 24 avril 1684, traité trop miséricordieux pour que les Algériens le respectassent longtemps. Du 13 au 16 juillet 1688, d'Estrées lança sur la ville dix mille bombes dont les ravages furent effroyables. La vengeance des Algériens se traduisit par les atrocités accoutumées ; le vicaire

---

[1] Cette pièce de canon, d'une dimension énorme, appelée la *Consulaire* depuis la mort du P. Levacher, consul de France, fut transportée en France après notre conquête d'Alger et élevée en guise de colonne à Brest sur la place d'armes.

apostolique et le consul de France, beaucoup de Français qui se trouvèrent sous la main du dey furent attachés à la bouche du canon. C'est au pied du trône même de Louis XIV qu'un envoyé d'Alger implora la paix en 1690 ; le marquis de Seignelay le présenta au roi dans la grande galerie de Versailles ; quel spectacle pour ce barbare venu d'Alger !

Dans sa harangue, l'envoyé musulman appelait Louis XIV l'*Alexandre et le Salomon de son siècle, l'admiration de l'univers*. En ce temps-là, la marine française tenait l'empire des mers ; la Méditerranée était vraiment alors un lac français. Tunis nous payait un tribut annuel de soixante mille écus et nous donnait, au préjudice de l'Angleterre, le droit de faire le commerce au cap Nègre et d'y pêcher le corail.

Les menaces de Bonaparte, premier consul, firent trembler le dey d'Alger, coupable d'avoir capturé des navires de notre pays. Si le chef barbaresque n'avait pas promptement souscrit à toutes les conditions du premier consul, Alger serait tombée en notre pouvoir vingt-sept ans plus tôt. En 1816, lord Exmouth la foudroya.

Enfin, en présence de la côte d'Alger, je sentais en quelque sorte les battements de cœur de notre armée, lorsque le 12 juin 1830 elle reconnut pour la première fois les rivages promis à sa bravoure. Le jour où notre belle flotte partit pour Alger fut un des jours les plus patriotiquement joyeux dont on ait pu garder le souvenir ; je crois entendre encore les cris d'enthousiasme de cent mille spectateurs sur la plage de Toulon, accompagnant de leurs vœux les vaisseaux chargés de grandes destinées.

Tels étaient mes souvenirs à l'aspect de la blanche ville d'Alger qui se déploie en triangle au penchant de la montagne ; on me montrait tour à tour le cap Matifoux et la plage de Sidi-Ferruch, le fort de l'Empereur et la Kasbah ; à l'aide d'une lunette, je distinguais de riches paysages. Cette ville d'Alger, d'où les chrétiens ne s'approchaient jadis qu'avec effroi, je la contemplais avec des regards pleins d'intérêt et d'amour ; ce rivage, si longtemps inhospitalier, était doux comme le rivage de la patrie. A quatre heures de l'après midi (17 avril), nous jetions l'ancre dans le port d'Alger au milieu d'un grand mouvement où la physionomie arabe se mêle à la physionomie européenne. Nous avions fait le trajet de Marseille à Alger en quarante-huit heures.

II

PHYSIONOMIE D'ALGER

L'évêque d'Alger. — La Kasbah, le fort de l'Empereur et le bombardement du 4 juillet 1830. — L'hôpital du Dey. — Les nouveaux martyrs. — Visite à des familles juives : l'ordonnance du 9 novembre 1845. — Visite à des familles moresques : l'intérieur de la famille musulmane.

Dans les récits de voyage, il n'y a rien de mieux, je crois, que de dire les choses au fur et à mesure qu'on les voit ou qu'on les apprend. On court risque, il est vrai, de ne pas rester dans un ordre parfait, mais la narration y gagne plus d'intérêt et de naturel, et le lecteur s'associe plus intimement au voyageur : l'un et l'autre s'instruisent en même temps.

Alger m'a remis tout d'abord dans mes souvenirs d'Orient : il me semblait retrouver Smyrne avec son double aspect oriental et franc, ou bien les cités de Syrie situées sur les côtes et fréquentées par les Européens. Seulement à Alger on sent la prise de possession du génie français. Nous sommes les maîtres ; nous bâtissons; les rues portent des noms français ; nous rencontrons des magasins comme dans notre pays et des enseignes en langue française. Alger renferme aujourd'hui cinquante mille habitants. C'est surtout la ville basse qui est faite à l'image de nos mœurs; le génie moresque est resté sur le haut de la montagne. Le mélange des costumes français, arabes, kabyles, juifs, mores, et de notre uniforme militaire; les cris en français, en arabe, en italien, en espagnol; le bruit des conversations en tant de langues diverses, tout cela est d'un très-curieux effet. J'ai retrouvé l'Arabe avec son manteau blanc, son capuchon serré d'un cordon de laine brune, ses jambes nues et ses sandales, sa figure longue et ses yeux noirs. J'ai fait connaissance avec le Kabyle ou Berbère, descendant du Gétule et du Numide, l'hôte le plus ancien de ce pays; avec le More venu d'Espagne, avec le Coulougli, fils du Turc et d'une femme indigène. Le More et le Coulougli sont vêtus de même; avec le turban, la large veste et l'ample pantalon qui s'arrête au-dessous du genou, ils n'ont pas des airs de grandeur antique comme l'Arabe et le Kabyle avec le simple khaïq et le bernous. L'Arabe, sous son khaïq, a autant de majesté que le Romain sous sa toge. Le bernous du Kabyle rappelle le pallium des anciens maîtres du monde.

Il se passe d'étranges choses dans les yeux, sur le front sévère de ces Arabes, témoins muets de notre établissement, de nos triomphes, de nos progrès. Il y a des mystères de mépris, de douleur et d'ironie sur ces fronts. Accroupis sur des pierres, à des détours de rue, à des coins solitaires, ces hommes m'apparaissaient comme des Jérémies pleurant la chute d'Alger et l'invasion étrangère. Ces apparitions-là sont particulièrement expressives le soir. Parfois, à l'heure où la nuit tombe, j'attachais des regards attentifs sur des groupes d'Arabes causant mystérieusement, doucement, en des endroits écartés, et j'aurais bien voulu savoir ce qui s'échangeait entre ces vaincus [1].

J'ai retrouvé l'étroite boutique orientale arrangée avec une sorte d'art, et le boutiquier juif ou more, les jambes croisées, encadré comme un buste dans une niche : il a l'air d'être lui-même une marchandise avec son impassible immobilité.

Ce n'est pas sans quelque joyeuse surprise que j'ai entendu presque tous les enfants des Juifs et des Mores parler français. Alger a son gamin de Paris très-éveillé, très-alerte. Cette génération naissante, qui sait déjà notre langue, c'est la génération de l'avenir ; c'est celle dont nous devrions nous emparer par l'enseignement, car le reste de la population ayant âge d'homme ne changera pas ; il faut qu'elle achève de mourir avec ses coutumes, ses préjugés, ses erreurs et ses haines.

---

[1] Il y a eu dans ces derniers temps, à Alger, des fêtes où des chefs arabes, ralliés à la France, nous ont montré des visages amis.

Du haut de la fenêtre de ma chambre (hôtel d'Orient), je voyais se balancer de nombreux navires français et de diverses nations européennes. Ce port, battu par les vents du nord, a des périls dont on cherche depuis longtemps à triompher. Que de travaux y ont été exécutés! Dans le seizième siècle, Khayr-Eddin fit de grands efforts pour établir un port à Alger; il occupa des milliers d'esclaves chrétiens à construire un môle et une jetée pour unir à la terre-ferme la petite île du fort espagnol. La France, depuis quelques années, travaille à agrandir le port d'Alger et à le mettre en mesure d'abriter une flotte de guerre. Ce port, contre lequel a toujours conspiré la diplomatie hostile de l'Angleterre, s'achèvera; l'accomplissement de cette œuvre nous permettra de nous défendre lorsque viendront les mauvais jours. Malheureusement, j'entends dire que le plan en voie d'exécution ne répondra pas à tous nos besoins.

La mosquée qui touche à la place Royale et à la mer, la plus belle des mosquées d'Alger, est une construction du dix-septième siècle, née du génie européen. La tradition lui donne pour architecte un esclave chrétien à qui on demanda une mosquée et qui fit une église. On prête à l'esclave ces prophétiques paroles : « Quand les chrétiens viendront s'établir à Alger, ils auront une église. » Depuis quinze ans que nous sommes là, nous n'avons pas encore osé donner cette mosquée à la religion catholique; notre politique prudente eût craint d'offenser trop vivement la piété musulmane; nous nous contentons de visiter la mosquée quand cela nous plaît, sauf à exciter une secrète rage dans le cœur des Mahométans qui nous voient. Au jour marqué, Alger chrétienne aura sa cathédrale toute trouvée. J'entendais de ma chambre le muezzin appeler les croyants à la prière le jour et la nuit; il me semblait qu'il chantait plus fort et plus longtemps qu'il ne fallait, comme si cette voix retentissante et perpétuelle eût voulu prouver la vie de l'islamisme en face de la croix victorieuse. La première nuit où le chant du muezzin est arrivé à mon oreille à Alger, je me suis cru tout à coup dans l'Orient musulman; il y avait treize ans que je ne l'avais entendu, et j'avoue que j'ai senti un certain charme poétique dans cette mélodie aérienne qui me rappelait mon ancienne vie de voyageur. Mais ce charme n'égalait point la joie que j'éprouvai lorsque après un an de courses dans la Grèce, l'Asie Mineure et la Palestine, j'entendis, au milieu du Liban, la cloche catholique!

Il y avait à Alger, au temps de Dapper, 107 mosquées dont la plupart s'élevaient sur les bords de la mer. La conquête française en a beaucoup réduit le nombre.

Un évêque d'Alger [1], c'est la plus magnifique, la plus étonnante nouveauté de ce siècle! Alger, la métropole du brigandage, la vieille demeure de l'épou-

---

[1] L'évêché d'Alger fut créé le 10 août 1838 sous le nom de *Julia Cæsarea*. Mais on sait aujourd'hui que l'ancienne ville de Julie Césarée est représentée par Cherchell. Alger occupe l'emplacement de l'ancienne Icosium. Ce fait a été démontré par une appréciation plus exacte des anciennes distances et par la découverte d'une inscription dans les ruines d'un édifice. J'ai été surpris de ne pas trouver dans *l'Africa Christiana* de Marcelli, Icosium parmi les cités africaines qui étaient des évêchés. On pourrait en conclure qu'Icosium, dont l'origine remonte aux fabuleux souvenirs d'Hercule et de ses vingt compagnons, n'avait plus que des débris au temps de l'Église d'Afrique.

vante, l'ancien témoin des plus noires atrocités musulmanes, des plus cruelles douleurs chrétiennes, est devenue un évêché catholique ! L'aumône du pasteur se répand à travers la ville où la piraterie entassait les trésors des nations; la croix et le pain divin enchâssé dans un soleil d'or sont portés en procession solennelle aux lieux mêmes où coulèrent les sueurs et le sang des esclaves chrétiens, où les disciples de l'Évangile eurent plus d'une fois à choisir entre le Coran et le martyre ! Alger évêché catholique, c'est la conquête française et la consécration de la victoire, c'est l'intronisation de la pensée chrétienne au cœur même de l'islamisme, c'est un pas merveilleux fait dans la voie de la régénération du continent africain, c'est enfin la continuation de la chaîne d'or des Cyprien et des Augustin, interrompue par quatorze cents ans de barbarie !

L'évêque d'Alger reçut donc ma première visite. Je n'avais pas l'honneur de connaître personnellement Mgr Dupuch, je ne connaissais que l'ardeur de son zèle apostolique. La maison qui sert de palais épiscopal n'a rien d'éclatant dans son extérieur, mais elle n'en est pas moins une charmante habitation moresque. L'intérieur présente comme un espace ouvert, entouré de gracieuses colonnettes; il en est ainsi dans toutes les maisons d'Afrique et d'Asie. Les maisons romaines avaient aussi une cour de ce genre qui se nommait *l'impluvium;* la pluie pouvait y tomber. Cet espace ouvert était le milieu de la maison; c'est le *milieu* dont parle saint Luc [1] dans son récit

---

[1] Chap. v, v. 19.

de la miraculeuse guérison du paralytique[1]. Il est évident que cette forme architecturale est d'origine asiatique et qu'elle avait été imitée par les Romains.

Elle a servi de modèle pour nos vieux cloîtres dont nous admirons encore la riche élégance. Ce milieu des maisons orientales laisse la fraîcheur de la nuit pénétrer dans les galeries circulaires et les pièces qui y correspondent; durant le jour, une tente peut le couvrir et protéger la famille contre les feux du soleil. L'appartement de la demeure épiscopale qui sert de salon de réception est une galerie coupée par une sorte de sanctuaire demi-circulaire, revêtue de marbre ciselé avec beaucoup d'art; le dôme du petit salon offre comme une ravissante dentelle de marbre, qui fait songer aux merveilleux travaux du génie moresque à Séville, à Cordoue et à Grenade.

Monseigneur Dupuch, évêque d'Alger et d'Hippone, ne pouvait manquer de recevoir avec bonté l'historien de saint Augustin. Il me parla de ses pieux labeurs, de ses courses pastorales et de ses sollicitudes. La vue de la soutane violette et de la croix d'or sous un dôme moresque, les signes du christianisme confondus autour de moi avec les images de l'Orient musulman, les noms des plus importants pays barbaresques mêlés aux souvenirs des plus touchantes cérémonies catholiques, tout cela m'enchantait comme un beau songe pendant que j'écoutais parler l'évêque d'Alger. Nous avons longuement causé de la résurrection de la foi en Afrique, et des temps chrétiens de ce pays. Avec quelle avidité je prêtais

---

[1] Et per tegulas summiserunt eum cum lecto in medium ante Jesum.

l'oreille aux moindres détails du travail religieux qui se produit dans ce continent ouvert aux idées européennes! Après des années passées dans l'étude de l'Église d'Afrique, je trouvais un charme infini à la voir tout à coup sortir de la poussière. D'après tout ce que j'ai ouï dire, le génie militaire, jusqu'à ce jour, n'a pas tenu grand compte des monuments de l'ancienne Afrique chrétienne. On n'a presque rien fait pour mettre en lumière les débris si vénérables des vieux âges catholiques.

Il y a de saintes gens, en Algérie, qui, peu versées dans l'archéologie, voient des églises partout. Les messieurs du génie tombent dans un excès contraire et nient volontiers toute découverte d'églises, comme pour se mettre à leur aise et ne pas avoir à les respecter. On a vu des pavés d'églises en mosaïque se changer en vergers; on y creusait des trous et puis on y plantait; les lieux où jadis la prière avait fléchi le genou devenaient ainsi des lieux indifférents. De belles colonnes de granit ont été souvent converties en moellons, et la mine a fait sauter de beaux débris pour les réduire aux dimensions des pierres propres à construire. Parfois le génie militaire se montre civilisé à la façon du boulet qui va droit au but, aux dépens de tout ce qu'il rencontre. Le gouvernement, qui verse tant de millions dans l'Algérie, n'encourrait pas la malédiction des Chambres pour avoir donné des soins suffisants à l'antiquité chrétienne et à l'antiquité romaine en Afrique. Quatre cents francs avaient été affectés pour les fouilles de l'immense Julie Césarée! C'est se moquer de la majesté des souvenirs. Mais cette parcimonie à l'égard des siècles antiques ne saurait être que passagère, et la création d'un *musée algérien* à Paris, à côté du musée égyptien, nous répond des soins qui seront donnés à la conservation des monuments africains.

Je voulais saisir d'un coup d'œil l'ensemble de la ville d'Alger avec ses abords et la mer qui bat ses côtes. La Kasbah me parut le point le plus propre à m'offrir ce tableau, et j'y montai. On traverse toute la ville haute qui n'est qu'un amas de petites rues semblables aux rues du Levant. Le vieux génie d'Alger est encore là; rien n'y a été changé. A peine quelques soldats ou quelques chapeaux francs qui montent ou qui descendent, vous avertissent de notre domination. Il y a de la tristesse dans ces étroites et sales rues où plus d'une fois vous apparaissent de sinistres visages, où nulle figure indigène ne vous sourit. Mais il faut en prendre son parti avec les vaincus.

La Kasbah, changée aujourd'hui en caserne, en logements destinés aux officiers, formait comme une petite cité au sommet d'Alger; c'est une réunion de pavillons et d'édifices qui servaient aux divers besoins du dey. Il fallait du reste que la Kasbah eût des périls pour les deys, car deux seulement en firent leur demeure : Ali Logo (le fou), et Hussein pacha, le dernier. Les autres deys habitaient le palais situé place Royale et surmonté de l'horloge. Ce qui m'a le plus frappé comme construction, à la Kasbah, c'est une mosquée que j'ai trouvée remplie de lits de soldats et de tout l'attirail des équipages militaires. L'architecture de cette mosquée est charmante; les arceaux sont soutenus par des colonnes torses en marbre blanc d'un beau travail. J'aurais mieux aimé pour le culte catholique cette élégante mosquée que la toute petite mosquée située à quelques pas de la principale porte de la Kasbah, et dont on a fait une chapelle à la Vierge sous le nom de Notre-Dame des Victoires. L'autel de Notre-Dame des Victoires eût été plus heureusement placé dans l'ancien sanctuaire musulman de la Kasbah, au centre même de la demeure de l'ancien dominateur barbare!

On visite avec un intérêt particulier le kiosque suspendu sur la galerie d'un des pavillons du dey, ce kiosque où le chef barbaresque respirait la fraîcheur, où il recevait en audience les agents européens, ce lieu enfin où fut donné le coup d'éventail au visage du consul de France. Ce petit coup d'éventail a remué le monde et déterminé les grandes choses dont nous avons été les témoins. Quand on considère d'un côté cette petite cause, de l'autre les effets immenses qui se déroulent en Afrique sous nos yeux, on reste confondu, et le geste, la colère, la mauvaise humeur de ce maître d'Alger se montre à nous comme je ne sais quoi de bien lointain et de fabuleux. Rien n'égale l'ardente rapidité du génie de la France : sa chaude expansion transforme et crée des mondes en un clin d'œil.

Du haut de la Kasbah, Alger se déploie jusqu'à la mer. Les terrasses des maisons, comme chacun le sait, sont couvertes de chaux pour garantir les habitants contre les ardents rayons du soleil. Vue du sommet de la colline, la blanche Alger a l'air d'être bâtie d'hier. Lorsqu'on se place sur les terrasses de la Kasbah et qu'on a, à ses pieds, la métropole africaine étincelant au soleil, devant soi la mer immense, à droite et à gauche, des sites qui ont tous un caractère de grandeur, on est frappé de la rare magnificence de la position d'Alger. Au sud-est, on me montrait le fort de l'Empereur, dont l'effroyable chute sous le feu de nos batteries détermina la capitulation du dey; il est dominé par les hauteurs de Boujareah, où les Algériens n'avaient rien construit. Des batteries établies sur ces crêtes, depuis le jardin du consulat de Suède jusqu'au mamelon qui fait face au côté occidental du fort, tonnèrent avec d'affreux ravages contre Sultan-Kalessi pendant six heures de la matinée du 4 juillet 1830. Le général en chef qui, du consulat d'Espagne, présidait à tout, donna le signal de l'attaque avec une fusée volante. Les quinze cents janissaires enfermés dans le fort de l'Empereur firent une bonne et intrépide défense; la Kasbah et le fort Bab-Azoun vomissaient aussi le feu le plus vif. L'armée française, placée sur les sommets de Boujareah, contemplait cette décisive et grande lutte. Quel spectacle ! c'était comme une succession de tonnerres qui grondaient, éclataient, et multipliaient la mort et la ruine; de la montagne à la mer s'étendaient des tourbillons de fumée avec un bruit qui semblait devoir ébranler la terre. Une scène de l'enfer planait sur ce vieil asile du brigandage et de la servitude, et ces formidables images étaient le passage à des temps nouveaux. A mesure que se ralentissait le feu des batteries algériennes, notre armée sentait venir à nous la victoire. La bravoure de l'ennemi ne pouvait rien devant les ravages inévitables de nos obus et de nos bombes. A la fin, le fort de l'Empereur sauta, et cette immense explosion, qui frappa d'une stupeur soudaine notre armée et en quelque sorte la nature elle-même, fut le dernier bruit d'Alger la guerrière en présence de nos drapeaux victorieux ! Le souvenir de cette matinée du 4 juillet 1830 a longtemps attaché mes regards au fort de l'Empereur et aux crêtes des collines d'où partait notre terrible feu.

Un peu plus haut que la Kasbah, l'attention s'arrête devant deux hôpitaux militaires dont la construction doit être maintenant achevée; leurs murs, d'une élévation considérable, ont quelque chose de fier et de dominateur ; nos soldats malades ou blessés, dans ces beaux asiles que leur offre la France, sembleront menacer encore l'ennemi. Nos malades se trouvent en ce moment à l'hôpital du Dey, que nous sommes allés visiter en traversant le vallon de Boujareah. Au fond de ce vallon coule une petite rivière, la seule autour d'Alger; sur ses bords croissent l'aloès et le nopal ! Au penchant du coteau paraît un cimetière chrétien dont je raconterai l'origine en parlant des anciens esclaves chrétiens à Alger. Non loin de là, quelques femmes juives, voilées et coiffées du tentour comme les femmes du Liban, gémissaient dans un cimetière de leur nation ; elles fondaient en larmes comme les pleureuses d'Orient, collaient leurs lèvres sur la tombe, et paraissaient écouter à travers le silence du sépulcre; ces femmes racontaient la vie et les bonnes œuvres des morts qu'elles pleuraient. Il y a chez les Juifs des jours marqués pour les larmes autour de ces tombeaux.

L'hôpital du Dey est ainsi nommé parce qu'il occupe l'emplacement du jardin du Dey ; ce jardin était considérable ; il y avait des pavillons pour le maître et des harems pour ses femmes ; c'était la villa du gouverneur général de l'Algérie. M. le duc de Rovigo en fit un généreux abandon.

L'hôpital est une réunion de trente et une baraques blanches qui sont comme autant de dortoirs pour les soldats malades. Les anciennes baraques sont en chaume, les nouvelles ont des toits. Une propreté parfaite règne dans les salles que nous avons visitées ; on y comptait alors à peine trois cent cinquante malades ; c'était peu si on se souvient des trois ou quatre mille malades qui s'y trouvaient encombrés auparavant. La dyssenterie est, comme chacun sait, le mal qui fait le plus de ravages parmi nos troupes d'Afrique. L'hôpital du Dey a un aumônier ; on aime à voir les consolations religieuses assises aux portes de la souffrance, dans ces lieux qui, malgré notre conquête, ne sont pourtant pas la France et où rien ne représente mieux la patrie que la religion. Je visitais l'hôpital du Dey le 18 avril ; les figues étaient près de mûrir dans les parties du jardin conservées pour l'usage des malades, et déjà les vignes se couvraient de feuillage. J'ai vu là des orangers de la plus haute taille, et j'ai goûté des bananes d'un goût exquis : c'est en janvier qu'elles mûrissent.

« En mars, dit Léon l'Africain, tous les arbres se
« couvrent de fleurs ; en avril, se nouent presque
« tous les fruits ; la fin de ce mois et le commence-
« ment de mai donnent des cerises mûres. A la mi-
« mai on cueille des figues, et, dans quelques lieux,
« à la mi-juin, on trouve des raisins mûrs. Les poi-

« res, les oranges et les prunes atteignent leur ma-
« turité en juin et juillet. Les figues d'automne (c'est-
« à-dire la deuxième récolte) mûrissent en août,
« mais c'est en septembre que les figues et les pêches
« sont le plus abondantes. »

Le chemin qui nous a ramenés à la ville nous a fait passer à côté de la forteresse appelée du *Poux* par les Arabes, et forteresse des *Vingt-quatre heures* par les Francs. Tout autour on travaille, on creuse pour l'agrandissement d'Alger ; c'est là que furent élevés les tombeaux des sept deys, de forme carrée, recouverts chacun d'un dôme, soutenu par quatre colonnes. Un même jour avait vu ces sept deys monter au pouvoir et tomber sous les coups du peuple et des janissaires [1].

Chaque soldat de la milice algérienne pouvait prétendre à la domination ; de là les révolutions, les coups d'épée, la succession rapide des maîtres de ce pays. On cite très-peu de deys qui soient morts dans leur lit. En 1720, le P. Comelin et ses compagnons de l'ordre de la Trinité avaient vu les tombeaux des sept deys. Cinq ou six jours avant leur arrivée à Alger, un Juif avait été brûlé dans le voisinage de ces tombeaux ; il était faussement accusé d'avoir coupé la langue à un Turc.

Le faubourg qui s'étend de ce côté s'appelle Bab-el-Oued ; à peu de distance de la porte *Bab-el-Oued*, en face de la mer, un jardin appelé Promenade Royale

---

[1] Le dey qui fut élevé au pouvoir à la suite de ces sanglantes scènes était un pauvre cordonnier ; ce fut par ses ordres qu'on bâtit les tombeaux à la mémoire des sept victimes.

s'étend en amphithéâtre; un officier, dont le nom rappelle d'autres époques, le colonel Marengo, a créé ce jardin avec le bras des condamnés militaires. C'était auparavant une côte abrupte et nue; on y trouve aujourd'hui des parterres, des allées sinueuses, des kiosques revêtus de faïences, quatre jolies fontaines moresques. Le colonel Marengo, qui m'a fait les honneurs de son jardin avec un aimable empressement, m'a parlé d'un souvenir intéressant au sujet de l'une de ces quatre fontaines. Cette fontaine, selon la tradition, ornait la place d'Alger, où l'on avait coutume de couper la tête aux esclaves chrétiens; les bords du bassin servaient à aiguiser le yatagan, et les traces du fer s'y montrent encore; le glaive ensanglanté était lavé dans l'eau de cette fontaine. Si la tradition offrait un caractère grave de vérité, ce n'est pas dans un jardin qu'il faudrait placer cette fontaine aux sanglants souvenirs, mais dans un lieu sacré, à la porte de quelque église. Les esclaves morts sous le yatagan des Algériens furent des martyrs, car ils auraient pu conserver la vie au prix de l'apostasie. Trois croissants surmontaient la porte du jardin, ce qui donnait un grand air d'islamisme aux possesseurs de la Promenade Royale; j'ai engagé le colonel Marengo à faire disparaître ces croissants ou à les poser renversés en signe de défaite : il me l'a promis. Dans un coin du jardin, une pauvre femme bien âgée balayait quelques tombes qui recouvrent les os de son mari et de ses enfants; elle embrassait devant moi les mains du colonel dont les ordres ont jusqu'ici respecté ces tombes. La bonne vieille demande qu'après sa mort on l'ensevelisse à côté de ceux qui lui furent si chers. Les morts dont elle prend tant de soin n'étaient pas les seuls qui reposassent sur la colline, et le créateur du jardin n'a pas fait grâce à toute cette poussière humaine.

En rentrant par la porte de Bab-el-Oued, on m'a fait voir une ancienne mosquée qu'on remet à neuf et dont on veut faire la cathédrale. Cet édifice, de forme circulaire, a plus d'étendue que la cathédrale actuelle d'Alger, située en face de l'évêché; mais son enceinte est loin d'être proportionnée à la population chrétienne du pays. Le dimanche, depuis cinq heures du matin jusqu'à midi, l'église est pleine à chaque messe; les fidèles, composés surtout de Mahonais et de Maltais, ne peuvent pas tous trouver place. La première fois que j'ai entendu l'office divin dans l'ancienne mosquée devenue église catholique, mon esprit a été fortement distrait par la pensée de tout ce qu'il a fallu d'événements pour que la commémoration du sacrifice du Calvaire se célébrât avec pompe dans un sanctuaire de l'Islamisme !

La croix est plantée sur trois minarets d'Alger. En voyant cette Afrique française sortir de terre et multiplier chaque jour les merveilles, on songe à tant de Français morts en Algérie, à tant de braves qui, après des souffrances grandes comme leurs luttes, ont jeté les bases d'un nouvel empire et fondé la sécurité dans ces contrées naguère livrées aux barbares. Nos soldats sont ensevelis çà et là sur la terre africaine; leur poussière est partout comme leur gloire. Que le dieu de saint Louis les récompense ! Martyrs de la civilisation, croisés des derniers temps du monde, ces combattants français ont bien mérité de la patrie et du christianisme : leur sang a cimenté l'Eglise d'Alger.

Pendant mon séjour à Alger, j'ai visité quelques familles juives et moresques des plus considérables; j'ai retrouvé les mœurs de l'Asie. Si je peignais l'intérieur de ces maisons, je m'exposerais à répéter bien des pages de notre *Correspondance d'Orient*. Dans la maison israélite où m'a conduit Moïse Narboni, j'ai vu une fin de noce. Un groupe de jeunes Juives entourait la mariée ; la richesse de leurs costumes éblouissait les regards. Quelques-unes de ces jeunes filles portaient des colliers de perles de Tunis ; il y en avait pour une valeur de plus de cent mille francs. Les Juifs d'Alger ne feraient pas comme ce soldat romain des premiers temps, qui, ayant trouvé dans le camp d'un roi de Perse un petit sac de peau rempli de perles, les jeta, ne sachant ce que c'était, et ne garda que le sac. La coiffure des compagnes de la mariée étincelait de diamants; elles portaient des robes de brocart d'or et des babouches semées de paillettes d'or. Je me permis de regretter que la mariée eût gâté ses jolies mains avec les dessins coloriés des Arabes; on me répondit qu'il avait fallu subir cet usage et que le mari ferait disparaître ces peintures le lendemain; déjà la nouvelle épouse avait, par l'ordre de son mari, effacé le henné de son visage. D'ici à peu d'années, les usages mores auront été abandonnés par les Israélites d'Alger, qui sont en voie de civilisation européenne. Plusieurs d'entre eux parlent notre langue, et leur demeure est meublée à la manière française. J'ai vu de jeunes Juives africaines vêtues d'après les modes de Paris.

Ce serait ici le cas de dire un mot de l'ordonnance royale du 9 novembre 1845, relative à l'organisation du culte israélite en Algérie. La première idée qui vient à l'esprit, en lisant cette ordonnance, c'est que la religion mosaïque n'a plus d'existence propre puisqu'elle a besoin d'une loi de l'Etat qui l'organise. Les Juifs, qui depuis dix-huit siècles *ne savent ce qu'ils font*, ont cessé d'être avec Moïse en acceptant l'intervention du pouvoir temporel dans la constitution de leur état religieux. Voilà le ministre de la guerre qui nomme les rabbins, qui a le droit de les révoquer ou de les suspendre ; qui règle leurs attributions, approuve leurs décisions ou les rejette ! Un maréchal ou un général, muni d'un portefeuille, devient le successeur d'Aaron et d'Éléazar ! Pour peu que vous admettiez que le gouvernement français soit chrétien, il s'ensuivra que des mains chrétiennes exercent aujourd'hui le ministère spirituel des Israélites. L'ordonnance de 1845 donne aux Juifs de l'Algérie des avantages civils, mais elle enterre le mosaïsme.

Les maisons des Mores, attachés de près ou de loin à l'administration française, offrent un mélange d'usages africains et européens. On y trouve comme une lutte domestique entre notre esprit et l'esprit musulman. Mais les concessions qu'on nous fait et les préférences qu'on nous donne sont toujours soumises au succès de nos armes. La fortune d'Abd-el-Kader est la règle de conduite de plus d'une maison arabe d'Alger.

Je n'ai jamais pénétré dans un intérieur moresque sans éprouver une sorte de recueillement et de respect. C'est surtout par la mauvaise constitution de la famille que doit périr la société musulmane, et rien n'est plus admirable que la manière dont la famille musulmane est abritée. Ce n'est pas seulement la jalousie, la nécessité de se dérober au soleil ou aux oppresseurs qui a changé chaque foyer en un sanctuaire peu accessible. Il y a là une idée morale, si je ne me trompe. Le monde n'a rien de plus auguste que les liens de la famille, les relations entre le mari et la femme, entre les parents et les enfants. Il y a au fond de tout cela quelque chose comme le *saint des saints*, et le mystère sied bien au foyer. Il semble que l'autorité paternelle grandisse à mesure qu'elle s'enfonce dans l'isolement de la famille, à mesure qu'elle se sépare de toute autre puissance : elle prend dans la solitude un caractère de pieuse majesté. Les Arabes nous donnent, sous ce rapport, d'importantes leçons dont nous ferions bien de profiter. Le plus grand mal moral de la France, aujourd'hui, c'est que l'autorité paternelle a perdu, aux yeux des enfants, le prestige religieux qui s'y rattachait.

III

PROMENADES A MOUSTAPHA

Bab-Azoun. — Souvenirs et tableaux. — Les coteaux de Moustapha. — Les villas moresques. — Les chants d'église à Moustapha.

Le nom d'Alger réveille le souvenir de tant d'atrocités commises, qu'il y a une sorte de contraste entre ce nom et de charmants paysages. Il semblerait que le crime ne devrait habiter que des lieux sauvages, d'âpres rochers suspendus au bord des abîmes, une terre environnée de sombres aspects ; on serait d'abord porté à croire qu'une féroce pensée, un affreux projet ne peut pas naître au milieu des sourires de la nature, en face d'un coteau gracieux ou d'une prairie étincelante ; mais les choses de ce monde offrent parfois les plus étranges désaccords ; les ravissants paysages du Bosphore n'ont jamais empêché l'ordre de couper des têtes ou de noyer des femmes, et, au temps de la domination barbaresque, les suaves contours, les délicieux tableaux, les douces harmonies du pays d'Alger ne sauvaient la liberté ni la tête d'aucun chrétien. Quand l'homme porte l'enfer dans son âme, c'est en vain que la nature lui présente des paradis d'où partent des inspirations d'amour et de paix. Les promenades que j'ai faites à Moustapha, à travers les magnificences du mois d'avril, m'ont surpris et ravi. Toutefois, avant de monter vers ces belles collines, je devais passer par les plus étonnantes misères de la nature morale.

Pour aller à Moustapha, on traverse le quartier oriental d'Alger qui se nomme Bab-Azoun. C'est à la porte de Bab-Azoun que la justice algérienne frappait les Turcs comme la cruauté frappait les chrétiens et les juifs à la porte de Bab-el-Oued ; on pendait les chrétiens nus à des crochets ; ces corps pâles, meurtris, portant les traces d'horribles souffrances, étaient la digne parure de la porte d'une ville barbaresque. A l'époque de l'expédition de Charles-Quint, les abords de Bab-Azoun furent témoins de l'héroïsme des chevaliers de Malte, que les Algériens appelaient les *habits rouges*, à cause de la couleur de leur cotte d'armes. Les chevaliers s'avançaient fièrement à pied avec la lance et l'épée; devant eux reculait la cavalerie ennemie. L'audacieuse petite phalange se précipitait invincible dans le faubourg de Bab-Azoun au milieu des corps qu'elle avait fauchés; peut-être son courage vainqueur l'eût entraînée dans la ville même, si le dey Hassan ne se fût hâté de faire fermer la porte sans se préoccuper de la foule éperdue ainsi livrée aux coups des chevaliers. Le porte-enseigne de l'ordre, Ponce de Savignac, tenant de la main gauche son drapeau, enfonça de la droite son poignard dans la porte et l'y laissa planté comme un signe vigoureux et menaçant [1].

Tout ce côté est couvert de constructions nouvelles qui rappellent nos cités de France. Ainsi que Bab-el-Oued, Bab-Azoun voit reculer les limites de la ville. Sur ce point se porte principalement l'activité des spéculateurs; Bab-Azoun sera la plus belle portion d'Alger. En dehors des portes actuelles, les images de la vie du désert ont tout-à-coup étonné mes regards; j'ai vu des tentes faites de poil de chameau, des cabanes faites de fumier et de broussailles. Là vivent sous notre protection quelques tribus soumises. Les familles étaient entassées sous les huttes comme des animaux. On mangeait la molle galette, on buvait le lait aigre; les moins pauvres ajoutaient à leur festin le gâteau à l'huile que j'avais connu sous la tente des Bédouins de Syrie. J'ai parcouru ces misérables demeures autour desquelles étaient amon-

---

[1] L'expédition de Charles-Quint eut lieu au mois d'octobre 1541.

celées des ordures ; quelques mots français sortaient de la bouche des pauvres Arabes ; presque tous les petits enfants parlaient notre langue. Deux petits Arabes de trois ou quatre ans, debout à l'entrée d'une tente, faisaient l'exercice avec une baguette en guise de fusil. Mais comment exprimer l'effet produit par la vue de ce sale campement arabe placé en face de grandes maisons françaises avec ces enseignes : *Aux Vendanges de Bourgogne, Café de la Renaissance, Restaurant d'Apollon,* en face d'ateliers nombreux et de toute l'activité européenne ? Ces deux sociétés jetées en présence l'une de l'autre formaient le plus curieux des spectacles.

Un camp de Bédouins dans le désert ou en rase campagne avec les armes, les chiens et les troupeaux, est un tableau qui se comprend, qu'on peut aimer et qui porte un caractère de poésie primitive. Mais les familles arabes établies dans le fumier de Bab-Azoun ne sont rien autre que la dégoûtante barbarie assise à nos portes. Qu'on leur bâtisse un kan à la manière des caravansérails d'Asie.

Ce qui est aujourd'hui faubourg de Bab-Azoun sera enfermé dans la ville lorsqu'on aura élevé les murs d'enceinte qui doivent se prolonger jusqu'à la forteresse de Bab-Azoun. Près de là, on achève le lazaret qui recevra les navires du Levant. Une belle route conduit dans l'intérieur du pays. Cette route, couverte de Français, de Mores, d'Arabes, d'Italiens, de Mahonais, de Maltais, de Nègres et de Négresses, offre de riches sujets d'observations et de piquants tableaux de mœurs. On ferait des volumes avec la seule étude de toutes les figures qui se mêlent sur le chemin. Des omnibus qui partent de la place Royale se croisent en sens divers. De temps en temps on y aperçoit des Mores ou des Arabes; ils sont là moins poétiques que sur leurs chameaux. Ces têtes à barbe noire avec la coiffure du désert s'encadrent mal au fond d'un omnibus; l'Arabe et le chameau semblent faits l'un pour l'autre, mais l'Arabe et l'omnibus ne sont qu'un contraste.

Parmi les nègres ou négresses qui bordaient la route et qui étaient mendiants ou vendeurs d'oranges, plusieurs gardaient à peine de glorieux vestiges de la figure humaine. C'était une humiliante ressemblance avec la bête, avec le singe; c'était une expression de stupidité animale dont mon cœur s'attristait. Je cherchais dans ces vivantes ruines la plus belle œuvre de Dieu et je ne la retrouvais point. Le dernier degré de l'échelle humaine est un effrayant mystère. Je me suis arrêté avec une sorte de terreur devant ces nègres et ces négresses accroupis aux bords du chemin; quand j'ai pu entrevoir en eux quelque trace de facultés humaines, et reconnaître à travers les débris l'âme humaine encore dans son temple, j'ai senti une vive joie; j'ai compris qu'il n'y avait là qu'une chute profonde, une effroyable dégradation, et que ces pauvres êtres, pouvant me dire oui ou non, demeuraient supérieurs aux bêtes les mieux organisées, supérieurs à toutes les œuvres inanimées de la création.

Les beaux coteaux de Moustapha rappellent les rivages du Bosphore à Thérapia et à Buyuk-déré. On distingue le Moustapha supérieur et le Moustapha inférieur; ce dernier comprend la partie basse jusqu'à la mer ; un camp français y est établi ; le chemin qui traverse le camp est planté de mûriers. Du haut de Moustapha, la rade se présente sous la forme d'une aile déployée dont l'extrémité orientale est le cap Matifoux, et l'extrémité occidentale Alger. C'est au printemps que je parcourais les hauteurs de Moustapha, et la nature s'y montrait alors dans toute sa splendeur. On admirait la vigueur de la végétation, le tendre éclat de la verdure, la variété des aspects, la richesse des scènes et des images, l'épaisseur des prés fleuris jetés sur la colline comme d'éblouissants tapis. Le cactus aux larges feuilles hérissées de dards croît à côté du myrte et du rosier sauvage; des champs d'iris et d'asphodèles s'étendent non loin du jujubier et de l'oranger, du figuier et du caroubier, du citronnier et de la vigne ; nous retrouvons ici tous nos arbres fruitiers de France avec plus de vigueur ; le laurier-rose, à la fleur purpurine, marque les sinuosités de chaque courant d'eau, et l'orme, le frêne, l'aune et le chêne-vert laissent deviner une sève puissante.

Chaque détour de la route vous conduit à des tableaux gracieux ou magnifiques. De nombreuses villas moresques sont semées ou plutôt suspendues çà et là comme des nids dans un verdoyant feuillage. Ces doux paysages connurent les ravages de la guerre; la dévastation passa sur la plupart de ces villas si paisibles ; on a tout relevé depuis ; les travaux de l'homme et les inépuisables trésors de la nature ont fait disparaître jusqu'aux dernières traces des révolutions. La pensée des maux s'enfuit vite, la Providence veut que les plaies de l'âme se ferment comme les larges blessures faites par la hache au tronc de l'arbre : la perpétuelle renaissance de chaque chose dans la création nous convie, nous pousse presque à notre insu à l'oubli et à l'espérance.

Une villa moresque suffit pour vous faire juger du climat et de l'ancien gouvernement du pays. L'extérieur n'annonce presque rien ; c'est le déguisement de l'opulence, dans une contrée où toute richesse pouvait devenir la proie du despote. Rien n'était plus dangereux que de paraître riche ; des murs nus et grossiers, des vêtements modestes, telles étaient les précautions pour tromper les cupides regards du pouvoir ; et même, une fois entré dans la maison, il faut chercher pour trouver. Nos habitations de France n'ont pas de secrets et s'offrent d'elles-mêmes et en entier à la curiosité du visiteur ; on n'atteint que peu à peu et par des détours dans les diverses profondeurs de la villa moresque ; chaque pas nous mène à de véritables découvertes, car on ne soupçonne pas tous ces sanctuaires si variés de la vie domestique. Le pavé et les murs intérieurs sont revêtus de faïence peinte ; les portes qui communiquent d'une pièce à l'autre sont petites et en bois sculpté ; les boîtes et les cassettes en nacre sont les objets de luxe les plus fréquents ; dans chaque salon, les divans écarlates vous invitent au repos. On y trouve le *frigus opacum,* la fraîche obscurité du poète ; le soleil n'y pénètre jamais ; la seule brise de la mer ou de la colline arrive par de petites fenêtres grillées. C'est ainsi que tout était prévu pour se garantir à la fois des tyrans et d'un brûlant climat. La jalousie aussi trouvait son compte dans cette distribution intérieure des maisons africaines ; on y cachait sa femme ou ses femmes. En Afrique comme en Asie, les abris les plus discrets, les sanctuaires les plus profonds ont toujours dérobé au profane la beauté aimée dont on veut garder pour soi tout seul les regards, le souffle et la parole.

Beaucoup de villas moresques de Moustapha appartiennent aujourd'hui à des Français; ils n'ont pas à se préoccuper, comme les anciens possesseurs de ces lieux, des redoutables fantaisies gouvernementales, mais le soleil est toujours là, et leurs demeures sont de sûrs abris contre l'ardeur de ses feux. S'il m'était donné d'arranger ma vie avec tout le charme que l'imagination peut lui prêter, je voudrais tous les ans passer six mois dans une villa de Moustapha ou dans un kiosque du Bosphore, entre la méditation, la poésie et l'amitié.

On m'a montré, à Moustapha, une maison des Dames du Sacré-Cœur pour l'éducation des filles des colons de l'Algérie.

Un dimanche, aux heures de l'après-midi, je gravissais lentement le chemin de Moustapha supérieur, promenant tour à tour mes regards de ces belles collines à la rade étincelante et de la rade au ciel bleu. Je roulais dans mon esprit mille pensées sur notre occupation de l'Algérie, sur nos destinées en ce pays, sur la France nouvelle que ce sol fertile doit faire germer, sur le retour d'un âge chrétien dans ces régions où la gloire chrétienne fut si grande, lorsque tout-à-coup j'entendis des voix sur un ton qui me rappelait nos chants d'église; en avançant, je distinguai une voix d'homme et des voix d'enfants et de femmes qui chantaient alternativement les versets du *Magnificat*.

« Parce qu'il a regardé l'humilité de sa servante,
« voilà que toutes les nations me proclament bien-
« heureuse.

« Parce que celui qui est puissant a fait pour moi
« de grandes choses ; et son nom est saint.

« Et sa miséricorde se répand d'âge en âge sur
« ceux qui le craignent.

« Il a fait éclater la force de son bras ; il a confondu
« les desseins des superbes.

« Il a renversé les puissants de leur trône et a
« élevé les humbles. »

Une pauvre petite construction s'offrit à moi à droite, à quelques pas de la route ; c'est de là que partaient les voix. J'y entrai. Le pavé de l'étroite chapelle allait en montant ; des femmes, des jeunes filles, des enfants étaient réunis autour d'un prêtre, revêtu du surplis et de l'étole ; on chantait les vêpres. Je reconnus le prêtre ; nous avions descendu ensemble le Rhône, il y a quelques années, à bord d'un bateau à vapeur ; c'était un Allemand ; il se nomme l'abbé Landmann ; il avait été curé de Constantine et maintenant il était curé de Moustapha. Cette cabane de pierre était son église, ces femmes, ces jeunes filles, ces enfants étaient ses paroissiens. Assis sur un banc à côté d'une femme âgée dont le costume était celui d'une paysanne, j'entendis l'office jusqu'au bout. Ces chants d'église qui frappaient mon oreille dans un lieu où je ne m'attendais pas à les trouver, ces pauvres gens de France réunis autour d'un prêtre d'Allemagne venu là pour être leur pasteur, ce cantique de la mère du Sauveur du monde, gloire et libératrice des femmes, sur une terre où la femme fut longtemps esclave, ce contraste d'une pauvre petite église et d'un grand et riche paysage, ce touchant mélange de religion et de patrie au milieu d'une belle nature, en face d'une mer autrefois sillonnée et couverte par les ennemis du nom chrétien, tout enfin concourait à remuer fortement le cœur et à jeter l'âme dans des rêveries infinies.

IV

LES ENVIRONS D'ALGER

Kouba. — La Maison Carrée. — Douéra. — Bouffarick. — Blidah. — La prise de Blidah.

Alger est environnée de villages où l'agriculture se déploie sous la protection de nos camps. J'ai parcouru tout le massif d'Alger avec le vif intérêt qui s'attache à des terres conquises qu'on foule pour la première fois, et à des œuvres récentes qui sont des créations de l'homme. Des routes ouvertes par nos soldats relient ces divers centres de population, qui sont les premiers efforts de la colonisation française. Ils ont commencé en 1841, mais c'est surtout à partir de 1842 que les images de la vie européenne sont venues animer les solitudes du Sahel.

J'ai visité Kouba avec M. le baron de Vialar, un des plus anciens et des plus honorables colons de l'Algérie, homme doux, intelligent et bon, qui a jeté dans la conquête française son âme et sa fortune. Si tous les Français de notre colonie africaine étaient religieux et hommes de bien comme lui, nous aurions exercé sur les Arabes un plus fort ascendant moral, et le mépris ne se serait jamais placé entre l'islamisme et nos victoires. Cette grave question viendra en son lieu.

Kouba est à trois lieues au sud-est d'Alger. On y va à travers un beau pays ; on n'a pas assez de regards pour toutes les magnificences de Moustapha supérieur. Je me suis arrêté un moment devant la colonne qui porte le nom du général Voirol, successeur intérimaire du duc de Rovigo dans le gouvernement de l'Algérie. Un petit chemin mène à Kouba ; il est bordé de grands oliviers sauvages, d'aubépines et de nopals ; la marguerite et la camomille blanchissaient les champs. Nous avons passé à côté d'un tombeau de marabout, entouré d'un bosquet comme le sont tous ces pieux asiles musulmans. En Afrique, de même qu'en Orient, ces bosquets sont respectés ; on y cherche un refuge contre les dévorantes ardeurs du soleil. Dans l'opinion musulmane, des prodiges d'une invisible colère frapperaient le profane qui oserait y porter le fer ou le feu. Les enchantements de la forêt du Tasse appartiennent au même ordre de superstition ; et comme le même fonds d'idées gouverne les peuples de tous les pays et de tous les temps, il y eut aussi chez les anciens des bois sacrés, des forêts où l'on invoquait la Divinité. Les pensées d'utilité publique se cachaient ainsi sous des voiles religieux, et l'homme était retenu par de mystérieuses terreurs plus puissantes que toute force d'ici-bas; il s'agissait de conserver les bois. Nous aurions bien besoin d'un Dieu qui arrêtât le déboisement de la France.

On distingue trois villages à Kouba : le vieux, dont les premiers habitants sont morts des fièvres et de l'usage immodéré des boissons fortes ; le neuf, qui prospère par la culture des terres et la sobriété des habitants ; et le troisième enfin, qui est un village moresque. Nous avons un camp à Kouba. Les terrains incultes sont couverts de fleurs sauvages ; les oiseaux y volaient par milliers sous le soleil d'avril. De beaux défrichements commençaient à changer la face de ces collines ; des champs de blé, des jardins potagers, des oliviers sauvages greffés, annonçaient le passage et le travail de l'homme. L'industrieuse activité de M. de Vialar a été comme le bon génie de ces lieux. La ferme qu'il y a établie est confiée à des Mahonais. On les rencontre en grand nombre en Algérie ; les trois quarts des cultivateurs de nos possessions africaines sont Mahonais ; ils se distinguent par leur moralité et leur travail. Trop souvent les étrangers venus en Algérie ne sont que la lie de leur nation ; il n'en est pas de même des Mahonais ; ce sont des familles entières, c'est toute une population pauvre, mais laborieuse, qui s'est portée dans l'Afrique française. La langue des Mahonais offre de grandes ressemblances avec le provençal et surtout avec le languedocien. Ces ressemblances s'expliqueraient par la vieille domination des Aragonais dans les îles Baléares. On sait que, pendant un certain temps, les rois d'Aragon furent maîtres de quelques provinces du midi de la France. C'est ainsi que la langue des Aragonais put se mêler avec la langue des peuples de la Provence, du Languedoc et du Roussillon.

En voyant tant de charmants domaines dans notre trajet d'Alger à Kouba, je demandais à mon guide s'il était resté beaucoup de propriétaires mores. Il me répondait qu'un tiers d'Alger et du massif leur appartient. Les Mores émigrés ont pris le chemin de Tunis ou du Maroc. Les travailleurs de cette nation sont plus heureux que sous les deys. Les petits propriétaires ont de la peine à vivre parce que tout est devenu cher depuis la domination française. Les Arabes vendent au prix de quinze francs un mouton qui se vendait deux francs au temps des Turcs. Aussi les Arabes s'enrichissent avec nous; sous le rapport matériel, notre domination est leur âge d'or ; mais la question religieuse est là qui élève une terrible barrière. Les Mores et les Juifs d'Alger ou du Sahel sont au nombre d'environ quarante-cinq mille. On compte environ trente-cinq mille Européens, vingt-cinq mille dans la ville, dix mille répandus dans le massif. Avant notre établisseemnt en Afrique, Alger et ses environs ne refermaient pas autant d'habitants. Nous parlions tout-à-l'heure des Mores. Nous avons appris avec quelque surprise que ce nom de *more* n'existe pas dans la langue du pays ; le souvenir des trois Mauritanies, les dénominations nationales des vieux siècles ont disparu. Il n'y a en Afrique que les Arabes, les Kabyles ou Berbers, les Turcs et les Colouglis, issus de Turcs et de femmes indigènes. Nous avons donné le nom de Mores aux Arabes des villes. Il ne faut pas croire que les Turcs de l'ancienne régence d'Alger eussent quelque chose de commun avec les vrais Osmanlis ; c'était un ramas de renégats de toutes les contrées, Grecs, Circassiens, Albanais, réunis en société pour piller sur les mers.

Avant que les fortes mains du maréchal Bugeaud eussent pris le gouvernement de l'Algérie, il y avait danger à s'en aller sans escorte vers la Maison Carrée. Aujourd'hui c'est un but de promenade à cheval. On va d'Alger à la Maison Carrée, comme de Paris à Saint-Cloud ; les piétons, les cavaliers et les voitures couvrent la jolie route qu'on a tracée. La Maison Carrée est un fort moresque construit sur une élévation d'où l'œil embrasse au sud et au sud-ouest l'Atlas et la Mitidja, au nord et au nord-ouest les hauteurs de Moustapha, au bout desquelles apparaît la blanche ville d'Alger comme un nuage lumineux abaissé sur la colline et aussi comme une carrière. Cette vue est belle. Ces contours de collines, semées de blanches villas, sont charmants. Au pied de la Maison Carrée courent les eaux limoneuses de l'Arrach qu'on passe sur un pont. L'Arrach vient de l'Atlas au sud-est de Blidah, traverse la Mitidja, grossie par les eaux de l'Oued-el-Kerma, et se jette dans la mer à peu de distance du fort. Les cailloux roulés par l'Arrach indiquent que cette rivière devient souvent un torrent. Une morne solitude environne la Maison Carrée ; ce sont des terres sans culture, des espaces où la vie n'est plus. Du haut du coteau, je voyais les eaux stagnantes luire dans la plaine de la Mitidja ; l'insalubrité de cette portion de la vallée éloignera bien longtemps encore les colons. Du jour où cette Mitidja, jadis si féconde et si riche, aura été délivrée des éléments de mort qui la dérobent à notre activité, la colonisation française aura fait un grand pas. Vingt mille bras européens, appliqués à l'exploitation d'une semblable plaine, la transformeraient en un ravissant Eden, source immense des produits les plus précieux. La Mitidja est à la fois un grand problème et une belle proie offerte au génie agricole.

La première fois que je suis allé à la Maison Carrée, c'était le 24 avril 1844. Ce jour-là, le maréchal Bugeaud devait se mettre en marche pour aller battre les Kabyles des environs de Bougie qui n'avaient pas voulu encore reconnaître la domination française. Ces tribus kabyles occupent un espace de dix-huit lieues dans les montagnes et peuvent mettre sur pied près de vingt-cinq mille combattants, presque tous fantassins. Elles avaient payé l'impôt à Abd-el-Kader; le maréchal voulait qu'elles payassent l'impôt à la France, pour effacer parmi ces Kabyles tout vestige de la domination de l'émir. Dans leurs derniers messages adressés au maréchal gouverneur, les Kabyles de l'est, à qui on reprochait le bon accueil fait aux troupes d'Abd-el-Kader, répondaient que cet accueil avait été simplement une pieuse hospitalité; le maréchal leur répliquait qu'on donne l'hospitalité à des hommes et non pas à une armée. Les Kabyles consentaient à nous laisser passer dans leurs montagnes et à maintenir la sécurité pour nous; ils consentaient à l'exécution de la route commencée d'Alger à Constantine, mais refusaient de se soumettre à la France. « Nous mourrons s'il le faut, » avaient-ils ajouté.

Un mot du maréchal avait amené des centaines

d'Arabes à la Maison Carrée; ils étaient accourus de douze à quinze lieues à la ronde pour accompagner les convois de l'expédition; les Arabes seuls s'entendent à faire marcher les chameaux, et de plus, dans cette expédition, leur nombre devait servir d'escorte.

Le maréchal emmenait cinq mille hommes de ligne et trois cents cavaliers pour tenir tête à vingt-cinq mille Kabyles, tous braves. On s'explique sans peine la puissance de ces cinq mille soldats disciplinés que le chef lance ou retient comme un seul homme, en face d'une multitude courageuse mais désordonnée. Que peut une masse d'individus intrépides mais se battant au hasard, en présence de forces compactes qui se distribuent au gré d'une seule pensée, en présence de la précision rigoureuse de nos soldats qui se comprennent, s'entr'aident et se dirigent eux-mêmes avec les coudes? C'est là tout le secret des succès d'une poignée de nos braves contre des Arabes trois ou quatre fois plus nombreux.

Ce fut donc de la Maison Carrée que partit l'expédition. Du haut de la terrasse du fort, j'attachai longtemps mes regards sur les régiments qui s'acheminaient joyeux du côté où les attendaient les périls de la guerre. Les chameaux des convois et leurs conducteurs arabes formaient un tableau à part à la suite de nos soldats. Appuyé sur un mur de la Maison Carrée, je suivis de l'œil les bataillons français aussi longtemps que je pus distinguer l'éclat de leurs armes; et lorsque l'espace et les collines m'eurent dérobé nos régiments, mon cœur ému leur envoya des vœux.

Quelque temps après, je connus la destinée de cette

expédition qui n'avait duré qu'un mois. Je retrouvai à Dellys ses traces glorieuses, comme je le dirai plus tard. La soumission des Kabyles de l'est avait été rapide, mais pas du tout complète et définitive. Les menaçantes nouvelles du Maroc avaient obligé le maréchal à s'y porter sans retard.

La route de Dely-Ibrahim à Blidah vous fait passer à travers une succession de créations diverses. Entre Alger et Dely-Ibrahim, on rencontre la petite commune d'Elbiar, où se tenait le consul d'Espagne au moment de l'expédition française en 1830. Le site d'Elbiar est un des beaux sites du pays. La nature offre de riches variétés et la culture est soignée jusqu'au village de Dely-Ibrahim, situé à trois lieues à l'ouest d'Alger. Une élégante petite église réunit tous les dimanches les colons de ce village. Douéra, à six lieues d'Alger, m'a vivement intéressé. En 1842, le voyageur qui s'en allait à Blidah trouvait à Douéra de pauvres baraques en planches pour se reposer; il n'y avait rien de plus, et tout autour le sol était couvert de palmiers nains et de plantes sauvages. L'année 1843 vit tout à coup une ville sortir de ce désert. Dans l'espace d'un an, plus de mille habitants s'y trouvèrent rassemblés, sans compter les ouvriers qui formaient une population flottante. Douéra a des établissements militaires, un mur d'enceinte, une école pour les garçons, une autre pour filles, une charmante église que nous avons vue près de s'achever et qui a été ouverte à la piété chrétienne par l'évêque d'Alger, au mois d'août 1845. Les défrichements sont considérables, mais les fourrages sont les produits les plus importants du sol; Douéra n'est pas un pays de culture, c'est l'industrie qui fait vivre la cité nouvelle. Placée sur la route de Blidah, elle est comme une halte animée ; chaque jour plusieurs centaines de voyageurs s'y arrêtent. Les épreuves du climat, fatales surtout aux enfants, l'insalubrité des maisons neuves, l'ignorance des conditions de la vie sous le ciel africain ont fait des victimes à Douéra comme partout ailleurs en Algérie ; mais à mesure qu'on s'acclimate, qu'on s'établit solidement et qu'on se dirige avec intelligence pour les soins de la vie animale, la mortalité diminue et la santé publique est aussi bonne que dans les meilleurs pays de France.

On avait craint que l'eau ne vînt à manquer à Douéra ; deux fontaines publiques et cinquante-six puits ont dissipé toutes les inquiétudes. Douéra est un point central et dominateur qui rayonne sur tous les villages d'alentour. Il y a quelque chose des contes des *Mille et une Nuits* dans la soudaine apparition d'une ville française au milieu des solitudes africaines. Nous ne sommes pas loin des temps où les coups de main, les embuscades, les agressions de toute nature ensanglantaient les lieux où l'on passe paisiblement aujourd'hui comme sur une route de France. Une sécurité profonde règne dans le Sahel, et dans ces régions conquises on jouit des douces images de la patrie sans la pensée du péril. Ce qui fait la grandeur de Dieu, c'est surtout la puissance de créer ; voilà pourquoi l'homme se montre particulièrement grand à nos yeux lorsqu'il accomplit quelque chose qui ressemble à la création ; aussi la fondation de la ville de Douéra dans le Sahel nous faisait songe à la fois à la gloire de notre nation et au génie de l'homme.

Bouffarick mérite les regards du voyageur. Il y avait là dans la plaine, à distance égale du Sahel et de l'Atlas, un grand marché sur un terrain marécageux ; des lentisques et des broussailles formaient toute la végétation de cette triste partie de la plaine ; pourtant on espéra vaincre l'insalubrité du sol. Cette position intermédiaire d'Alger à Blidah appelait une cité ; un arrêté du 27 septembre 1836 créa la ville de Bouffarick. Le fossé qui l'entoure, le camp d'Erlon avec ses casernes pour quinze cents hommes et ses écuries pour quinze cents chevaux, lui donnent un air militaire. La grande question à résoudre était l'assainissement de Bouffarick ; des boulevards furent tracés et plantés d'ormes et de frênes, de mûriers et de saules ; les principales rues de Bouffarick furent aussi plantées d'arbres ; mais ce n'étaient là que des moyens incomplets. Il fallait des travaux pour diriger et recevoir les eaux, pour combler ou dessécher les marais ; une persévérante volonté a accompli cette œuvre d'utilité publique. Les colons de Bouffarick, que nulle épreuve n'a pu abattre, ont bâti près de trois cents maisons en pierre, établi des fermes, défriché et ensemencé des espaces considérables planté des milliers d'arbres fruitiers. Chaque année, la coupe des foins amène à Bouffarick mille ou douze cents hommes, et bien des vices voyagent avec cette population flottante. La récolte annuelle des foins est d'environ quarante mille quintaux métriques. En attendant que l'agriculture y atteigne le développement désirable, Bouffarick, placé au centre de la plaine, offre aux colons son marché pour principale ressource ; il s'y fait d'importantes ventes de bétail apporté à la fois par les Européens et les Arabes qui arrivent de vingt lieues à la ronde, et les produits les plus divers s'échangent au marché de Bouffaric.

Ce lieu, longtemps l'effroi des colons, n'épouvante plus aujourd'hui personne ; c'est un commencement de victoire remportée sur le mauvais génie de la Mitidja.

Blidah, la ville aux riants aspects, aux beaux jardins, aux belles eaux, se voit de loin au pied du Petit Atlas ; à douze lieues d'Alger elle apparaît comme un Éden au bout de l'espace triste et nu qui s'étend depuis Dely-Ibrahim, et j'ai compris que les Arabes de ce pays l'aient appelée leur Damas. Cette Blidah où les orangers et les palmiers n'inspirent que de suaves pensées de paix, connut toutes les horreurs de la guerre durant l'automne de 1830. La population, soutenue par les Kabyles des montagnes, ne put empêcher nos soldats de s'emparer de la ville sous les ordres du général Clausel. Il y eut une curieuse nuit autour de Blidah, ce fut la nuit que notre armée passa au bivac sous les beaux orangers chargés de fruits, aux portes de la ville qui venait de tomber en notre pouvoir. Des feux en grand nombre éclairaient de leurs rouges lueurs ces jardins magnifiques ; les flammes des bivacs allaient lécher les fruits d'or qui pendaient sur la tête de nos soldats. Au lever du jour, le drapeau de la France flottait sur tous les minarets de Blidah, mais la ville était déserte ; la population fugitive avait gagné les montagnes ; tristes, immobiles en face de leur ville, ces pauvres vaincus regardaient les nouveaux maîtres que la destinée venait de leur donner. Ils durent aussi souffrir lorsqu'ils virent les beaux arbres de leurs jardins tomber sous la hache de nos soldats qui avaient reçu l'ordre d'ouvrir un chemin autour des murs de la ville. Ces arbres étaient des amis, et les possesseurs de la veille s'attristaient de leur sort comme s'ils eussent vu tomber des fils ou des frères. Les Arabes de la tribu de Beni-Salah, établis sur une colline voisine, dont l'ardente résistance avait été remarquée, furent rudement châtiés. Les principaux de Blidah étaient venus implorer le pardon; on le leur accorda. Les habitants rentrèrent dans la ville : mais le drame de la prise de Blidah n'était pas arrivé à sa fin; d'affreuses scènes devaient marquer le dernier acte.

La petite armée qui venait de prendre Blidah, avait mission de franchir le col de Tenia et de soumettre Médéah et le dey de Titery : on sait comment l'intrépide phalange promena pour la première fois nos drapeaux sur les sommets de l'Atlas, comment la France fit connaissance avec ces cimes africaines où elle n'avait point encore posé le pied. Deux bataillons et deux pièces de canon étaient restés à Blidah, aux ordres du colonel Rulhières. Tandis que l'armée, retournant à Alger, traversait l'Atlas, elle apprit que le régiment de Blidah, attaqué par six mille Arabes, s'était merveilleusement défendu. Elle prit la route de Blidah, et le sang et les cadavres qu'elle trouva dans la malheureuse ville attestèrent suffisamment la violence de la lutte. Ce combat dans les rues avait été affreux; la fusillade des Arabes par des trous pratiqués à travers les murs des terrasses avait été funeste à nos braves; sans l'arrivée d'une compagnie de grenadiers que les Arabes épouvantés prirent pour notre armée, peut-ne serait-il pas resté un seul homme de nos deux bataillons de Blidah. Aussi la vengeance de nos soldats fut atroce; ils firent du carnage, surtout dans les maisons d'où étaient partis le plus de coups de fusil. La visite aux silencieuses maisons de Blidah par les officiers de l'état-major général produisit un effroyable chiffre de cadavres parmi lesquels s'étaient rencontrés des cadavres de femmes. Pendant les sanglantes scènes de Blidah, les limpides ruisseaux qui descendent du Petit Atlas murmuraient au milieu des jardins comme si rien de nouveau n'était survenu; les pommes d'or pendaient à leurs rameaux verts, le figuier d'Inde et l'aloès marquaient paisiblement les limites de la possession de l'homme qui périssait égorgé, et le vent des montagnes remplissait les palmiers de bruits indifférents.

Aujourd'hui Blidah ne se souvient plus de ce qu'elle a souffert il y a quinze ans; c'est une charmante ville française bien peuplée qui tire de son inépuisable sol des produits riches et variés; par le voisinage de la Mitidja et de l'Atlas, par ses communications avec Milianah et Médéah et les pays de l'intérieur, elle est un centre d'industrie dont l'importance doit grandir. Le génie européen réserve à Blidah une belle destinée.

V

STATOUÉLI ET SIDI-FERRUCH

Mystérieuse grandeur de la guerre.—Cheragas et Sidi-Kalef.—Émotions aux approches de Staouéli.—Emplacement du camp des Musulmans en 1830.—Bataille de Staouéli.—Les sépultures inconnues à Staouéli.—Sidi-Ferruch.—Le débarquement de l'armée française.—L'intérêt des lieux.—Hommage aux glorieux souvenirs de Sidi-Ferruch.—La Trappe de Staouéli.—Une nuit à Staouéli.—Les villages de Saint-Ferdinand et de Sainte-Amélie.—Drariah.—Saoula.—Quelques mots sur la colonisation du Sahel d'Alger.

Cette horrible chose, qu'on appelle la guerre, serait digne de l'éternelle malédiction de Dieu et des hommes, s'il ne se rencontrait pas au bout des champs de bataille, au bout des sanglants sacrifices et des poignantes douleurs, quelque œuvre salutaire, quelque changement utile, quelque pas vers des destins meilleurs. Il y a, dans le champ de bataille, une mystérieuse grandeur. Les coups d'épée, la sombre majesté du bruit du canon, les immolations héroïques préparent le triomphe des idées, ainsi que nous l'avons déjà dit. La loi de ce monde c'est que tout s'enfante dans la douleur. Dieu, qui est le bon Dieu, s'est fait aussi appeler le Seigneur des armées; il a permis la guerre comme il permet le mal; il aurait pu épargner à l'humanité ce formidable moyen d'action et la pousser à ses fins par d'autres voies, mais la guerre est une peine de la nature humaine tombée. L'initiation des peuples s'accomplit à l'aide de vastes funérailles; les tombeaux se transforment en berceaux d'une vie nouvelle. Les créations françaises, dans le massif occidental d'Alger, ferment quelques-unes des plaies faites par la guerre; elles adoucissent l'amertume des souvenirs sur cette terre où tant de sang a coulé en 1830.

J'avais, à Staouéli et à Sidi-Ferruch, un compagnon qui résumait la pensée et la gloire de notre guerre d'Afrique : ce compagnon était l'évêque d'Alger. Que d'événements devaient s'accomplir pour qu'on vît un évêque d'Alger servant de guide à un voyageur dans les régions africaines ! J'avais un autre compagnon qui était aussi comme une expression vivante de notre conquête, M. l'abbé Montera, originaire de Corse, chanoine de la cathédrale d'Alger, ancien curé d'Alger, ecclésiastique pieux, de beaucoup de sens et de modération, dont le nom se rattache aux premières œuvres de la foi dans la capitale barbaresque devenue française. Il avait été mon camarade d'études, et après dix-neuf ans de séparation, nous nous retrouvions au milieu des merveilles de l'occupation algérienne.

Partis dans la matinée du 25 avril, nous nous sommes un moment arrêtés à la maison du Bon Pasteur qui s'ouvre au repentir des femmes et des jeunes filles; des prairies émaillées de fleurs environnaient cette demeure du pardon. Cheragas est le premier village que nous ayons rencontré; il n'avait pas un an de date et n'offrait que des cabanes de bois animées par un peu de culture. Les familles établies à Cheragas venaient toutes des environs de Grasse et d'Antibes; elles ne m'ont pas paru heureuses, et j'espère que, depuis notre passage, leur situation aura gagné. Après une demi-heure ou trois quarts d'heure de marche, nous avons vu blanchir le marabout de Sidi-Kalef à travers un petit bois de palmiers, de cactus et d'agaves ; tout autour du marabout se déployaient d'épaisses et magnifiques prairies. Nous y avons fait une courte halte sans descendre de cheval ; l'évêque d'Alger a récité un *De Profundis* après lequel il m'a dit : *Ici fut tué Amédée de Bourmont!* Ce souvenir du combat de Sidi-Kalef, le 24 juin 1830, m'a vivement ému. J'avais vu à Toulon Amédée de Bourmont et ses trois frères, noble escorte d'un père malheureux ; la victoire veut des sacrifices ; une bien cruelle flèche de douleur perça l'âme du général en chef de l'expédition d'Alger. J'ai vu les arbousiers et les lauriers-roses derrière lesquels s'étaient groupés les Bédouins qu'Amédée de Bourmont avait demandé de charger à la tête de son détachement de grenadiers ; une balle atteignit le jeune et intrépide officier au moment où il s'élançait, le sabre à la main, vers l'ennemi : cette balle lui donna la mort et la gloire.

En examinant les alentours de Sidi-Kalef, j'étais frappé des mille accidents de terrain qui formaient pour les Arabes comme autant de petits postes singulièrement appropriés à leur errante manière de combattre. Les ravins qui coupent le pays, les haies, les touffes d'agaves, les masures devenaient des retranchements d'où les tirailleurs bédouins faisaient du mal à notre armée. On parvenait à débusquer l'ennemi mais non pas à le joindre, car, après chaque position perdue, il courait en occuper d'autres. Notre cavalerie n'avait pas un champ libre pour la manœuvre. Toutefois, des masses éparpillées et vagabondes devaient finir par céder à notre artillerie et à nos puissantes colonnes.

Dans ma vie de voyageur aux pays les plus illustres de la terre, j'ai eu des journées fécondes en émotions inexprimables ; des heures qui valent des siècles par la grandeur des images, la profondeur des impressions, la durée du souvenir. Ma journée à Staouéli et à Sidi-Ferruch comptera parmi ces ineffaçables journées. C'est dans ces lieux que se décida le sort de la plus importante expédition des temps modernes, de cette guerre qui doit imprimer un mouvement nouveau, donner une vie nouvelle à tout un continent. C'est là qu'une jeune armée française, sur laquelle s'attachaient les regards du monde, triompha à la fois des éléments, des dangers d'un pays nouveau pour elle, et d'une résistance ardente, vigoureuse, acharnée. C'est là que se livra une mémorable lutte entre la civilisation et la barbarie, entre la loi chrétienne du progrès et la loi musulmane des destinées immobiles, entre les enfants de la lumière et les enfants de la nuit, comme aux anciens jours des croisades : tout fut grand sur ce champ de bataille, l'œuvre et les hommes.

A mesure que nous approchions de la plaine de Staouéli, je regardais d'un œil pieux le sol que nous foulions, et j'y cherchais partout les traces de l'héroïsme de 1830. Ces terrains en friche, ces espaces inhabités, ce silencieux désert de broussailles prenaient un caractère sacré ; tous ces coins de terre avaient vu les efforts, la fermeté de nos braves et s'étaient teints de leur sang. Le monastère de la

Trappe qui m'apparut tout à coup dans les profondeurs de Staouéli fut d'un grand effet au milieu des impressions diverses qui me saisissaient et m'agitaient. Il occupe une portion de l'emplacement du camp des Algériens qui tomba au pouvoir de notre armée, à la bataille de Staouéli, le 19 juin. Quelques palmiers, à côté du monastère, marquent le lieu où s'élevait la tente du bey de Constantine. L'aga, gendre du dey, qui avait le commandement des forces algériennes, avait une tente dont les divisions élégantes et ingénieuses et l'ameublement magnifique furent un spectacle pour nos Français. Le bey de Titery, le khalifa d'Oran qui remplaçait le vieux bey de la province, s'étaient établis aussi dans de riches pavillons. Les deux cents quatre-vingts tentes des chefs et des janissaires, en pyramide, en dôme ou en croissant, par la variété des formes et l'éclatante variété des étoffes, devaient offrir un charmant tableau. Les vingt-cinq ou trente mille guerriers musulmans, rassemblés tout autour, devaient donner au camp de Staouéli quelque chose de la physionomie du camp de Kerbogâ à Antioche ou du camp de Saladin à Saint-Jean-d'Acre.

Une redoute, élevée sur un terrain roide et armée de pièces de gros calibre, protégeait le camp de Staouéli; l'attaque et l'envahissement de la redoute à travers le feu qui s'échappait de toutes ses embrasures assurèrent notre triomphe dans cette bataille où les difficultés du terrain avaient trompé la bravoure la plus admirable et les plans les mieux combinés. L'emplacement de cette redoute garde des traces d'un ancien poste romain. Les Trappistes en ont fait leur cimetière; une grande croix de bois était plantée au milieu. Au moment où j'atteignais la redoute, aujourd'hui champ de repos, les oiseaux y chantaient; quatorze ans auparavant, le canon y avait chanté à sa manière la grande chanson de mort. En franchissant le ruisseau qui traverse le plateau de Staouéli et coule vers le nord, je me rappelais l'ardeur des brigades Monck-d'Uzer et Damrémont à culbuter les Bédouins qui en occupaient les deux rives. Dans le voisinage de la mer, je songeais à la brigade Clouet, attaquée à l'improviste par l'ennemi que cachait un épais brouillard et qui voulait tourner notre gauche. Je reconnaissais les mamelons d'où le bey de Constantine et le khalifa d'Oran s'étaient précipités avec leurs troupes sur la division Loverdo qui formait l'aile droite de notre armée. Les noms des généraux de Bourmont, Berthezène, Tolosé, Lahitte, d'Arcine, Achard, retentissaient dans ma pensée : j'aurais voulu savoir le nom de tant de jeunes soldats que l'histoire ne connaîtra jamais, et qui, à la voix de leurs chefs, ont couru au-devant de la mort pour saisir la victoire.

Au-dessous de la redoute, un petit espace au bord du chemin est couvert de sépultures ; on croit que ce sont des sépultures de Français tués à la bataille de Staouéli. Un même fossé renferme plusieurs corps. Quelques-unes de ces sépultures ont été ouvertes dans le but de s'assurer si elles gardent des restes de nos soldats ; mais on n'a trouvé que des ossements, ce qui ne pouvait résoudre la question. Toutefois une observation serait de nature à la résoudre. On sait la coutume des Arabes d'emporter leurs morts dans les combats ; admettons que dans la rapidité de leur déroute à Staouéli, ils aient été obligés d'abandonner bien des morts ; ce n'est pas sur le champ de bataille qu'ils les auraient laissés, mais plus loin, où la promptitude de la fuite ne leur aurait pas permis de rattacher les corps traînés par leurs coursiers. Je pense donc que les sépultures inconnues placées dans le voisinage du monastère de la Trappe sont des sépultures françaises. Il faudrait qu'une croix fût plantée au milieu de ces tombes et qu'un mur les protégeât. Les sépultures ouvertes n'étaient qu'à demi refermées. J'ai appelé sur ce triste oubli l'attention de l'évêque d'Alger et de l'abbé de la Trappe. Les premiers martyrs de notre guerre d'Afrique méritent un pieux souvenir. J'avais ouï dire et j'avais lu qu'un monument à la mémoire de nos braves avait été élevé à Sidi-Ferruch ; je n'en ai trouvé aucun vestige.

Sidi-Ferruch, presqu'île formée par deux baies, est à une lieue et demie de Staouéli. On y va par des sentiers sablonneux. L'espace qu'on traverse est inculte et solitaire. Des broussailles couvrent le sol. De temps en temps je rencontrais le chèvrefeuille en fleur à côté du houx ou du palmier-nain. Une mosquée, entourée de petits logements pour les pèlerins musulmans, couronne l'élévation de Sidi-Ferruch ; la *Torre-Chica*, tour d'origine espagnole, surmonte la mosquée. Tout cela est maintenant abandonné ; on a enlevé les restes du santon qui se trouvaient renfermés dans une châsse de bois travaillé, parée d'amulettes en argent, corail et verroteries. Lorsque le général de Bourmont, suivi de son état-major, s'établit dans le marabout de Sidi-Ferruch, il y fit respecter tous les témoignages de la piété musulmane. Les trois drapeaux avec des lances plantés autour de la châsse du santon, les diverses décorations de la salle qui représentaient des *ex-voto*, bannières, étoffes de soie, furent laissés à leur place. La *Torre-Chica* s'offrit naturellement pour l'établissement d'un télégraphe et du service des signaux. La presqu'île, devenue le quartier général de l'armée française, bientôt défendue par des retranchements et par vingt-quatre pièces de canon, fut transformée en position formidable. Quel spectacle que ce camp de Sidi-Ferruch avec son merveilleux aspect de cité européenne improvisée, avec ses routes tracées en un clin d'œil par le génie, avec des cabanes de feuillage et des tentes, avec les équipages, les caissons, l'artillerie, les cantines, le matériel des hôpitaux! Quelle ravissante poésie dans ces quarante bataillons français, groupés le soir par compagnies autour du feu du bivac, jetant tout à coup dans ce désert une vie nouvelle, mêlant un vaste bourdonnement au bruit des tambours ou au son des cors, en face des masses ennemies immobiles et silencieuses dans la nuit!

J'étais à Sidi-Ferruch le 25 avril par une magnifique journée. Debout sur le plateau où croissent des plantes d'aloès et des fleurs sauvages, le visage tourné vers la mer et les lointains horizons de la France, j'attachais mes yeux sur les flots, non point avec des pleurs comme les Troyennes de Virgile,

      . . . . Pontum aspectabant
Flentes,

mais avec l'esprit ravi et l'âme profondément émue;

je replaçais sur ces flots les cent navires de guerre chargés de notre armée; les trois ou quatre cents voiles qui concouraient à l'œuvre, et je sentais passer en mon cœur l'ardente impatience de nos troupes enchaînées dans leurs flottantes prisons. La mer était calme et belle et se brisait sur les rochers de la presqu'île. Elle se brisait ainsi et avec le même bruit, quand le 14 juin 1830, à trois heures du matin, par un temps admirable, la première division de l'armée française s'avançait en silence pour le débarquement; je marquais de l'œil les endroits où l'eau n'étant plus assez profonde pour mouiller la giberne, tous nos soldats se jetèrent à la mer afin de toucher plus tôt au rivage qui, depuis tant de jours, semblait se dérober à leurs vœux. Du haut du marabout de Sidi-Ferruch, quelques pièces de campagne auraient suffi pour foudroyer notre armée à son débarquement et jeter partout la mort, la terreur, le découragement; la négligence de l'ennemi qui n'avait tenu aucun compte d'une position semblable fut un bienfait de la Providence. Les cris d'enthousiasme de nos troupes annoncèrent seuls leur prise de possession de la terre africaine. L'ennemi, établi sur les collines de la Yu-Yasma, en face de Sidi-Ferruch, à un quart d'heure de distance, ne commença son feu qu'après avoir vu nos colonnes s'ébranler.

Le débarquement d'une imprimerie à Sidi-Ferruch excita parmi nos soldats de joyeuses acclamations. Ils l'appelèrent tout d'abord l'*Africaine*, et ce fut comme un baptême de gloire. Pour la première fois une imprimerie apparaissait sur cette terre; les premiers feuillets qui s'en échappèrent furent des bulletins de triomphe pour notre armée. Le plus merveilleux instrument de la propagation de la pensée humaine, l'instrument à l'aide duquel la civilisation européenne ne peut pas périr, entrait en Afrique avec l'épée française. Puisse la presse de l'Algérie n'user jamais de son empire qu'au profit de la morale religieuse et de notre grandeur nationale !

Une des choses qui attestent le plus la grandeur de l'homme, c'est qu'il puisse donner à des lieux auparavant indifférents un intérêt immense en les rendant témoins des inspirations de son génie ou des élans de son courage. Ils semblent garder quelque chose de l'âme humaine, quand ils ont été le théâtre de ses plus importantes œuvres. En les contemplant, en les foulant, on croit retrouver et saisir tout ce qui a passé par là. Il faut que le patriotisme tienne aux plus profondes racines du cœur, car l'intérêt des lieux s'accroît prodigieusement par la seule pensée que ceux qui ont accompli de telles œuvres sont des hommes de notre nation, des enfants nés aux bords de nos fleuves et de nos mers, dans nos cités et nos villages. Les idées du foyer et de la famille se mêlent aux images héroïques qui revivent devant nous et tout concourt à nous remuer les entrailles. Sidi-Ferruch et Staouéli auront désormais le privilége d'émouvoir toute âme vraiment française.

Je n'ai trouvé à Sidi-Ferruch ni croix, ni chapelle, ni colonne, ni monument d'aucun genre qui rappelle le débarquement de l'armée française en 1830. Il n'est pas de considération politique qui puisse justifier un pareil oubli. Qu'ont à faire les rancunes des partis en présence d'un aussi beau souvenir ? L'état d'abandon complet où je vis Sidi-Ferruch est un crime contre la gloire; j'en exprimai ma peine à plusieurs personnages de l'Algérie; M. l'évêque d'Alger me parla de quelques plans pour l'illustre presqu'île, du projet d'y construire un village, et me dit qu'il y célébrerait une messe solennelle d'anniversaire le 14 juin suivant. Voici en effet ce que M. l'évêque d'Alger me fit l'honneur de m'écrire à la date du 20 juin 1844; les glorieux souvenirs de 1830 commençaient à être vengés de leur oubli, et peut-être n'ai-je pas été tout à fait étranger à la manifestation de ces sentiments réparateurs.

« Que n'ai-je le temps, m'écrivait M. l'évêque
« d'Alger, de vous raconter la cérémonie du 14 juin
« à Sidi-Ferruch! les pères (de la Trappe) y ont bâti
« un obélisque; j'y ai célébré la messe pontificale
« avec une pompe extraordinaire, entouré de soixante-
« dix trappistes ou ecclésiastiques et de douze cents
« personnes environ. Il y a eu débarquement simulé,
« attaque, prise du camp; l'infanterie et la cavalerie
« y combattaient; la marine mêlait ses salves aux
« cris des vainqueurs, au *Te Deam*, au *De Profundis*
« que nous chantions; je mêlais moi-même ma voix
« solennellement émue à ces cris, à ces chants, à ce
« tonnerre pacifique qui rappelait les premiers rou-
« lements de celui du 19 juin 1830. Le temps était
« magnifique. Trois bâtiments de guerre se sont
« rencontrés. L'amiral, le directeur de l'intérieur,
« le procureur général, etc., assistaient à la fête.
« Vers midi, nous avons vu les soixante-dix pères
« et prêtres assis en couronne sur le rocher, au-
« dessus des flots, et mangeant le repas antique, les

« dattes du désert; car c'était vendredi, et nous
« voulions unir cette trop légère pénitence à tout ce
« que souffrirent là des héros. Le brave fils de M. de
« Bourmont n'a pas été oublié. La milice, accourue
« d'Alger avec la musique d'un régiment, a arboré
« sur *Torre-Chica* une grande et belle croix en fer
« ouvragé que nous y avons laissée et qui sera le
« signe le plus expressif de ces événements dignes
« d'une mémoire sans fin. »

La lettre qu'on vient de lire fut pour moi une joie; elle m'apportait des nouvelles dignes de la France; et maintenant, quand ma pensée s'en va du côté de Sidi-Ferruch, elle s'arrête avec bonheur à la croix de fer plantée sur *Torre-Chica*, à cette croix qui prophétise à l'Afrique un nouvel avenir.

Après avoir passé quelques heures à Sidi-Ferruch, nous retournâmes à Staouéli pour y coucher. Le monastère se construisait rapidement; cent vingt-cinq soldats y travaillaient. Aujourd'hui l'édifice est achevé. Une avenue de mûriers mène à la principale porte du couvent; une croix de fer sur une colonne de pierre est comme le signe qui avertit du caractère de la demeure bâtie dans cette solitude. La culture avait commencé autour du monastère; le blé naissant couvrait de grands espaces; il y avait des champs si étendus, qu'on ne pouvait tracer que trois sillons par jour. Il faudra peu de temps pour que les pieux travailleurs changent la face de cette terre de Staouéli.

On a dit que les Trappistes auraient pu être placés plus utilement sur d'autres points de l'Algérie et qu'il eût surtout mieux valu les établir dans l'intérieur du pays, afin que les indigènes pussent recevoir la salutaire influence de leurs vertus; chacun sait d'ailleurs que des religieux seraient moins exposés que d'autres à la fureur des Arabes ou des Kabyles en cas de rébellion. Nous croyons qu'il n'y a pas à se repentir d'avoir choisi Staouéli pour le premier établissement des Trappistes; les souvenirs ont leur autorité; l'intérêt, la grandeur morale de ce monastère s'accroît par l'image de la bataille de Staouéli; il n'est pas indifférent que le christianisme colonisateur accomplisse ses premières œuvres sur le théâtre d'une victoire dont les résultats furent décisifs. Plus tard, si les ouvriers cénobites ne manquent pas à la riche moisson africaine, un second monastère de la Trappe pourra s'élever dans les lointaines profondeurs de nos possessions.

Les Trappistes de Staouéli, placés sous l'invocation de Notre-Dame de Staouéli, ont pris possession de leur solitude depuis le mois de septembre 1843. Quelques-uns ont péri martyrs de leurs travaux sur une terre nouvelle. A mesure que la culture se poursuivra, Staouéli gagnera en salubrité, et la mort ne viendra pas interrompre tant de saints et laborieux efforts. Le sceau des Trappistes de l'Algérie offre une croix sous un palmier à côté d'une Vierge debout sur le croissant renversé. Ce sont bien là les armes d'une pieuse et forte institution qui glorifie Dieu en fécondant la terre et concourt à l'affermissement de la conquête africaine par la prière et le travail.

A la vue des religieux qui se sont volontairement condamnés à une rude vie, je me demandais d'où pouvaient naître des vocations de cette nature, quels vents du monde avaient poussé des hommes en des voies qui paraissent si difficiles à suivre. L'imagination compose un roman avec chacune de ces destinées ; elle voit dans les Trappistes des voyageurs de la vie bien las, abreuvés de bien des amertumes, brisés par bien des douleurs, et qui, de mécompte en mécompte, de tristesse en tristesse, arrivent à des partis extrêmes. D'après des renseignements directs dont l'exactitude est incontestable, la plupart des hommes qui entrent à la Trappe sous l'empire de vives souffrances morales n'y restent pas ; il faut des âmes fortement trempées pour un régime semblable, et les blessés de la vie, les naufragés du monde sont faibles en général. Les vocations les plus décidées, les plus nombreuses sont des vocations toutes simples, toutes naturelles ; le désir de marcher dans la perfection chrétienne, la vue des périls du monde, un saint effroi qui fait reculer devant la sublimité du sacerdoce, une sainte frayeur inspirée par l'obligation d'entendre les confessions, l'amour d'une retraite profonde qui saisit tout à coup un cœur religieux : tels sont les motifs qui, le plus souvent, mènent à la Trappe. Les premières années qui suivirent la révolution de Juillet accrurent le nombre des hôtes pieux de Mortagne et de la Meilleraie. Beaucoup de jeunes hommes, se tournant vers Dieu pour ne pas voir la terre livrée aux révolutions, se présentaient pour vivre de la vie des Trappistes. Depuis deux ou trois ans, ce goût violent de la solitude, produit par les orages politiques, s'est arrêté. Quoique la loi civile française ne reconnaisse plus de vœux perpétuels et qu'elle puisse délier à volonté, les Trappistes, une fois entrés dans l'ordre, croient leur conscience engagée à tout jamais.

En attendant la construction du monastère, des blockhaus servaient de chapelle et de logement aux Trappistes de Staouéli et aux soldats qui travaillaient. Je passai avec mes deux compagnons la nuit du 25 au 26 avril 1844 dans un de ces blockhaus. Je ne dormis pas de la nuit; de trop fortes impressions agitaient mon esprit. Je trouve dans mes notes de voyages la page suivante, écrite à la lueur d'une petite lampe, à dix heures du soir, le 25 avril :

« Staouéli, — dans un blockhaus,
— dix heures du soir.

« — Tout le monde dort à côté de moi. Ce soir à huit heures nous avons entendu chanter le *Salve Regina* dans le blockhaus qui sert de chapelle; tous les pères en robe blanche et les frères en robe brune chantaient avec une admirable gravité et une expression de piété profonde. Quel recueillement! Quelle foi! Qui pourrait dire l'effet produit dans cette solitude africaine par le *Salve Regina* des Trappistes, sur le champ de bataille où l'armée française disputait aux Musulmans l'empire de ce pays? Les pensées, les émotions débordaient en moi; à genoux au milieu de ces cénobites auxquels rien d'humain n'est comparable, j'étais tour à tour ravi dans les cieux et abîmé sous le poids des plus prodigieux contrastes. Je pouvais me croire le jouet de je ne sais quelle vision. La religion, avec ses œuvres les plus expressives, régnait sur la nuit et le désert, ayant pour temple, pour tout abri quelques morceaux de bois joints ensemble. J'aurais voulu éterniser le chant de ce *Salve Regina* des Trappistes. En sortant de l'humble chapelle pour venir me coucher, j'ai vu de tous côtés les ombres sur la terre et un ciel étincelant d'étoiles; ainsi brillaient les étoiles sur notre armée lorsqu'elle bivaquait à Staouéli ou à Sidi-Ferruch. C'est maintenant l'heure où les panthères, les hyènes et les chacals sortent des broussailles épaisses qui les cachent; je trace ces lignes aux cris des chacals et des crapauds qui seuls interrompent le silence de cette vaste solitude. Les Trappistes sont couchés depuis le chant du *Salve Regina*; ils se lèveront à deux heures du matin pour l'office et la méditation, et puis encore à quatre heures. Le solennel intérêt de cette nuit me frappe, m'oppresse, et de temps en temps je me sens comme assailli par les songes, les fantômes, les mystérieuses voix de l'infini; je rêve tout éveillé d'armée, de bataille, de trépas héroïques, de civilisation victorieuse, de christianisme triomphant. Cette nuit à la Trappe de Staouéli entrera fort avant dans ma mémoire. »

Le 26 avril au matin, nous prenions congé des Trappistes, et nous allions, à travers des terrains incultes, vers le village de Saint-Ferdinand. Çà et là des champs de blé attestaient de premiers défrichements. Saint-Ferdinand est bâti sur une hauteur; des cultures, des plantations, des moissons naissantes l'entouraient. La construction des villages neufs du Sahel est uniforme; les maisons ont même hauteur, même largeur, même nombre de fenêtres; cela rappelle les villages de bois qu'on donne aux enfants en guise de joujoux. La parfaite identité des habitations empêche toute jalousie quand il s'agit de concéder ces demeures aux colons. Comme les rébellions des indigènes sont toujours possibles, tous ces villages occupent des positions stratégiques, et chaque maison est comme un poste où l'on pourrait se défendre. Ce qu'on appelle le château de Saint-Ferdinand est une simple maison blanche couverte en ardoise, environnée d'un jardin et d'une fontaine. Une demi-heure de marche au sein de vallons étroits remplis de broussailles nous a conduits au village nommé *Marabout d'Aumale;* un joli petit bois de trembles l'avoisine. Les panthères et les hyènes ne manquent pas autour du Marabout d'Aumale; les gens du village me disaient qu'ils entendaient souvent, la nuit, les hurlements des bêtes.

A trois quarts d'heure de marche d'Aumale, toujours vers-le sud-est, le beau village de Sainte-Amélie a frappé notre attention. Nous avons remarqué une maison à deux tourelles dont le premier étage doit servir de chapelle : la croix est sculptée sur la façade de la maison, debout sur un croissant renversé. Une salle du rez-de-chaussée nous a offert un pavé romain, une mosaïque avec une inscription qui ne laisse voir aucun sens. A côté de cette élégante construction coulent de belles eaux fort bonnes à boire, ombragées par plusieurs palmiers qui s'élancent du même tronc. Des peupliers plantés auprès de cette fontaine formeront un bosquet charmant. Que de meurtres ont ensanglanté ces lieux où maintenant une jeune fille, un enfant peuvent se promener en liberté !

Le colonel Marengo, l'ordonnateur des travaux du Sahel, nous avait fait avec beaucoup de politesse les honneurs de Sainte-Amélie. Il tenait à nous montrer la *Caroline*, espèce de ferme militaire située à trois quarts d'heure de là, vers le Sud. Cette ferme, qui pourrait soutenir un siège et que les Arabes ne parviendraient pas à emporter, est placée dans une position magnifique. Du haut de la *Caroline*, on domine tout le pays environnant, on contemple de vastes espaces qui n'attendent que le bras de l'homme pour produire. J'avais devant moi, à l'est, Douéra, plus loin les hauteurs de Boujareah que franchit l'armée française avant d'investir Alger ; au sud, la Mitidja, dominée par l'Atlas, Bouffarick et Blidah ; à mes pieds de gracieux coteaux, des vallons fleuris où paissaient des troupeaux gardés par des Arabes. Un demi-million d'habitants pourrait vivre dans les solitudes verdoyantes qui s'étendaient devant nous et que l'activité européenne pourrait fertiliser et transformer en peu de temps.

La fin d'avril est une époque propice pour visiter le massif d'Alger ; des prés en ont fait jusqu'à présent la principale richesse, et c'est le mois d'avril qui leur donne le plus éblouissant éclat. J'ai donc vu le massif dans toute sa gloire. Le village de Baba-Hassem, au nord-est de la *Caroline*, s'élevait au milieu de riches prairies et de coteaux défrichés par nos soldats. De Baba-Hassem à Drariah, j'ai rencontré les plus rares magnificences que puisse déployer le printemps ; la nature avait jeté çà et là de vastes et étincelantes corbeilles de fleurs ; nous suivions des routes bordées de prairies dont la beauté ne saurait se décrire ; des collines aux gracieux contours se succédaient sous nos yeux. Des milliers d'oiseaux chantaient dans les airs et voltigeaient en épais bataillons au-dessus des prés, suspendus comme d'harmonieux nuages. Des trous au bord du chemin attendaient des mûriers, des peupliers et des platanes.

Les maisons de Drariah n'ont pas l'uniformité des autres villages ; Drariah fut l'œuvre de l'industrie privée. Un tiers de la population est protestant. Ce village a une église pareille à celle de Dely-Ibrahim. Il était alors le seul, parmi les villages neufs, qui eût une église et un curé. En traversant les autres points, nous étions abordés par des hommes et des femmes qui nous demandaient quand viendrait le jour où une église et un prêtre leur seraient donnés. *On nous traite comme des esclaves et des animaux*, me disaient plusieurs de ces pauvres gens. La nouvelle d'une messe prochaine était accueillie avec joie ; on regardait le passage de l'évêque d'Alger comme une bénédiction et une espérance.

Après Drariah nous avons visité Saoula, dans un joli vallon où la culture nous parut soignée. Il y avait là des champs de blé, des jardins, des vignes et des figuiers.

Avec quel intérêt je contemplais ces villages qui, l'année d'auparavant, n'existaient pas ! Le désert s'effaçait sous la main de l'homme ; où les Arabes égorgeaient, où les bêtes féroces cherchaient leur proie, des villages naissaient et des champs cultivés promettaient d'abondantes récoltes. Ces créations de tous les jours, ce monde nouveau sortant tout à coup de la nuit, cette animation à la place de la mort, ce bruit du travail à la place du silence, ces produits qui nourrissent l'homme à la place des palmiers-nains et des lentisques, des houx et des arbousiers, monotone et inutile parure de ces grandes solitudes, enfin toutes ces rapides conquêtes sont un spectacle bien attachant. Nous rencontrions des Francomtois, des Alsaciens, des Provençaux, des gens des bords de la Saône, de la Marne et du Rhin ; ces travailleurs, auxquels la France n'a pu donner du pain, nous apparaissent comme de vivantes images de la patrie ; nous leur adressions un salut ami et des vœux pour leurs jours à venir. Les tribus arabes du massif occidental d'Alger se sont enfuies ; elles n'ont laissé que leurs clôtures de nopals qui ferment les jardins et les vergers devenus français.

Les environs d'Alger n'ont pas de position plus charmante que celle de Birkadem, dont on remarque tout d'abord l'élégant café more et la belle fontaine. L'église de Birkadem possède un autel en marbre, un tableau de la Sainte Famille que je crois être la copie de quelque tableau de Raphaël, et des morceaux de marbre venus d'Hippone, marqués du signe de la rédemption ; ces marbres, placés dans les murs de l'église, sont au nombre de treize et figurent les stations du chemin de la croix. Nous rentrâmes à Alger par la route d'Hussein-Dey, de l'Agah et de Bab-Azoun.

En sortant de chacun des villages neufs du massif habité par des Français, je me sentais attristé comme si j'avais quitté des exilés, car les pauvres familles établies dans le Sahel d'Alger n'ont pas trouvé encore une douceur de vie qui les dédommage de l'éloignement de la France. Dans les pays lointains, l'église c'est la patrie, et la pensée du prêtre se rattache aux meilleurs souvenirs du sol natal. Le culte catholique, parmi tous les cultes connus, charme et console, élève et fortifie. Les désirs religieux des pauvres familles du massif étaient donc restés dans mon cœur. La population de chaque village, avec une église et un curé, deviendrait plus complète, plus rassurée, plus agguerrie contre les épreuves d'une vie nouvelle. Je soumis cette situation à M. le maréchal Bugeaud ; j'avais reconnu en lui, dans des entretiens particuliers, une vive disposition à faire ou à seconder le bien. M. le maréchal gouverneur m'assura qu'il demanderait au ministre de la guerre des titres qui pourvussent aux besoins religieux dont je lui parlais ; et, peu de temps après ma rentrée en France, mes amis d'Alger m'annonçaient avec joie que les colons catholiques du Sahel avaient trouvé des pasteurs.

Je disais tout à l'heure que les populations françaises des villages neufs du Sahel n'étaient pas dans un état prospère à l'époque de mon passage; depuis ce temps leur sort n'est pas devenu plus heureux. L'installation de ces quinze ou vingt villages a été plus féconde en mécomptes qu'en bons résultats ; les villages situés sur les routes ont seuls réussi. On ne fait point assez pour les familles qu'on attire par de belles promesses : on ne leur donne que de faibles secours, des moyens insuffisants ; la bonne volonté, l'amour du travail ne les sauvent point de la misère. Que d'illusions détruites! que d'espérances évanouies! ces pauvres gens croyaient trouver une patrie et du pain, et c'est l'exil et le déseepoir qui les attendent. Nous avons entendu des plaintes amères et vu couler des pleurs. Ceux qui, comme nous, aiment l'Algérie et son avenir, s'affligent de résultats pareils ; au lieu d'un sentiment de joie, nous éprouvons maintenant une involontaire tristesse quand nous rencontrons sur les chemins de France des familles entières s'acheminant vers l'Algérie avec des espérances qui doivent se changer en douleurs. Il faut qu'une position meilleure soit faite à ces émigrants confiants et courageux. La colonisation de notre conquête serait un problème sans solution possible, si le retentissement des déceptions en Algérie accréditait parmi nous l'idée que l'Afrique est le pays des sacrifices et des chimères. Les villages du Sahel d'Alger sont un essai de colonisation ; il importe que cet essai réussisse et qu'il soit comme la préface d'un avenir digne de la France.

VI

LAGHOUAT ET LE DÉSERT

Investiture du Khalifa de Laghouat. — Expédition de Laghouat. — Six climats depuis la mer jusqu'au Désert. — Le Tell et le Désert. — Le commerce des tribus. — Les Ksars. — La ville de Laghouat. — Avantages d'un solide établissement dans le pays de Laghouat. — Voyage chez les Kabyles de l'Est.

Dans les premiers jours de mon arrivée à Alger, on s'entretenait beaucoup d'un personnage venu de pays lointains pour faire sa soumission à la France. Ce personnage était Sidi-Yahia-ben-Maâmmar, frère de Sidi-Ahmed-ben-Salem, chef de la ville de Laghouat. Plus d'un an auparavant, Sid-Yahia s'était présenté au camp du général Marey, dans une course au sud de l'Algérie, où ce brave officier supérieur avait soumis au paiement de l'impôt la grande tribu nomade des Oulad-Neyl, longtemps rebelle à notre domination. Depuis lors, le chef de la ville de Laghouat envoyait au gouverneur d'Alger des chevaux de soumission, des présents, pour recevoir en échange l'investiture de khalifa ; mais M. le maréchal Bugeaud avait constamment refusé les chevaux et les présents et fait dire au chef de Laghouat qu'il ne traitait pas avec les gens sans les connaître, et que s'il tenait à devenir un serviteur de la France, il fallait qu'il vînt lui-même à Alger solliciter cette faveur. Ahmed-ben-Salem s'était résigné à ce dernier parti ; mais atteint d'une grave maladie, il envoya son frère Sid-Yahia.

Ce fut le 12 avril 1844 que Sid-Yahia fut présenté à M. le maréchal gouverneur ; il en reçut solennellement l'investiture du khalifa de Laghouat pour le compte de son frère. Toutefois cette investiture ne devait être définitive qu'après qu'une colonne française aurait parcouru, sans coup férir, le pays dont le nouveau khalifa demandait le gouvernement : il fallait que tous les chefs des villes et tribus de cette dépendance acceptassent son avènement au pouvoir et vinssent avec lui recevoir du gouverneur général l'investiture de leurs fonctions respectives [1]. Cette double condition a été remplie. Le général Marey, à la tête d'une colonne, parcourut en trente-deux jours un espace de cent soixante-dix lieues sans tirer un seul coup de fusil. On reconnut le khalifa de La-

[1] Les détails sur l'investiture du khalifa de Laghouat et sur le pays de Laghouat ont été tirés des documents officiels. Nous avons lu aussi avec beaucoup d'intérêt un ouvrage intitulé : *Sahara algérien*, publié par M. le colonel Daumas.

ghouat institué au nom de la France; la lecture solennelle de son brevet en français et en arabe fut suivie d'un coup de canon ; une administration nouvelle s'organisa; la perception de l'impôt n'éprouva aucune difficulté, et cette prompte soumission d'un pays si loin de nos portes s'accomplissait à l'époque même où le Maroc nous faisait la guerre, ce qui n'était pas de nature à favoriser nos intérêts.

L'espace franchi par la colonne du général Marey dans l'expédition de Laghouat n'avait jamais été exploré; tous les détails sur des contrées si nouvelles pour nous sont précieux; nous mettrons à profit le récit d'un de ceux qui faisaient partie de cette intéressante expédition.

L'auteur de la relation distingue six climats depuis la mer jusqu'au Désert : la Mitidja, terrain chaud, bas, humide; l'Atlas, de vingt-cinq lieues de largeur, dont le climat est celui du midi de la France et qui finit à Boghar ; le petit Désert, terrain élevé et peu arrosé, puis le Djebel-Amour, à cent lieues au sud d'Alger, et le Djebel-Sahary, qui ont vingt-cinq lieues de largeur et une hauteur pareille à celle des Vosges. Vient ensuite le bassin du Mzi (c'est le nom d'une rivière), présentant une série de chaînes abruptes ; le terrain est aride, la chaleur forte. Enfin, après Laghouat, on trouve le grand Désert sans eau et sans montagnes. L'aloès, le figuier de Barbarie, l'oranger, le palmier croissent dans la Mitidja et ne prospèrent point dans l'Atlas où l'on rencontre presque tous les arbres du midi de la France. Les arbres du Désert sont le lentisque, le genévrier et quelquefois le caroubier. Le pin et le thuya couvrent les parties basses des montagnes ; le chêne, le tremble et le pin se rencontrent sur l'Atlas, sur le Djebel-Sahary et sur le Djebel-Amour. Le palmier ne donne ses fruits que dans les régions méridionales de ces dernières montagnes. Au-delà de ces monts, l'orge et le blé deviennent rares ; c'est surtout la datte qui nourrit les habitants.

A partir de ces points, la physionomie du pays n'est plus la même ; végétaux, reptiles, insectes, minéraux, tout se présente avec un caractère particulier ; et les mœurs des habitants changent comme les aspects et les produits de la nature. On est en plein dans les phénomènes et les curieuses nouveautés de l'Afrique centrale. Tout le pays, même le grand Désert, paraît formé de bonne terre végétale ; seulement elle est recouverte d'un sable fin, apporté sans doute par les vents du midi. Cette couche de sable varie selon les lieux ; le côté nord des hauteurs voisines de Laghouat n'a point de sable ; le côté sud, au contraire, en présente de grands amas. La plupart des rivières, au-delà du Djebel-Amour, ne sont que des torrents ; le Mzi, la plus considérable de ces rivières, disparaît sous le sable au-dessous de Tegemonte, reparaît à Recheg, se dérobe encore pour se montrer de nouveau à une demi-lieue de Laghouat, et se perd ensuite.

Les mois de mai et de juin font germer dans le petit Désert une herbe excellente pour les troupeaux ; l'été la dévore, l'hiver la ramène. Le petit et le grand Désert offrent au printemps une immense prairie d'alfa. Dans les régions du sud, quand on a dépassé Boghar, on trouve des truffes, appelés en arabe *ter-*

fès, qui ont la peau lisse et la blancheur des pommes de terre ; quoique dépourvues de saveur, elles sont saines et recherchées. La vipère à cornes est le reptile le plus commun du grand Désert.

C'est toujours l'homme qui intéresse le plus dans la nature ; et lorsque nous nous trouvons en face de contrées où les conditions de la vie sont difficiles, nous nous demandons comment l'homme y pourvoit à ses besoins. Un peu de culture vers le Tell ou dans le voisinage des rivières, et de nombreux bestiaux, telles sont les ressources des tribus du petit Désert. L'automne, l'hiver et le printemps leur donnent de suffisants pâturages ; en été, les tribus conduisent leurs troupeaux dans le Tell. C'est surtout en hiver que les pâturages abondent dans le petit Désert ; les tribus du Tell s'y rendent à cette époque ; en même temps elles échappent à la rigueur du froid. Il y a dans le Djebel-Amour et dans le Djebel-Sahary des points assez arrosés en été pour qu'une partie des habitants et des bestiaux puissent y passer cette saison brûlante. Le grand Désert, quoique dépourvu de culture, suffit à nourrir des troupeaux de moutons et de chameaux qui peuvent rester très-longtemps sans boire. Les hommes et les chevaux boivent le lait des brebis et des chamelles ou l'eau qu'on apporte sur les chameaux. Les tribus du grand Désert se livrent au commerce. L'hiver elles vont à Touggourt vendre laines, beurre, fromage, bestiaux, les graines du Tell, les marchandises de l'Europe ; elles achètent des dattes, des étoffes de laine, des esclaves, des plumes d'autruche, et reviennent au printemps en communiquant avec les Beni-Mezab : les tribus laissent reposer leurs chameaux près de Laghouat. Au retour de l'été, elles vont dans le Tell échanger les marchandises du sud contre celles du nord et le grain. Elles rentrent au commencement de l'automne, laissent à leurs chameaux le repos dont ils ont besoin, et recommencent les mêmes pérégrinations qui leur font faire quatre cents lieues par an.

Ces tribus, dans leur curieuse vie qui prête à de merveilleuses épopées, ne sont pas toujours en paix ; elles font la guerre, tantôt entre elles pour des intérêts ou des rivalités, tantôt avec des ennemis dont elles veulent franchir le territoire, tantôt enfin avec des Arabes étrangers dont la rapacité les menace. Le désert a ses corsaires comme la mer. Les Sahariens, connus sous le nom de Touaregs, sont particulièrement renommés pour leur piraterie; le langage qu'ils parlent et la blancheur de leur teint indiquent des origines qui ne sont point africaines. Parmi les nomades du Sahara il en est qui ont les yeux bleus et les cheveux blonds : ne représenteraient-ils pas quelques restes de la nation des Vandales? que de secrets d'histoire sont cachés dans les régions comprises entre le Tell où notre drapeau est planté et l'océan de sable inhabité appelé le Falat par les Arabes! Dans ces pays où l'eau est si rare, il y a une sorte de grandeur morale à boire peu; on est quelque chose comme un héros quand on peut passer plusieurs jours sans boire. Il faut plus de force et de courage pour supporter une longue privation que pour braver le péril.

Une population qui se déplace sans cesse ne peut pas toujours transporter ses marchandises ; elle a des entrepôts que les Arabes appellent des *ksars* ; on a dit du Désert qu'il était une mer sans eau ; les ksars en sont comme les ports. Chaque tribu a son ksar qu'elle garde elle-même ou qu'elle fait garder. On le place quelquefois sous la protection des marabouts. Tous les lieux ne conviennent pas pour la construction des ksars ; il faut le voisinage d'une rivière ou d'une eau potable, un sol où les cultures puissent s'arroser, où des silos solides puissent conserver les grains ; il faut enfin un lieu élevé qui n'ait rien à craindre des inondations et qui soit comme un poste à l'abri des coups de main. Des briques cuites au soleil et assez légères, voilà les matériaux de construction. Les jardins des ksars avec leurs poiriers et leurs amandiers grands comme nos chênes, avec leurs palmiers hauts de vingt à trente mètres et leurs clôtures de murs surmontés de tours à créneaux, offrent à l'Européen un spectacle mêlé de surprise et d'enchantement.

Les luttes entre le Désert et le Tell *(tellus)*, la terre vivante et productive, caractérisent ces peuples pillards qui ne prennent conseil que de leurs besoins. Quand le Désert n'a plus d'herbes à la fin de mai, le Tell se trouve menacé. En été la mort est au Désert, et la vie ne se retrouve plus que dans le Tell ; c'est alors que le Tell est le maître et que les tribus environnantes lui sont soumises ; sans le Tell, les hommes et les troupeaux du désert périraient ; un proverbe du Désert le dit : « Celui-là est notre père qui est le maître de notre mère, et notre mère c'est le Tell. » La datte est le pain du Désert, mais la datte sans mélange finit par nuire à la santé de l'homme. Le Désert, privé de grains, est condamné à recourir au

Tell, et chaque année les habitants du Sahara algérien viennent y échanger contre du blé les marchandises de leur commerce et les produits de leurs troupeaux. Le dominateur du Tell est donc le dominateur du Désert, et la découverte de ce fait importe à notre politique.

Laghouat, dont le khalifa a donné lieu aux investigations que nous consignons ici, est la principale cité du Désert. La ville s'élève au penchant d'un mont dont le pied oriental est baigné par l'Oued-Mzi. Des murailles et deux tours construites au sommet la protègent. Au nord et au sud de Laghouat s'étendent des jardins qui sont comme de brillantes forêts printanières de trois mille mètres de longueur. Le palmier, le figuier, le pêcher, le prunier, l'abricotier, l'amandier, le mûrier et le bananier y mêlent la riche variété de leur feuillage. Un ruisseau formé par une déviation des eaux du Mzi arrose ces beaux jardins. La ville a quatre mosquées, un fondouk et environ six mille habitants. Elle date de quelques siècles, et tour à tour elle a subi la domination du Maroc, de Médéah, d'Oran et d'Alger. Notre khalifa actuel, Ben-Salem, de l'ancienne famille des Ouled-Zanoun, a soutenu des luttes contre Abd-el-Kader; c'est un chef puissant, dont l'autorité, fortifiée et organisée par la France, serait de nature à nous soumettre les pays du sud et de l'ouest restés indépendants et hostiles. Laghouat, placé à la limite du grand Désert, sert de point de communication entre le Maroc et Tunis pour les caravanes des marchands et des pèlerins. Un solide établissement à Laghouat pourrait attirer vers Alger le commerce de l'intérieur, et nous rendre les maîtres de toute voie entre l'ouest et l'est de l'Algérie. Les tribus du sud-ouest, les plus hostiles à notre domination, se trouveraient ainsi placées entre la division d'Oran et un puissant khalifa aux ordres de la France. L'agrandissement de notre commerce de l'Algérie et la sécurité de nos possessions seraient donc le résultat d'une forte organisation dans le pays de Laghouat. Tout ce pays, malgré le nom de désert qu'on lui donne, ne connaît ni lions, ni tigres, ni aucune bête féroce ; mais il offre des pâturages, des troupeaux, des jardins remplis d'arbres fruitiers, des cités, un mouvement commercial. Les vieux contes s'évanouissent devant les réalités, et l'existence du désert lui-même est devenue presque une fable.

Les observations et les faits précédents sont une suffisante démonstration de l'utilité de nos postes au bord du Tell ; les postes de Sebdou, de Saïda, de Thiaret, de Teniet-el-Ad, de Borarh, de Tebessa et de Biskara sont d'une haute et prévoyante pensée ; cette façon d'étendre notre empire d'outre-mer est tout simplement le plus sûr moyen de le défendre et de le consolider. L'expérience des possessions lointaines nous apprend que toute occupation restreinte se condamne à une irrémédiable faiblesse. En nous établissant le plus près possible du Désert, nous appelons à nous le commerce de l'intérieur, nous protégeons les caravanes, les populations des villes ; le Tell nous donne le petit Désert, qui tire du nord ses principales ressources. Le gouvernement des contrées du sud, par des chefs arabes, tenant de nous leur autorité, éaliserait de faciles merveilles au profit de notre métropole africaine. Si les événements permettent à notre khalifa de Laghouat de tenir toutes ses promesses, la face politique et commerciale du Désert sera bientôt changée, et les chemins de Tombouctou s'ouvriront peu à peu à notre activité.

Nous avons sous les yeux un récit digne d'être connu et qui va nous faire passer sur d'autres points de l'Algérie. Au commencement de 1844, un de nos cadis de la province de Titery, appelé devant le général Marey pour affaire de justice, lui raconta son voyage chez les Kabyles de l'est en des termes et avec des détails pleins d'un charmant intérêt; ce récit nous a paru comme un tableau de mœurs; le voici tel que l'a recueilli une plume intelligente :

« Il y a six ans, dit le cadi au général Marey, un derviche de Méquinez arriva chez les Abides; il mendiait de tente en tente, et gagnait quelque argent en faisant des djedouals (amulettes). J'eus pitié de sa misère, et voyant, du reste, qu'il savait assez bien ses livres saints, je le recueillis dans ma zaouia où je l'employai à faire lire les petits garçons, quand mes fonctions de cadi m'obligeaient à m'absenter. Cet homme fort pieux semblait avoir renoncé complètement à sa vie errante; il ne se passait pas de jour qu'il ne me remerciât de mes bienfaits; je m'attachai à lui, et, après quatre années d'épreuves, je lui donnai ma fille, mon unique enfant. El-Hadj-Ahmet ayant eu un enfant de ma fille, il devint mon enfant; je n'eus plus rien de caché pour lui, il savait où j'avais enterré mon argent. Quand je me trouvais chez les Douairs pour y juger l'affaire qui m'a fait encourir votre colère, mon gendre m'a enlevé tout mon trésor, sept cents boudjous, mes pistolets garnis en argent, mon fusil et mes livres saints ; puis, montant sur ma mule, il a quitté ma fille et son enfant.

« Je n'ai appris tout mon malheur que lorsque je suis rentré sous ma tente ; je me suis rappelé alors que mon gendre n'avait ni patrie, ni parents, ni amis, et j'ai perdu l'espoir de jamais le retrouver. Ma douleur fut si grande, que je ne pus rester chez moi ; je vins à Médéah chez un de mes amis. J'appris de lui que mon gendre était passé dans la ville, en disant qu'il se rendait par mon ordre à Alger, pour y faire des achats. Je me décidai, sur ce renseignement, à me mettre à la poursuite de mon voleur. Arrivé à Blidah, j'eus encore de ses nouvelles, et je sus qu'il avait pris la direction de l'est. Je remis mon cheval à un ami, et j'entrepris, seul et à pied, la recherche de El-Hadj-Ahmet.

« Je quittai Blidah pour me rendre chez les Khachna ; je fus à leur marché de Khemis : la paix et la tranquillité y règnaient ; des cavaliers du colonel Daumas circulaient dans le pays à la recherche de quelques voleurs. Chacun rendait hommage à la sollicitude avec laquelle le maréchal veille dans l'intérieur des tribus aux intérêts et aux droits de tous. Les Khachna sont heureux, ils ont ensemencé beaucoup et songent aux profits assurés de leur récolte. Les Khachna ne pouvant me donner aucune nouvelle de mon gendre, je les quittai pour me rendre au marché du Djema des Issers. La nouvelle du marché était l'arrivée prochaine de l'armée ; j'appris des Issers qu'ils étaient aussi serviteurs des Français et qu'ils les attendaient avec impatience pour jouir enfin de la tranquillité que le maréchal avait su donner à toutes les tribus soumises à son autorité, et pour voir enfin cesser les inquiétudes que leur donnent les projets de ghazia de Ben-Salem et des Kabyles sur leur pays et principalement sur leur marché. Les Issers sont en relations constantes avec le colonel Daumas; ils fréquentent habituellement le marché d'Alger : ce sont là les griefs que les Kabyles ont contre eux.

« Ne trouvant aucune nouvelle d'El-Hadj-Ahmet chez les Issers, je me joignis à des Amavaoua qui étaient venus au marché du Djema, et je me rendis avec eux, recommandé par Oulid-ben-Lanoun, au marché d'El-Sebt-el-Khodja. Au marché d'El-Sebt, j'eus le bonheur de faire la rencontre de Bou-Charèb, ancien khodja d'El-Berkani et agha du Chèrg du Titery, mon ancien maître et seigneur. Bou-Charèb se réjouit de me voir, et me conduisit à Sidi-Ahmet-Taieb-Oulid-Ben-Salem, auprès duquel il s'est retiré, et qui se trouvait aussi au marché. Après m'avoir demandé le but de mon voyage, Ben-Salem me questionna sur ce que je savais des projets des Français. Je lui dis que j'avais entendu dire qu'au printemps ils devaient marcher contre les Kabyles, en sortant d'Alger, de Médéah et de Sétif; mais Ben-Salem eut l'air de ne rien croire de mes paroles. Il me demanda alors des nouvelles du Titery, comment gouvernaient les Français, si le général Marey avait pesé fortement sur le Dirah, si Ben-Maydin était toujours bien avec les Français; il me demanda aussi si j'avais entendu dire que les Français eussent fait des ghazia depuis peu. Je lui répondis alors que nous vivions en paix

et dans le respect de notre religion et de notre propriété ; que le général Marey avait enlevé beaucoup de grains aux gens de Djebel-Dirah, qui cependant avaient pu ensmencer leurs terres ; que Ben-Maydin avait de grands honneurs et une grande puissance ; j'ajoutai enfin que les Français ne faisaient plus de ghazia depuis quelque temps. Ben-Salem dit alors à Bou-Charèb : « Nos amis nous trompent, et ce que
« me dit ton serviteur m'indique assez clairement
« que le sultan a quitté le pays ; s'il en était autre-
« ment, les Français tiendraient encore la campagne
« et feraient des ghazia. » Le marché d'El-Sebt-el-Khodja ressemble à un camp plutôt qu'à un marché. L'arrivée prochaine des Français occupait tous les esprits. Les Kabyles reprochaient aux Amavaoua d'être, dans leurs cœurs, les serviteurs des chrétiens ; ils ont dit à Bel-Cassem-Oulid-Oukassi, leur chef, qu'ils n'ignoraient pas que son frère écrivait journellement à Alger, où il vendait son honneur et la liberté de ses frères dans l'espoir de devenir le sultan des Kabyles. Ils ont engagé les Amavaoua à se réfugier dans leurs montagnes avec leurs familles et leurs richesses, et à défendre ensemble leur indépendance. Oulid-Oukassi leur a répondu : « Vous ne pouvez
« nous donner asile et nous ne pouvons aller chez
« vous ; il me faut à moi seul quatre cents mulets
« pour emporter mes biens, et mon frère en aurait
« besoin de six cents ; comment les Amavaoua vi-
« vraiens-ils dans votre pays ? Engagez plutôt Ben-
« Salem à vivre tranquille au milieu de vous, à
« retenir ses cavaliers et à renoncer à ses projets
« contre le marché des Issers ; il attirera sur nous la

« colère des Français, et alors il n'y aura pas de
« salut pour aucun ; ils dévasteront nos plaines, et il
« ne restera du grain ni pour nous ni pour vous. »
Oulid-Oukassi cache, par crainte des Kabyles, ses intentions de soumission ; mais on est généralement convaincu que lui et la majeure partie des Amavaoua se rangeront du parti des Français quand l'armée parviendra sur son territoire. Ben-Salem a répondu à El-Haoussin-ben-Zamoum (jeune homme qui commande aux Flissa sous la tutelle du vieux Amer-Ouel-Hadji), qui s'était chargé de lui rapporter les paroles d'Oulid-Oukassi : « Je retiendrai mes cavaliers à
« cause de l'hospitalité que j'ai trouvée chez vous et
« puisque vous le désirez; mais je quitterai le pays,
« car je vois que vous me trahirez quand les Fran-
« çais arriveront chez vous. »

« Ben-Salem réside, m'a-t-on dit, avec sa maison, qui ne se compose plus que de vingt-cinq chevaux et de cent fantassins, chez les marabouts Sidi-Mohamed-Bel-Casseim, entre les Flissa et les Mateka. L'argent commence à lui manquer, et il sera obligé de laisser courir ses cavaliers pour qu'ils puissent vivre.

« Quant aux Flissa, j'ai appris que leur jeune chef El-Haoussin-ben-Zamoum était partisan des Français, mais que sa tribu était loin de partager ses opinions.

« Bou-Charèb obtint d'Oulid-Oukassi une lettre qui devait me faire protéger dans mes recherches chez les Beni-Bou-Khatem. Je quittai El-Sebt sans nouvelles de mon gendre, et j'entrai chez les Beni-Bou-Khatem. J'attendis deux jours chez des marabouts de cette tribu leur jour de marché. Les Beni-Bou-Khatem habitent un pays difficile; ils sont riches en hommes, en armes et en munitions. Fiers et jaloux de la vieille indépendance de leur pays, ils sont décidés à la défendre. Ma qualité d'Arabe serviteur des Français ne m'a pas cependant nui à leurs yeux; j'ai été nourri et aidé par tout le monde. Ne trouvant pas mon gendre chez les Beni-Bou-Khatem, je quittai cette tribu, me dirigeant vers l'est. Le pays des Kabyles est funeste à quiconque s'y engage sans un homme du pays comme sauvegarde. Cet homme donné à l'étranger qui voyage chez les Kabyles porte le nom d'*anéia*. Tout l'amour-propre d'une tribu est mis à ce que sa protection, qu'elle confie à l'anéia, ne soit jamais violée; le devoir de l'anéia est de mourir avec l'homme qu'il est chargé de protéger, et la tribu perd son honneur jusqu'à ce qu'elle ait vengé les affronts qu'il peut avoir reçus. Accompagné de l'anéia des Beni-Bou-Khatem, je parvins chez les Beni-Bou-Yousouf, que je trouvai, comme leurs voisins, décidés à défendre par la poudre leur indépendance. Je fus au marché de Djama-el-Saaridj, qui est au pied du pays des Beni-Bou-Yousouf. J'y appris qu'un étranger était passé récemment dans le pays, se dirigeant vers l'est. Sur cette nouvelle, je me mis immédiatement en route. Je passai chez les Beni-Menguelat; j'eus occasion d'y voir leur Djmâa réunie. Ses idées de résistance sont bien arrêtées, elle s'occupait des moyens de s'approvisionner de grains pour ne plus avoir à souffrir de la présence de l'armée dans le pays. De chez les Ouled-Menguelat je me rendis, avec un anéia de la tribu, chez les marabouts de Sidi-Abderahman. Ces marabouts, d'une grande sainteté, sont choisis d'ordinaire par toutes les tribus voisines comme arbitres dans les affaires qui les divisent; leur jugement est toujours accepté par elles comme le jugement de Dieu, et elles s'y conforment avec une grande religion. Je vis parmi eu un vieillard nommé Bel-Kharat, qui passe pour l'homme le plus instruit de toutes ces montagnes; il lit et comprend tous les livres.

« J'arrivai chez les marabouts de Sidi-Abderahman découragé de l'insuccès de mes recherches et fatigué de mes longues marches; mais, leur ayant expliqué le but de mon voyage, ils me dirent que la vieille il était passé chez eux un Taleb venant du Gharb et se rendant chez les Tolba-ben-Dreïss. L'espérance me revint, et je partis avec un anéia des marabouts pour le pays des Tolba-ben-Dreïss. A mon arrivée chez eux, j'appris qu'un étranger instruit, venant du Gharb, émerveillait les Tolba de ses récits de Moulé-Abderahman et des chrétiens, et que depuis deux jours ils s'étaient réunis dans leur zaouia et lui faisaient fête. Je ressentis en moi un sentiment de joie qui m'annonçait que je touchais au terme de mon voyage. Je donnai à mon anéia un signe auquel il reconnaîtrait si cet étranger était réellement mon gendre. El-Hadji-Ahmet avait eu dans sa jeunesse le bout du nez coupé. L'anéia entra dans la zaouià, me laissant à la porte; il salua l'assemblée, et au signe que je lui avais donné, il reconnut mon gendre, assis au milieu des Tolba. Il pria alors le cheikh de sortir, en lui disant qu'un étranger qu'il conduisait désirait lui parler. Le cheikh sortit, m'écouta, et entra dans la zaouia sans me répondre une parole. Après avoir repris sa place, le cheikh demanda à El-Hadji-Ahmet s'il n'avait pas un beau-père nommé El-Adji-Aly, et qui était cadi chez les Abides. Mon gendre se troubla à cette question qui lui était faite si loin de son pays, et baissa la tête sans rien répondre.

« Les Tolba me firent alors entrer ; je baisai leurs têtes, et ils me dirent de m'asseoir vis-à-vis de mon gendre ; ma présence inattendue dans ces montagnes l'avait frappé de stupeur.

« Je racontai alors aux Tolba mes malheurs, et la pérégrination longue et périlleuse après laquelle Dieu m'avait conduit devant eux pour confondre le méchant.

« Les Tolba admirèrent ensemble les décrets de la Providence, et reprochèrent d'une manière sublime à mon gendre la noirceur de son action. Mais El-Hadji-Ahmet, sortant tout-à-coup de son abattement, commença contre moi des imprécations effrayantes ; il dit aux Tolba que j'étais un chrétien, que par ma présence je souillais leur zaouia, que j'avais été le khodja du colonel Yousouf, que mes richesses étaient toutes impures, et que, craignant de perdre son âme dans ma fréquentation, il avait fui de ma tente en emportant mes richesses impies pour les distribuer aux pauvres musulmans. Mais l'esprit de Dieu et de la justice était avec les Tolba, et ils ne virent que le crime de celui qui avait abandonné sa femme et son enfant pour voler les biens de son père, de son bienfaiteur.

« Les Tolba m'autorisèrent à me jeter sur mon gendre et à le fouiller ; je trouvai dans une bourse en cuir, placée sur sa peau, une somme de 200 boudjous, restant de mon argent qu'il avait dissipé.

Elle me fut rendue par les Tolba, sans que je pusse leur faire rien accepter ; on me rendit ensuite mon mulet, qui avait été vendu à l'un d'eux, mais qui n'en avait pas encore payé le prix ; on me rendit aussi mon fusil, mes pistolets garnis en argent et mes livres saints. Le lendemain, les Tolba voulurent nous faire jurer l'oubli du passé, et lurent sur mon gendre et sur moi le Feta, pour sceller notre réconciliation. J'engageai mon gendre à revenir avec moi auprès de sa femme et de son enfant ; mais, craignant au fond de son cœur, que je ne le livrasse aux Français, je ne pus le décider à me suivre. J'obtins de lui qu'il répudiât ma fille ; les Tolba le délièrent de ses engagements.

« Je fus prié instamment par plusieurs des Tolba de leur vendre mon mulet ; mais mes pieds étaient blessés, j'étais malade et je les priai à mon tour de me laisser conserver ma monture. Mon mulet leur faisait envie à cause de sa haute taille ; ils en possèdent du reste fort peu ; le pays les nourrit difficilement, quoique les Kabyles fassent du foin comme les Français, et parviennent à habituer leurs mulets à manger, en place d'orge, des figues sèches et même des olives.

« Je quittai les Tolba, pénétré de reconnaissance et d'admiration pour leurs hautes vertus, et je pris le chemin de l'ouest pour regagner mon pays.

« En arrivant chez les voisins des Tolba, je fus surpris de ce que j'appris sur leur compte. On m'assura que leur nombre s'élevait jusqu'à six ou sept cents, et que tous savaient lire et se battaient volontiers. Marabouts dans leurs montagnes, ils deviennent guerriers dangereux quand ils sortent de leur pays ; ils sont même querelleurs, coupent les chemins et font des ghazia. Les Tolba sont aussi redoutés par leurs voisins comme guerriers, que vénérés par eux comme savants. Dans leurs courses, chacun d'eux est armé d'un fusil, d'un long sabre et d'un bâton ferré ; ils se servent de chacune de ces armes selon l'ennemi auquel ils ont affaire ; ils assomment les conducteurs inoffensifs des caravanes et se servent de leurs fusils et de leurs sabres contre les gens armés qui veulent leur résister. Les Tolba, comme presque tous les Kabyles, vont tête nue l'été comme l'hiver ; l'huile et les figues forment à peu près toute leur nourriture ; ils trempent des figues dans l'huile et les mangent ; ils boivent de l'huile. Pendant l'hiver, qui est très-rigoureux dans leurs montagnes, ils s'enduisent le corps d'huile, et quand la neige tombe sur leurs têtes nues, on les voit secouer la tête pour s'en débarrasser, comme le font les bœufs.

« Je m'éloignai enchanté de tout ce qui m'était arrivé, et tremblant de faire rencontre, hors du pays des Tolba, d'une de leurs bandes. Je repris à peu près le même chemin par lequel j'étais venu, et, toujours conduit par un anéia, j'arrivai sans encombre jusqu'aux Issers. Je passai chez les Khachna, à Blidah, et je parvins enfin chez les Abides, où mes parents et mes amis se réjouirent de mon retour.

« J'ai appris sous ma tente que vous m'aviez envoyé cherché par un cavalier, je me suis délassé un jour, et je suis venu vers vous pour entendre votre volonté et me soumettre à ce que vous ordonnerez sur moi. »

VII

SOUVENIRS RELIGIEUX

Réception des reliques de Secondinus, ancien évêque d'Afrique. — Retour futur des anciens exilés de l'Afrique chrétienne. — Le jour de la première communion. — Une première communion de matelots à Alger. — Vœux pour le rétablissement des aumôniers à bord des bâtiments de guerre et dans l'armée. — Les pénitenciers d'Alger. — Transformation morale des condamnés militaires.

Je développerai plus tard des idées sur l'indispensable nécessité de donner en Algérie une grande place à l'élément religieux, sous peine de voir périr l'œuvre de la France. Je ne veux que rappeler ici mes souvenirs religieux du 28 avril 1844 à Alger. La réception des restes d'un ancien évêque d'Afrique, une première communion de matelots dans l'ancienne capitale du brigandage musulman, des centaines de condamnés militaires transformés par l'action chrétienne, tels sont les spectacles qui ce jour-là ravirent mon esprit.

On sait que dans l'année 484 beaucoup d'évêques africains, chassés par l'impitoyable Huneric, allèrent demander un asile au pays des Gaules et d'Italie. Secondinus fut un de ces illustres proscrits ; aucun monument ne nous apprend comment s'écoulèrent les jours de son exil ; il paraît seulement que Secondinus trouva un abri en Italie, qu'il y répandit les fruits abondants de son zèle et qu'il y mourut. Une ville du royaume de Naples, Troia, gardait ses restes vénérés.

Un bras de Secondinus a été donné à l'église d'Alger comme un bras de saint Augustin avait été donné à Hippone renaissante. Ces bras sortis de leurs vieux sépulcres pour reparaître en Afrique sont comme de sublimes travailleurs qui aideront à reconstruire l'édifice de la foi chrétienne dans ces contrées.

J'étais dans la cathédrale d'Alger lorsque les reliques de Secondinus, enfermées dans une châsse, sont venues solennellement prendre possession de l'autel qui leur était destiné. Un évêque du cinquième siècle revenant en Afrique dans le dix-neuvième siècle et reçu par un évêque français dans une mosquée convertie en église, c'est toute une merveilleuse histoire ; ces rapprochements, ces contrastes qui laissent voir l'accomplissement d'événements immenses, ont une façon d'éloquence dont l'âme est fortement saisie. M. l'évêque d'Alger a trouvé quelques chaudes paroles en harmonie avec la pensée des assistants, mais le spectacle lui-même était au-dessus du discours le plus expressif.

Quand la renaissante église d'Afrique aura avancé sa mission et que les besoins religieux seront partout satisfaits, quand chaque chose sera entrée dans une voie bonne et sûre, et que l'Algérie chrétienne aura atteint le degré de gloire auquel il sera permis de la voir monter, alors une belle fête pourra être donnée au monde. On convoquerait des divers points de l'Afrique, de l'Italie et des Gaules les évêques de l'ancienne église africaine ; on interrogerait tous les temples, tous les sépulcres, tous les débris, pour leur demander ce qu'ils gardent des ossements des Cyprien, des Aurèle, des Alype, des Sévère et des Fulgence. De toutes parts ces morts tirés des sanctuaires où les vénère la piété, des coins de terre où ils reposent ignorés et sans gloire, s'achemineraient, au milieu des pompes chrétiennes, vers Alger ou vers Hippone, devenues le rendez-vous du saint épiscopat d'autrefois; ils arriveraient pour être les témoins heureux d'une nouvelle moisson chrétienne dans un pays jadis fécondé par leur sueur ou même par leur sang. Placés dans un monument qui serait comme le panthéon du catholicisme africain, ils représenteraient un passé plein de génie, de courage et de vertu, et leur muet langage aurait toute la grandeu de l'histoire. De même que les fils s'excitent à l'amour des belles choses par le souvenir de leurs ancêtres, par la vue des images de leurs aïeux, ainsi les évêques et les prêtres de l'Afrique nouvelle sentiraient se rallumer le feu de leur zèle en présence des restes sacrés de leurs glorieux ancêtres dans la foi.

Il est dans la vie un jour religieux dont le moins croyant ne perd point le souvenir, jour qui garde la blancheur du lis et la pureté des rayons de l'aube, tout rempli des sourires du ciel, des émotions du cœur et de la foi, du doux bruit des cantiques et du parfum des fleurs, jour heureux où les enfants conversent avec les anges, où sur chacun de ces fronts bénis semble briller une étoile : c'est le jour de la première communion ! Lorsque la tête s'incline sous le poids des fatigues de la vie, sous le poids des douleurs nées d'espérances brisées, parfois la pensée va se reposer sur le jour déjà lointain où tout paraissait si beau, comme n chercherait à se consoler d'un affreux déser par le souven r d'un ravissant paysage. Si les tourments ou les ravages du doute ont passé sur votre vie, vous reportez un mélancolique regard sur les paisibles sérénités du jour où la croyance forte et naïve vous faisait toucher les invisibles réalités des mystères chrétiens : on est alors comme le navire parti du port avec la poupe ornée de fleurs, avec des chants joyeux, les voiles arrondies par un vent propice, et qui, à peine arrivé à la moitié du voyage, se voit battu, rompu, mis en pièces par l'ouragan et les flots ! Heureux ceux dont la marche en ce monde ne dément point cette fête séraphique du premier printemps de l'âme, et qui n'ont jamais communié qu'au bien, à la vérité, à la beauté morale, à l'ordre divin! Cette première alliance complète d'une jeune créature avec son Dieu se célèbre le plus souvent dans l'église où nous reçûmes le titre glorieux de chrétien, autour des champs, des prés, des collines où notre enfance s'écoula ; et c'est ainsi que la première communion se confond avec les suaves images de la terre natale. Mais c'est tout un nouveau monde, toute une source d'impressions profondes et nouvelles, quand des enfants de la France, des adolescents jetés à travers les rudes labeurs de la navigation, se trouvent amenés à faire la première communion sur la rive africaine, dans l'ancienne métropole du pillage, de la servitude et du meurtre. Ce que la première communion a de plus touchant se mêle ici aux plus saisissantes idées de la conquête.

Représentez-vous donc une cinquantaine de matelots de nos bâtiments de guerre, dans leur tenue la plus soignée, rangés sur plusieurs bancs au milieu de la cathédrale d'Alger, pénétrés de respect, recueillis, les bras croisés ou tenant ouvert à la main un livre de prières. De pieux camarades s'étaient réunis à ceux qui allaient communier pour la première fois. La plupart des matelots assemblés pour le festin des anges avaient plus de vingt ans. Ils n'étaient pas de ceux qui ont sucé le christianisme avec le lait; des années s'étaient passées sans qu'ils fussent instruits des vérités de la foi. Ces matelots n'avaient connu de Dieu que le nom, quoiqu'ils vécussent au milieu de ses plus formidables merveilles; ils n'avaient pas découvert la grandeur divine dans les belles nuits d'Afrique, d'Orient ou d'Amérique, ni dans la magnifique étendue des flots, ni dans les terribles colères de l'Océan; ils n'étaient jamais descendus un seul moment dans les profondeurs de leur âme pour y étudier ses besoins infinis, ses misères et sa destinée; la vie humaine n'était pour eux qu'un livre fermé, et le plan divin de la création n'existait point pour eux. Nulle lumière n'était venue traverser la nuit de leur existence mêlée de durs travaux, d'asservissements sévères et de jouissances brutales. C'est à Alger que le bienfait de la pensée religieuse les attendait.

Il y avait alors à Alger un prêtre (j'ignore s'il y est encore) dont le zèle, fécond en bonnes œuvres, se faisait sentir de toutes parts : c'était l'abbé Tissier. Il se montrait, à bord de nos bâtiments de guerre qui arrivaient à Alger, comme un missionnaire d'amour religieux; sa parole à la fois grave, douce et familière, instruisait, touchait les matelots. Les devoirs du bord n'étaient jamais négligés; ce sont les heures de l'oisiveté qu'on donnait aux entretiens sur les intérêts les plus élevés de la destinée humaine. C'est ainsi qu'une portion de notre marine de guerre a été évangélisée à Alger. Il est possible que quelques matelots trompent le prêtre, mais des actes partiels d'hypocrisie infâme ne sauraient détruire la valeur morale de l'ensemble d'une œuvre. On admire comment des marins, touchant à tant de contrées diverses et se trouvant fréquemment en France, vont renaître à la religion précisément sur cette terre africaine où le christianisme renaît. Ne semble-t-il pas que ce rivage d'Alger ait particulièrement reçu une mission chrétienne? C'est là que la foi attend une foule d'hommes longtemps retenus dans les ténèbres de l'ignorance ou du vice; c'est là qu'on devient chrétien, *fiunt christiani*, comme aux derniers temps du paganisme. Souvent des matelots se disent adieu à Toulon, partent pour des expéditions lointaines, et se donnent de pieux rendez-vous à Alger. On est séparé de longs mois par l'Océan et les tempêtes, et l'on se retrouve au pied d'un autel en Afrique, en présence de celui qui tient les mers dans le creux de sa main et qui arrête ou déchaîne les orages.

A la vue de ces jeunes matelots, je me redisais ce que j'ai pensé bien des fois depuis que j'ai voyagé sur mer, c'est qu'il manque un homme à bord des bâtiments de guerre : il manque l'aumônier! La religion n'a plus sa place sur nos vaisseaux; il n'y a plus de signe de foi dans ces flottantes cités que de continuels périls environnent. Des hommes qui habitent sur l'abîme et dont la vie est une lutte contre les formidables forces de la nature ; des hommes dont les jours sont à la merci du vent qui se lève et du nuage qui passe, n'ont personne pour leur parler de Dieu, pour les consoler et les bénir. A l'heure de l'agonie et de la mort, nulle pieuse voix ne leur adoucit les terreurs de l'éternité, nulle main ne leur ouvre les portes de la future et immortelle patrie. Nos vaisseaux, en perdant leur aumônier, ont perdu leur plus belle poésie, car il y avait une sublime poésie dans la prière et les cérémonies chrétiennes sur les mers. Il est des officiers de marine, nous le savons, qui ne voudraient pas d'un aumônier ; la carte et la boussole leur suffisent ; ils croient pouvoir naviguer sans Dieu ; nous respectons l'indépendance de leur raison, et nous n'entendons pas qu'on les force d'assister à la messe ; mais c'est précisément parce que nous désirons que la liberté de conscience soit une vérité sur mer comme sur terre, que nous aimerions qu'on songeât à cette portion de l'équipage qui a des besoins religieux. On ne témoigne pas un grand respect pour la liberté de conscience, quand on contraint un homme de foi à demeurer victime de l'incrédulité d'un autre homme. Oh ! quel chagrin pour les mères dans la seule idée que des fils élevés dans la religion des aïeux ne retrouvent plus aucune image de leur foi du moment qu'ils mettent le pied sur un navire ! S'il se rencontre des officiers de marine pour lesquels le manque d'un aumônier soit presque une joie, combien y en a-t-il qui, dans les longues traversées, s'attristent de voir mourir sans consolation quelquefois des amis, souvent des matelots ! Plus d'un officier de marine qui séjourne à

Toulon connaît le chemin des églises et aussi le chemin de la demeure des pauvres. Ces jeunes hommes n'ont point encore découvert de l'incompatibilité entre l'épaulette et le sentiment chrétien; ils ne trouvent pas la moindre honte à professer la religion de Jean Bart et de Duguay-Trouin, de Tourville et de Suffren. Il n'est pas loin, j'espère, le jour où l'aumônier sera rendu à nos vaisseaux, et alors nous demanderons que les prêtres appelés à de telles missions soient doux et polis, instruits et pieux : le succès de missions semblables dépend du caractère particulier l'homme.

Le rétablissement des aumôniers, nous le souhaitons non-seulement pour notre marine, mais aussi pour notre jeune et héroïque armée d'Afrique, qui s'en va braver la mort sans que personne lui parle de Dieu et de l'âme immortelle.

Alger a deux pénitenciers, l'un au Fort-Neuf, l'autre au fort des Vingt-Quatre-Heures; ils reçoivent les militaires condamnés à des peines correctionnelles. On trouve aussi au Fort-Neuf l'établissement appelé établissement du Boulet. J'ai plus d'une fois visité les ateliers de ce fort, ses noirs et humides cachots, ses longues et sombres galeries qui certainement ont entendu autrefois les gémissements des esclaves chrétiens; la cour du Fort-Neuf communique avec la mer par une porte; cette cour abritait les péniches du dey; on y retrouve de petits canons enfoncés dans la terre, auxquels les barques étaient attachées. Le prêtre dont j'ai parlé tout à l'heure a fait entrer les consolations religieuses dans ces demeures de l'expiation. Un autel est élevé dans la galerie du Boulet et dans la galerie du pénitencier ; j'y ai vu même une chaire du haut de laquelle l'homme évangélique rompt le pain de la divine parole.

Le soir du 28 avril il me fut donné d'assister à un spectacle qui ne sortira jamais de ma mémoire. Plus de deux cents condamnés militaires étaient réunis dans une longue galerie souterraine dont le fond présentait un autel dédié à Notre-Dame-des-Sept-Douleurs. La satue de la mère du Sauveur du monde surmontait l'autel. Les pieux condamnés militaires ont fondé une association de persévérance et d'honneur pour détruire le blasphème et les paroles contraires aux bonnes mœurs. Cette société se compose de douze conseillers et de plusieurs divisions commandées par des chefs et des sous-chefs élus entre camarades. Les membres de l'association venaient ce soir-là recevoir des mains de l'évêque d'Alger leur diplôme. Je les ai vus arriver l'un après l'autre, tenant un cierge à la main, aux pieds du prélat qui leur remettait le diplôme et leur donnait la bague épiscopale à baiser. Ils étaient recueillis, doux et timides, et vous les auriez pris pour des adolescents simples et purs plutôt que pour des soldats que la loi militaire a châtiés. Pendant la cérémonie, de belles voix de condamnés répétaient des cantiques.

Les constructions nouvelles, l'activité du pays d'Alger, la sécurité des routes, les défrichements commencés dans le Sahel, l'organisation de notre pouvoir sur les Arabes soumis avaient vivement intéressé mon intelligence ; mais je donne toute mon admiration à ces condamnés redevenus des hommes dignes de leur céleste origine et rendus à l'harmonie morale, à ces condamnés venus là souillés de vices, sans foi ni loi et présentant aujourd'hui l'image d'une société d'élus ; ces défrichements de l'âme humaine, cette culture du cœur, ces conquêtes de la vertu et de la religion sur les penchants pervers, les habitudes immondes et les dépravations de tous genres, cette merveilleuse transformation qui, à la place de natures dégradées, nous montre des hommes remontés à une grande hauteur morale, voilà ce qui frappe le plus, non-seulement le penseur religieux, mais le philosophe quel qu'il soit, pourvu qu'il s'intéresse à la dignité humaine. Nous étions là comme dans des catacombes, au bruit des vagues de la mer qui se brisaient au pied du Fort-Neuf, au bruit des cantiques qui retentissaient sous les longues et tristes voûtes éclairées par des cierges. Je ne sais si l'imagination chrétienne peut abuser sur la portée de telles créations, mais il serait permis de croire qu'elles marquent le rivage d'Alger du sceau prophétique d'une mission providentielle.

L'esprit du mal est malheureux de tout le bien qui peut s'accomplir. On connaît ces lugubres oiseaux que la lumière du soleil importune. Il y a dans le monde une conspiration secrète et jalouse contre toute gloire et tout bonheur, un atelier d'éternelles calomnies contre toute vertu. Trop de bien s'était opéré dans les pénitenciers et le Boulet d'Alger pour que d'envieuses rumeurs ne vinssent point gronder autour du Fort-Neuf. Des gens qui ne se nomment point et se bornent à machiner dans l'ombre, ont accusé les intentions du prêtre directeur, mis en doute la sincérité du retour religieux des condamnés militaires et jeté d'indignes motifs de piété à la face de tant de jeunes hommes exclusivement occupés de bonnes et louables pensées. Mais cette poussière est retombée sur la tête de ceux qui l'avaient lancée contre la vérité, et je m'honore d'avoir pris publiquement la défense des condamnés militaires d'Alger.

VIII

LA SOCIÉTÉ DE SAINT-AUGUSTIN

Fondation de la Société de Saint-Augustin à Alger.—Lettre de l'auteur au président de cette Société.—Sa réception au nombre des membres.—Réflexions sur la fondation de cette Société.—Quelques idées sur sa mission religieuse et littéraire.

La pensée religieuse qui transforme les matelots de guerre et les condamnés militaires d'Alger, a fondé en 1843, dans la métropole africaine, une association sous le patronage de saint Augustin. Le but de cette société, semblable d'esprit et d'intention au Cercle catholique de Paris, est d'offrir un centre moral aux hommes et surtout aux jeunes hommes venus de France. Elle n'exclut pas les amis du dehors, elle les recherche au contraire. Seulement, pour être membre de la Société, il faut, aux termes du règlement, en faire la demande par lettre. Au mois d'avril 1844, la Société religieuse et littéraire de Saint-Augustin avait pour président M. l'abbé Dédoux chanoine d'Alger. J'eus l'honneur de lui adresser la lettre suivante :

A M. le Président de la Société de Saint-Augustin.

« Monsieur le président,

« Je fais un pélerinage en Afrique pour ajouter la couleur des lieux à l'histoire de saint Augustin, que je viens d'achever, et, dès mes premiers pas sur cette terre illustre, je rencontre une Société littéraire et religieuse récemment fondée sous le patronage du grand homme dont mon cœur et ma pensée sont pleins! Vous comprendrez mon vif désir de me mêler dans vos rangs. Permettez-moi donc, monsieur le président, de solliciter l'honneur d'être inscrit au nombre des membres de la Société de Saint-Augustin. Cette faveur me sera d'un bon augure pour le reste de mon voyage dans les contrées africaines, et donnera un intérêt de plus à ma prochaine visite aux ruines d'Hippone.

« Ce que je sais du but de votre œuvre et de l'esprit qui l'anime me fait voir dans l'inspiration des fondateurs une bénédiction divine, une intention de la Providence. En effet, Alger, la grande porte de l'Afrique, le rendez-vous de tous les intérêts, de toutes les passions, de toutes les idées nouvelles, le centre des agitations, des mœurs et des races les plus diverses, offre un spectacle dont le premier effet n'est pas un entraînement vers notre foi. Ces nombreux courants d'opinions et de croyances frappent d'abord l'âme d'une sorte d'indifférence pour les religions. On se laisse aller à penser que tout est bien, que tout est suffisamment vrai, parce que toute chose a l'air de cheminer tranquillement vers son but! Il faut se défendre de ces soudaines impressions, dangereuses erreurs d'un esprit qui ne creuse rien et ne regarde pas au fond. Les jeunes imaginations, même celles qui réunissent les meilleurs instincts, sont toujours disposées à ne toucher les choses que du bout de leur aile, pour peu que les passions du cœur y trouvent leur profit. Il est utile de se persuader que le pêle-mêle des sentiments humains, au lieu d'arrêter notre effort vers les croyances chrétiennes, doit l'exciter au contraire. La religion catholique n'apparaît jamais plus belle qu'en présence du chaos moral. Les mille et mille formes de l'erreur dans l'univers n'enchaînèrent point le zèle des douze pauvres Galiléens; les dieux dont la terre était couverte ne firent pas reculer les disciples du Dieu crucifié. La Société des saines doctrines de Saint-Augustin d'Alger, armée de notre magnifique unité religieuse, de notre admirable perpétuité, de nos enseignements avec lesquels tout s'opère, tout monte et se fortifie, cette Société littéraire de l'Afrique renaissante fera ici l'office de l'ange porte-lumière au profit des hommes de *bonne volonté* à qui le ciel a promis la paix.

« Dans ce nouveau monde africain, ouvert à l'activité européenne, le vice est plus pressé de se produire que la vertu, car le fleuve de la civilisation charrie avec lui bien des misères morales ! Il est nécessaire que le christianisme intervienne sous plusieurs formes pour brider le mauvais côté du cœur humain. Au milieu de cette chaude expansion du génie français, au milieu de ces merveilleux efforts pour reculer au loin les limites de la barbarie, je n'aperçois guère que des hommes embrasés de l'amour des intérêts matériels. Le feu de la cupidité circule dans leurs veines, la passion de l'or éclate dans leurs yeux, et c'est la terre, la terre seule qu'ils regardent ! Il importe qu'il y ait, dans la métropole de l'Algérie, une association dont les travaux rappellent l'homme à la sublimité du spiritualisme, à la grandeur de sa nature immortelle, aux droits et aux devoirs de la créature faite à l'image de Dieu ! Il importe d'enseigner que l'Europe, en enfonçant les portes de l'islamisme, obéit à des desseins providentiels, et qu'il s'agit d'agrandir le royaume de la vérité et non pas seulement d'augmenter le nombre des riches sur la terre !

« Il ne m'appartient pas, monsieur le président, d'indiquer aucun chemin, d'ouvrir aucun horizon à la Société née depuis peu dans ces contrées redevenues fécondes en belles et saintes choses. Mais souffrez que je vous exprime le vœu de voir la Société religieuse et littéraire d'Alger travailler à faire revivre à force de soins, de recherches et d'utiles correspondances, les temps de l'Afrique chrétienne, ces vieux âges si glorieux dont les légions françaises foulent de toutes parts les débris ! Tirer de leur immense tombe ces anciennes et mémorables époques, ce sera aussi ressusciter la foi en Afrique, et la génération nouvelle rattachera son œuvre religieuse à la chaîne d'or des trois grands siècles africains ! Heureux si je puis apporter mon grain de sable à la reconstruction chrétienne dans ce pays que le génie et la sainteté ont marqué de traces immortelles !

« J'ai l'honneur d'être, monsieur le président, votre très-humble et très-obéissant serviteur,

P.... »

Alger, 21 avril 1844.

La séance où l'on me fit l'honneur de m'admettre au nombre des membres de la Société religieuse et littéraire de Saint-Augustin, était nombreuse. M. le président l'ouvrit par un petit discours adressé à Mgr l'évêque d'Alger, qui était présent; il le *remerciait du nouveau membre* que Monseigneur présentait à la Société. La réponse de l'évêque fut simple et paternelle; il daigna parler de moi et de mon passage en Afrique en termes dont je fus touché. Je remerciai brièvement de tant d'obligeance et de l'honneur qu'on voulait bien me faire; puis M. le président donna lecture de la lettre qui exprimait mes sentiments snr l'œuvre nouvelle. Plus tard je reparus encore une fois dans une séance de la Société de Saint-Augustin, et j'exposai diverses idées qui me semblaient de nature à féconder, à faire réussir la pensée de l'œuvre. Depuis ce temps, je n'en ai plus eu de nouvelles.

Je voyais dans la Société récemment fondée deux choses très-intéressantes, d'abord un point de réunion morale pour nos jeunes compatriotes d'Alger, ensuite une sorte d'académie africaine pouvant se proposer pour but particulier l'étude des grands hommes de l'Afrique chrétienne, la recherche des monuments et des souvenirs des vieux temps de foi dans ce pays. Avec une impulsion vive, une direction intelligente et forte, vous verrez les esprits honnêtes et studieux se rapprocher, s'exciter à l'amour du bien. Les âmes les meilleures ont besoin d'être réchauffées, et le principe de l'association porte en lui ce feu sacré qui est à la fois l'inspiration et la force permanente de l'homme. Il ne faut pas oublier que notre établissement en Algérie est un empire qui se fonde ; les associations morales sont le ciment qui doit unir et consolider les pierres de l'édifice. L'amour exclusif du luxe, l'adoration de la matière n'a jamais rien fondé de grand. La passion de l'or peut suffire pour élever un comptoir, créer un foyer plus ou moins considérable d'industrie, mais elle n'a jamais suffi et ne suffira jamais pour jeter les bases d'un empire durable. Les belles et durables choses ne naissent que d'une croyance quelconque, d'un culte pour ces intérêts moraux qui élèvent l'âme par-dessus les horizons étroits de la vie et du temps, et marquent nos œuvres d'une sorte d'empreinte éternelle. C'est l'amour du vrai et du beau qui seul peut faire pardonner en ce monde l'amour de l'utile. Gagnez des batailles et puis plantez, creusez, bâtissez, amassez les richesses, épuisez toutes les joies, toutes les délices que peut donner la matière : quelle page aurez-vous conquise dans l'histoire si, par vous et autour de vous, l'âme humaine n'a rien fait qui soit digne d'elle, si vous n'avez pas pris garde que notre destinée ne s'achevait pas tout entière sous la pierre du tombeau et qu'il faut quelque chose de plus que la terre à cette intelligence qui a toujours trouvé la terre trop petite pour l'immensité de ses vœux et de ses besoins ! Il importe donc qu'il y ait des associations morales dans cette nouvelle France du continent africain, et nous aurons occasion de revenir sur ce point.

Nous avons dit que la Société de Saint-Augustin d'Alger ferait bien de se livrer particulièrement à l'étude des grands hommes, des monuments et des souvenirs de l'ancienne Afrique chrétienne. La principale condition pour être remarqué, c'est d'avoir une physionomie à soi. On ne pourrait guère promettre ni éclat ni avenir à une œuvre qui entrerait dans le monde pour ressembler à d'autres œuvres. La Société de Saint-Augustin d'Alger aurait sa physionomie propre qui lui serait indiquée par le lieu même de son berceau. Elle n'a qu'à interroger le passé et la poussière autour d'elle pour trouver un but spécial à ses laborieux efforts. L'Atlas, dit-on, a des mines d'or et d'argent; mais quelle mine comparable aux richesses accumulées dans les immortels écrits de saint Cyprien, de Tertullien, de saint Augustin! Que de vérités, que d'enseignements, que d'éloquence à remettre en lumière! Quel immense arsenal tout rempli d'armes pour les luttes chrétiennes! Quel nombre infini de solutions pour les difficultés devant lesquelles s'arrêtent l'ignorance, les passions ou les préjugés de notre temps! Les écrits des Pères africains ont une sève de jeunesse chrétienne qui donne inévitablement de la vigueur à tout esprit studieux. La Société de Saint-Augustin d'Alger recevrait ainsi une mission magnifique; elle serait l'intermédiaire par lequel l'Afrique des vieux âges catholiques éclairerait de nouveau le monde.

En même temps que la Société de Saint-Augustin d'Alger s'occuperait de la littérature des Pères de l'Afrique, elle trouverait dans l'archéologie chrétienne de ce pays une utile et belle diversion à ses travaux. On demanderait à ces régions si longtemps livrées aux ténèbres des temps barbares ce qu'elles ont gardé de leurs monuments religieux. Les Vandales mirent le feu à la plupart des églises, mais, quelque terrible que soit une dévastation, elle laisse toujours d'importants débris ! L'Afrique chrétienne, dans ses beaux jours, compta plus de sept cents évêques, et un pareil nombre d'évêchés suppose une multitude d'édifices catholiques qu'on n'efface pas facilement de la terre. Un zèle intelligent et pieux pourra beaucoup découvrir. Bien des inscriptions chrétiennes attendent l'investigateur éclairé. Des membres correspondants, répandus au sein de l'Algérie, concourraient à la résurrection d'un passé si plein d'un touchant intérêt. Un musée, placé à côté de la salle des séances de la Société de Saint-Augustin d'Alger, recevrait les débris précieux et les inscriptions appartenant à l'ancienne Afrique chrétienne.

Voilà comment nous comprendrions la mission de la Société religieuse et littéraire que nous avons un moment aperçue à son berceau dans la ville d'Alger. Nous avons vu le grain de sénevé, et nous voudrions qu'il devînt un grand arbre à l'abri duquel pussent se rassembler les oiseaux du ciel.

IX

ESCLAVAGE DES CHRÉTIENS A ALGER

Les anciens ordres de la Trinité et de la Merci.—Opinions de saint Cyprien, de saint Ambroise et de saint Césaire d'Arles, sur le rachat des captifs.— Le P. Gervais, ancien Trinitaire; ses souvenirs sur l'état des esclaves, il y a quarante ans.—État des esclaves chrétiens à Alger dans les seizième, dix-septième et dix-huitième siècles.—Fondation de l'ancien hôpital des chrétiens.—Le frère Pierre de la Conception.—Comment les Pères de la Merci rachetaient les captifs.—Le retour des captifs rachetés.—Captivité de Miguel Cervantes.—Anecdotes et récits divers.

L'histoire moderne n'offre rien de plus lamentable que la destinée de tant de chrétiens saisis sur les mers et précipités dans la servitude au milieu des Barbares d'Afrique ; et cela est arrivé, non pas une fois et durant une période rapide, mais cela a duré des siècles ! Alger était comme un abîme où s'en allaient tomber les espérances, les trésors, les sueurs et quelquefois la vie des captifs. Des parages de Tunis à ceux de Gibraltar, des îles Baléares aux côtes de Provence, des rivages d'Italie à ceux d'Espagne, la cupidité armée avait tendu un immense réseau. Aux portes de l'Europe, l'épouvante était organisée, la spoliation et l'esclavage avaient leurs lois ; on trafiquait des angoisses et des larmes des chrétiens. Pour les foyers d'Europe, ce nom d'Alger voulait dire péril et malheur, torture et désespoir. Que de familles d'Occident dont le long deuil avait été l'ouvrage des Algériens ! que de places vides ils avaient faites ! à combien de lugubres récits avait donné lieu leur rapace cruauté !

Bien avant qu'Alger fût devenue un nid de vautours, la Méditerranée avait des pirates, et la chrétienté des captifs à racheter. Qui n'a connu le dévouement sublime de ce pauvre prêtre des environs de Barcelonnette, de ce Jean de Matha, le fondateur de l'ordre des Trinitaires ! Il parut dans la seconde moitié du douzième siècle, si fécond en grandes choses, et son apostolat courageux est une des gloires de cette époque. Un ermite du diocèse de Meaux, Félix de Valois, devint le compagnon de Jean de Matha. Approuvés par Innocent III, protégés par Philippe-Auguste, les deux pieux amis, vêtus d'une robe blanche marquée d'une croix rouge sur la poitrine, s'en allèrent délivrer des centaines d'esclaves chrétiens au Maroc, à Tunis, et chez les Mores d'Espagne. Dans un second voyage, en 1210, Jean de Matha racheta cent vingt chrétiens à Tunis et trois ans après il mourait à Rome, âgé de soixante et un ans. Le nom de Jean de Matha est digne de rester à jamais dans la mémoire du genre humain parce que l'idée de l'ordre de la Rédemption est la plus haute manifestation du dévouement; c'est dans le cœur du prêtre des Alpes qu'entra la première fois cette grande idée, et ce fut lui qui en réalisa le plan. L'accroissement de l'ordre de la Sainte-Trinité fut d'une rapidité merveilleuse. C'était un magnifique mouvement de générosité évangélique. Le douzième et le treizième siècles dont les entrailles si chrétiennes tressaillaient à chaque belle œuvre de foi, ne pouvaient que favoriser le saint enthousiasme et les desseins de Jean de Matha.

Les ordres de la Trinité et de la Merci furent une

imitation et une continuation de la mission de Jésus-Christ sur la terre. Dès le troisième siècle, une voix illustre de l'Église, la voix de saint Cyprien, recommandait le rachat des captifs [1]. Dans une lettre adressée aux évêques de Numidie, le grand évêque de Carthage regardait les douleurs de ses frères comme ses propres douleurs. Il rappelait ces paroles de saint Paul : « Si un membre souffre, les autres membres souffrent aussi. » Et ces autres paroles : « Qui est malade sans que je sois malade aussi ? » Cyprien savait ensuite, d'après le grand apôtre, que les chrétiens sont comme des temples de Dieu et concluait que ces tabernacles ne devaient pas rester longtemps captifs. Il ajoutait qu'il fallait voir le Christ lui-même dans chaque chrétien esclave, qu'il ne convenait point de laisser dans la servitude celui qui nous avait délivrés de la mort, ni d'épargner l'or pour celui qui n'avait point épargné son sang. Au grand jour du jugement, le Sauveur dira à ceux qui auront été miséricordieux : « J'ai été captif et « vous m'avez racheté ; j'ai été chargé de chaînes « chez les Barbares et vous m'avez délivré de la « servitude. » L'évêque de Carthage remerciait ses vénérables collègues de Numidie de l'avoir associé à l'œuvre de la rédemption des captifs et leur envoyait les sommes recueillies parmi son clergé et son peuple. Il leur transmettait une liste de tous ceux qui, poussés par un sentiment de fraternité chrétienne, avaient apporté leurs dons : les noms de ces frères de Carthage devaient être prononcés dans les prières des

---

[1] Ad episcopos numidas epistola.

évêques numides. Ainsi l'Église d'Afrique, dans ses premiers âges, donnait un solennel exemple de charité envers les captifs, comme si elle avait prévu que, dans les temps à venir, d'autres chrétiens jetés sur la terre africaine auraient besoin de ces grands principes de fraternité évangélique pour être arrachés à l'esclavage.

Saint Ambroise pensait sur cette grave matière comme saint Cyprien ; il permettait que les églises fussent dépouillées pour payer la liberté des esclaves chrétiens, et voyait dans la rédemption des captifs *tout l'honneur des sacrements*. Saint Césaire, archevêque d'Arles, vendit les vases sacrés pour cette haute et pieuse destination, et reçut les louanges du Saint-Siége et de plusieurs conciles ; il eut pour auxiliaire dans cette œuvre de rachat Alaric lui-même. Parmi les ancêtres des moines rédempteurs, nous trouverions aussi saint Paulin de Nôle, saint Loup, évêque de Troyes, saint Éloi, et de pieuses dames romaines des cinquième et sixième siècles.

Depuis le jour où j'avais touché pour la première fois le sol d'Alger, le souvenir des anciens esclaves chrétiens me revenait bien souvent à l'esprit ; je songeais à leurs maux, je cherchais leurs traces ; je m'informais des lieux qui avaient pu être l'asile particulier de leurs douleurs. On me parla d'un homme qui pouvait m'éclairer sur ce point. Cet homme est le P. Gervais, d'origine espagnole, ancien Trinitaire qui habite Alger depuis plus de cinquante ans. A l'époque de l'expédition de lord Exmouth, la destruction de l'hôpital des esclaves chrétiens rendait inutile la mission des Trinitaires ; ils reprirent le chemin de leur patrie; le P. Gervais demeura seul à Alger en qualité d'aumônier du consulat d'Espagne. Je me trouvai avec un plaisir véritable en présence de ce pieux vieillard qui m'apparut comme un monument religieux de l'ancienne métropole barbaresque; il fut le dernier représentant de la religion chrétienne dans la ville d'Alger avant la domination française; il vit les derniers temps d'une société barbare à jamais effacée de la terre. Cet homme, dont les ans ont affaibli la tête, a de la peine tout seul à recueillir ses souvenirs, à retrouver le passé; mais si on l'interroge avec précision, si on l'excite, si on le presse, il peut encore vous faire des récits animés par une vivacité toute juvénile. J'ai donc interrogé le vieux Trinitaire sur ce qu'il a vu ou su touchant les esclaves chrétiens, et j'en ai tiré des réponses pleines d'intérêt. Mes questions et les réponses du P. Gervais roulaient exclusivement sur l'état des choses depuis cinquante ans, car, pour les temps antérieurs, j'avais l'histoire et surtout les relations des religieux rédempteurs.

Le P. Gervais a vu, il y a quarante ans, quatre ou cinq cents esclaves à Alger; la plupart de ces captifs appartenaient aux pays d'Italie. Les esclaves étaient la propriété du gouverneur algérien; il en donnait parfois en présents à des particuliers. Les femmes prises sur les mers étaient confiées aux consuls de leur nation pour être renvoyées dans leur patrie. Nous devons faire observer que cette exception en faveur des femmes n'a eu lieu que dans les derniers temps. Les esclaves étaient occupés aux travaux publics; ils servaient de manœuvres, portaient des pierres, du mortier, de la chaux. Lorsque l'un d'eux excellait dans un métier, il se livrait à son industrie au profit du gouvernement algérien, et en tirait des bénéfices pour lui-même. L'argent venait toujours au travailleur le plus habile. Il s'est rencontré des esclaves qui ont conquis la confiance du dey et l'ont volé tout à leur aise.

Les esclaves, au temps du P. Gervais, avaient leur demeure à la *Caserne du Lion* et aux *Bains du Beylik*. La caserne du Lion était ainsi nommée parce que le dey y nourrissait des lions destinés à être offerts à des puissances musulmanes. Les bains du Beylik, c'est ce qu'on appelait la caserne du génie et ce qui est maintenant un hôpital militaire. Ces deux édifices se trouvaient au quartier Bab-Azoun ; la caserne du Lion, à l'époque de mon passage à Alger, présentait à peine quelques vestiges qui devaient bientôt disparaître pour faire place à une construction nouvelle. A côté de la caserne du Lion s'élevait l'hôpital des Trinitaires, dont il ne reste plus rien ; c'est là qu'étaient reçus les esclaves malades.

Une église s'ouvrit à la piété des captifs ; le gouvernement algérien les laissait librement accomplir leurs devoirs religieux ; il tenait même à les voir dans l'exercice de leur foi. Les deys disaient d'un esclave : « S'il n'est pas bon chrétien, il ne sera pas homme bon ; et s'il sert mal son Dieu, il servira mal son maître. » Les esclaves portaient au pied un anneau de fer, ou tout autre marque qui annonçait la servitude. Chaque année, le vendredi avant Noël, le gouvernement donnait aux esclaves un habillement complet, mais c'était un costume more ; les esclaves le vendaient pour un douro espagnol (cinq francs). A l'aide des petits revenus de leur labeur, plusieurs s'établissaient à leur guise. Ceux qui devenaient assez riches pour se racheter retrouvaient la liberté. Le P. Gervais n'a jamais vu de marché d'esclaves à Alger; un bazar d'esclaves était à Tunis. L'expédition de Bonaparte en Égypte eut un contre-coup à Alger; le sort des esclaves chrétiens en devint rigoureux, et pendant quelque temps les consuls et vice-consuls à Alger furent eux-mêmes traités comme des prisonniers : le dey leur fit mettre les fers aux pieds.

D'après les récits du P. Gervais, l'état des esclaves chrétiens à Alger était, depuis le commencement du dix-neuvième siècle, bien moins intolérable que dans les trois siècles antérieurs.

J'ai parlé ailleurs du cimetière des chrétiens situé au penchant de la colline de Bab-el-Oued, près du chemin qui mène à l'ancien jardin du dey. Le P. Gervais sait par la tradition l'origine de ce cimetière; il me l'a racontée avec plus de détails qu'on n'en trouve dans les récits des vieux voyageurs.

Dans la dernière moitié du seizième siècle, un évêque espagnol se rendant en Sicile, fut pris par des pirates algériens. Après d'assez longs jours de servitude passés à Alger, l'évêque reçut de la libéralité espagnole le prix de sa rançon, qui fut considérable à cause de sa dignité. Mais sa charité lui inspira le dessein d'employer plus admirablement cet argent. En ce temps-là, les chrétiens qui mouraient sur la rive algérienne n'obtenaient pas les honneurs de la sépulture; on jetait les cadavres dans la mer, les flots les rejetaient, et les chacals emportaient et dévoraient ces restes humains. L'évêque esclave alla trouver le maître d'Alger qui avait alors le titre de pacha, et lui offrit le prix de sa rançon pour acheter un cimetière à l'usage des chrétiens ; or, il était interdit à tout chrétien de posséder la moindre parcelle de terre. Le pacha fut touché de cette demande de l'évêque ; il promit d'accueillir sa prière à condition qu'on payerait un douro (la valeur de cinq francs) pour chaque pied de terre. Le prix de la rançon du prélat ne suffisant point, l'Espagne ajouta une somme nouvelle ; le terrain fut acheté ; les chrétiens eurent un lieu où pouvaient reposer leurs os. On dit que l'évêque resta esclave à Alger, faute de trouver une seconde fois le prix de son propre rachat. Pour l'honneur de la chrétienté contemporaine, nous aimons mieux douter de ce dernier trait du récit du vieux Trinitaire. La touchante générosité de l'évêque espagnol méritait de la part de sa patrie un solennel hommage, et non point un triste oubli. La relation du P. Comelin et de ses compagnons, de l'ordre de la Sainte-Trinité, a parlé de l'origine du cimetière des chrétiens à Alger ; ce n'est point à un évêque qu'elle attribue ce beau dévouement, mais à un capucin, confesseur du célèbre Don Juan d'Autriche ; elle ajoute que le capucin généreux mourut captif. Quel que soit le personnage qui ait eu cette gloire, l'origine du cimetière des chrétiens à Alger n'en rappelle pas moins un souvenir digne de prendre place à côté des plus nobles exemples d'abnégation évangélique.

Les agents des puissances chrétiennes qui se trouvaient alors à Alger eurent aussi leur part d'honneur dans cette intéressante page. Le pacha avait mis pour condition que le cimetière ne serait pas clos de murs. Un consul obtint le privilége d'élever une muraille afin de défendre les corps contre les fouilles voraces des chacals; les frais de cette construction furent supportés par tous les consuls, qui donnèrent chacun deux cents douros (mille francs). Le pacha n'avait permis qu'un petit mur; les consuls élevèrent une haute et solide muraille, et le pacha ferma les yeux là-dessus.

Maintenant, à l'aide des relations anciennes, étudions ce qu'était l'esclavage des chrétiens à Alger dans les seizième, dix-septième et dix-huitièn e siècles, et comment s'accomplissait le rachat des captifs.

Chaque fois qu'un pirate saisissait un navire, il revenait au port d'Alger; le lendemain de son retour, il conduisait ses esclaves au palais du pacha ou du dey. Celui-ci en prenait, à son choix, un sur huit, et, comme on l'imagine sans peine, son choix s'arrêtait toujours sur la meilleure portion de l'équipage. De plus, si un personnage de marque se rencontrait parmi les nouveaux esclaves, il devenait toujours la propriété du pacha ou du dey, indépendamment du droit sur le huitième. Les autres esclaves étaient partagés entre le pirate et ce que les vieux voyageurs appellent la *Taiffe* (la douane), et puis on les menait au marché d'esclaves qui s'appelait *Batistan*. C'est là qu'avait lieu la première vente. Les captifs passaient ensuite entre les mains de revendeurs qui s'en allaient dans les rues criant les esclaves comme on crie une marchandise, annonçant leur qualité, leur âge, leur profession, et le prix qu'on en voulait. L'estimation de l'esclave marchandé montait peu à peu chemin faisant; mais dans la rue on rencontrait de rares enchérisseurs, parce que c'était toujours en présence du pacha ou du dey, chez lui, qu'on établissait le prix définitif et qu'on procédait à la dernière vente. L'Alcazar ou palais était le rendez-vous de tous ceux qui désiraient acheter. Les esclaves demeuraient au pouvoir du plus offrant. Les corsaires et la *Taiffe* se partageaient la valeur de la première estimation faite au Batistan; la somme en sus, résultat des enchères, appartenait au Beylik ou gouvernement algérien.

Il y avait donc deux sortes d'esclaves, ceux qui étaient au pouvoir du Beylik, et ceux qui appartenaient aux particuliers. On reconnaissait les esclaves du Beylik à l'anneau de fer qu'ils portaient au pied. Plusieurs traînaient de grosses chaînes. Ils étaient distribués entre divers bagnes ou prisons; le nombre des bagnes dépendait du nombre des captifs. Il faut chercher quelques-uns de ces cachots dans les sombres et humides galeries des forts situés aux bords de la mer. C'est là que chaque soir on enfermait les esclaves; quand leur multitude n'était pas trop considérable, on appelait chaque esclave par son nom; on comptait le malheureux troupeau avant de le parquer dans ses ténébreuses demeures. La journée d'un esclave du Beylik se passait en travaux pour le gouvernement algérien; leur sort était celui de nos coupables, condamnés aux travaux forcés, avec cette différence que les condamnés de Toulon, de Rochefort ou de Brest sont infiniment mieux traités que ne l'étaient les esclaves chrétiens du Beylik d'Alger. Trois petits pains et de l'eau, voilà quelle était leur ration de tous les jours; ils n'avaient pas d'autre nourriture, à moins que leur industrie particulière ou la charité des chrétiens libres ne vînt à leur secours. Le vendredi, dimanche des musulmans, était pour les captifs un jour de repos ; ce jour-là, ils pouvaient, s'ils voulaient, travailler pour eux. Mais la plupart avaient besoin de réparer leurs forces épuisées par des labeurs vils ou écrasants. On ne leur épargnait point le poids dangereux des heures les plus brûlantes de la journée sous le ciel africain. Que de maladies, que de désespoirs devaient naître des dévorantes ardeurs de l'été! Que de tourments dans ces existences qui n'avaient d'autre refuge que les heures du sommeil! Heureux quand parfois, durant le sommeil, un songe rendait les esclaves aux douceurs de la patrie!

Cette rude vie était de temps en temps traversée par de cruels châtiments qu'infligeait le caprice. Les anciennes relations parlent d'un supplice appelé la *falaque*. L'esclave soumis à ce supplice était placé la tête contre terre, les pieds en haut passés dans les trous d'un morceau de bois : en cette attitude le patient recevait des centaines de coups de bâton, ou bien des coups de corde poissée, ou bien encore des coups de nerf de bœuf. Il y avait pour les âmes les plus chrétiennes un autre supplice, celui de passer des années sans entendre la messe et sans remplir les devoirs religieux. L'interruption des travaux publics le dimanche et les jours de fête n'eût pas été du goût du gouvernement algérien. N'oublions pas de remarquer cependant qu'au dix-huitième siècle tous les bagnes d'Alger avaient une chapelle.

Parmi les esclaves du Beylik, on en voyait qui, du produit de leur industrie privée ou à l'aide d'emprunts à cinquante pour cent, faits à des juifs, achetaient une taverne. Ceux-là se tiraient presque toujours d'affaire ; malgré l'énormité de l'intérêt de leurs emprunts, l'énormité des droits payés au pacha ou au dey, et l'impôt prélevé pour l'entretien des chapelles des bagnes, ils réalisaient des bénéfices au bout de l'année. L'indigence de bien des esclaves qui ne trouvaient pas de quoi manger était aussi une de leurs charges. Le secret des bonnes affaires de ces *taverniers,* comme les appellent nos vieux narrateurs, c'était le goût très-vif des Turcs et des Mores de la régence pour le vin, malgré la défense du Coran. Le cabaret n'avait rien de magnifique ; c'était un sale réduit dont tout l'ameublement consistait en quelques tables et qui ne recevait du jour que par la porte. Là, Turcs, Mores et chrétiens mangeaient et buvaient ensemble, et plus d'une fois leur esprit se trouvait troublé par l'abondance des libations. Les tavernes tenues par des esclaves chrétiens étaient donc bien loin de ressembler à des écoles de mœurs ; les captifs qui se livraient à cette profession n'avaient jamais édifié leurs frères par le spectacle de leur piété, et trop souvent la vie nouvelle qu'ils avaient choisie les menait à l'oubli de la foi. Il arrivait que les taverniers se libéraient de toute dette et même se rachetaient avec leurs économies de plusieurs années, mais la dépravation et l'apostasie devenaient tristement le partage du plus grand nombre d'entre eux. Le dey, qui tirait bon profit de leur industrie, les protégeait très-efficacement; ils n'étaient pas le moins du monde à la merci de leur clientèle; quoique esclaves, ils avaient le droit de dépouiller jusqu'aux Turcs en cas de refus de payement. Une chose curieuse aussi, c'est que le prix des vins était le même, quelle que fût leur qualité; les fournisseurs du meilleur vin n'avaient d'autre privilége que celui d'un plus grand débit.

Telle était la position des esclaves du Beylik. Quant aux esclaves particuliers, leur destinée dépendait de l'humeur de leur maître. On avait des jours tolérables ou cruels selon qu'on rencontrait un caractère doux ou violent, une âme miséricordieuse ou fermée à la pitié. L'esclave, d'après son aptitude et d'après le rang du maître, travaillait à un métier, aux champs, ou dans la maison comme domestique. Que d'angoisses secrètes, que de larmes à dévorer dans cette vie de servitude pour laquelle on n'était point fait! On était maître chez soi, on devenait tout à coup domestique chez un Turc ou chez un More; il fallait accepter en silence les plus douloureux changements de vie. Lorsqu'un captif était soupçonné d'avoir des biens ou d'appartenir à une famille en état de payer une bonne rançon, il se voyait presque toujours accablé de travaux et de mauvais traitements, et ce surcroît de fardeaux et de cruautés avait pour but d'amener promptement et forcément l'esclave à se procurer de l'or, à se racheter n'importe à quel prix. Les anciennes relations citent particulièrement les Mores venus d'Espagne, qu'elles appellent *Tagarins*, comme exploitant durement ces sortes d'esclaves:

l'industrie devenait productive en raison de l'inhumanité de l'exploiteur.

Avant de nous arrêter en détail à l'œuvre admirable des rédempteurs des captifs d'Alger, il ne sera pas sans intérêt d'étudier les souvenirs de l'ancien hôpital des chrétiens, qui s'élevait dans la rue Bab-Azoun, et dont nul vestige ne reste aujourd'hui, ainsi que je l'ai dit précédemment. Du jour où il s'établit à Alger des prêtres dévoués à l'œuvre du rachat des captifs, il y eut dans un des bagnes du Beylik une chapelle où les souffrances de l'esclavage s'adoucissaient au pied de la croix de celui qui se fit esclave pour sauver le monde. Ce fut après une longue, bien longue persévérance de soins et de zèle, qu'un grand hôpital s'éleva vers le milieu du seizième siècle; beaucoup d'esclaves d'Alger appartenaient alors à l'Espagne, et la fondation de l'hôpital fut surtout l'œuvre des Trinitaires espagnols. On attribue particulièrement l'honneur de cette fondation au P. Sébastien Duport, du couvent de Burgos en Espagne ; muni d'abondantes aumônes, il fit un premier voyage à Alger, en 1546, et paya la liberté de deux cents esclaves. Dans un second voyage entrepris avec de nouvelles aumônes, il jeta les fondements de l'hôpital d'Alger. Le P. Sébastien revit pour la troisième fois les rivages d'Alger à la suite de Charles-Quint qui voulait mettre à profit son expérience.

On dit que le moine espagnol avait prédit à l'empereur le naufrage de la flotte; il mourut en 1556.

Le nombre des malades n'étant plus en proportion avec l'hôpital, il fut agrandi en 1611 par le zèle des PP. Bernard de Monroy, Jean d'Aquila et Jean de Palaccio.

Une belle et triste destinée échut en partage à ces trois religieux. Ils venaient de payer la rançon de trois cents captifs, lorsque la nouvelle d'une aventure qui s'était passée en Corse les fit arrêter. Une jeune fille musulmane, appartenant à une des familles les plus considérables d'Alger, avait été prise sur mer, amenée en Corse, instruite des vérités de notre foi et enfin baptisée ; elle s'appelait Fatime ; le jour de son baptême, elle avait pris les noms de Marie-Eugénie. A peine informés de sa captivité, ses parents s'étaient hâtés de lui faire parvenir une grosse somme pour prix de sa rançon ; mais la jeune fille repoussa l'or qui devait la rendre à sa première vie, ne voulut plus retourner aux rivages africains, et choisit pour époux un chrétien de l'île de Corse. Les Turcs, comme on le pense bien, n'admirent point que Fatime eût librement changé de religion, et crièrent de tous côtés qu'on l'avait forcée de se faire chrétienne. Les PP. Bernard de Monroy, Jean d'Aquila et Jean de Palaccio, qui se trouvaient alors à Alger, reçurent toute la tempête de ce courroux musulman. Ils furent jetés dans un cachot, et peu s'en fallut qu'on ne les brûlât tout vifs. L'autorité algérienne mit de nouveau la main sur les trois cents chrétiens déjà délivrés, et fit retirer le prix de leur rachat. Les trois religieux, victimes innocentes, finirent par sortir de prison, mais n'obtinrent jamais le bonheur de retourner dans leur patrie. Un peu de miel vint se mêler au fiel de l'exil que la tyrannie leur imposa, ce fut l permission de faire aux chrétiens d'Alger tout le bien qu'ils pourraient. Des captifs rachetés à l'aide d'aumônes arrivées d'Espagne, le désespoir de la servitude et les angoisses de la maladie calmés par des leçons de résignation et d'espérance chrétiennes, les lamentables heures de l'agonie adoucies, fortifiées avec l'image du crucifix, enfin la sépulture des morts, tels furent les soins pieux, les saintes œuvres qui, jusqu'à la fin de leur vie, occupèrent les trois prêtres condamnés à ne plus revoir leur pays natal. Le P. Bernard de Monroy s'en alla le dernier chercher dans le ciel le prix de ses sacrifices; il mourut le 10 août 1622, âgé de soixante ans.

Il est un nom inscrit aussi avec honneur dans les annales du dévouement religieux à Alger et pour ce qui touche à l'hôpital : c'est le nom du frère Pierre de la Conception. Comme beaucoup d'illustres pénitents, le frère Pierre avait appartenu aux joies du monde avant d'entrer dans la vie religieuse; il mit son zèle au service de l'ordre de la Sainte-Trinité, dont il prit le petit habit. Le frère Pierre se fit mendiant et voyageur au profit des chrétiens d'Alger; il parcourut une partie du Pérou; les aumônes recueillies servirent à la fois au rachat des captifs et à la réparation de l'hôpital. Durant plusieurs années, il se montra le serviteur et le consolateur des esclaves malades et des mourants. Le frère Pierre fut martyr de l'indépendance de son zèle; emporté par une pieuse ardeur, il entra dans une mosquée d'Alger avec un crucifix à la main, et se mit à prêcher de toutes ses forces. Les Turcs le condamnèrent à être brûlé à petit feu. L'intervention de quelques amis musulmans, qui voulaient le faire passer pour fou [1], ne put le sauver du supplice. Il souffrit six heures dans les flammes, chantant tour à tour des hymnes de l'Église, des psaumes, et prêchant Jésus-Christ crucifié. On jeta à la mer ses ossements que des esclaves chrétiens essayèrent de dérober aux flots ; ils ne purent retrouver et saisir que l'os d'une jambe, qui fut conservé comme une relique au couvent du Beylik.

Au temps où le P. Comelin visitait l'hôpital (1720), on se plaignait qu'il fût trop étroit pour le nombre des malades. Il ne s'ouvrait pas seulement aux esclaves, mais aussi aux chrétiens libres. Les femmes n'étaient point reçues à l'hôpital ; on les soignait chez elles si elles étaient libres, chez leurs patrons si elles étaient esclaves. On ne pouvait recevoir un esclave à l'hôpital sans le consentement de son maître ; il fallait aussi un consentement particulier pour administrer au captif malade des remèdes violents. Le captif malade se trouvait ainsi assimilé à une *chose*, à un *objet*, qu'on ne saurait mettre en péril sans l'agrément du possesseur. L'hôpital avait un administrateur, un médecin, un apothicaire, tous les trois religieux. Au commencement du dix-huitième siècle, les revenus annuels de la maison, produit de la charité de l'Europe chrétienne, ne s'élevaient pas au-delà

---

[1] A deux cents ans de distance, le même excès de zèle religieux s'est reproduit, non pas à Alger, mais à Rhodes. Le bon père Desmazures, dont la chaude éloquence a valu à la Terre-Sainte près de trois cent mille francs d'aumônes, se mit un jour à prêcher dans une mosquée de Rhodes. Plus heureux que le frère Pierre de la Conception, il échappa à la mort parce qu'on le déclara fou.

de deux mille piastres, environ dix mille francs de notre monnaie d'alors. Pour parer à l'insuffisance des revenus, on soumit à un droit de trois piastres, au profit de l'hôpital, chaque navire chrétien qui toucherait au port d'Alger. La prière réunissait chaque matin et chaque soir dans l'église de l'hôpital tous les malades et tous les religieux. Cette prière en commun, faite par des esclaves chrétiens dans un pays étranger et barbare, devait être un spectacle infiniment touchant. Indépendamment de l'hôpital de la rue Bab-Azoun, qui était à la fois la demeure des Trinitaires et le principal asile des esclaves malades, il y avait des hôpitaux dans quelques-uns des bagnes d'Alger; la maison des Trinitaires n'aurait jamais pu suffire à tant de malades qui devaient se rencontrer avec ces milliers de captifs.

Il y avait sur les rivages d'Alger une heure de joyeuse espérance, c'était l'heure où l'on signalait l'étendard de l'œuvre de la Merci arboré sur un navire; cette bannière représentait un grand crucifix avec les armes de France et l'écusson de la Merci. Le bâtiment sur lequel flottait l'étendard de la Rédemption amenait des religieux chargés d'aumônes destinées au rachat des captifs. Chaque esclave pouvait penser que son tour de liberté était venu; il levait les mains au ciel et demandait que son triste exil ne fût point prolongé. L'aspect de l'étendard de la Merci réjouissait aussi les Turcs d'Alger, car c'est dans leurs coffres qu'allaient se vider les caisses d'argent apportées par les Pères de l'ordre. La piraterie était, sous tous les rapports, l'industrie la plus importante d'Alger; quelle prodigieuse source de revenus pour le gouvernement et pour les particuliers ! Les spéculations sur les angoisses des esclaves chrétiens enrichirent Alger pendant trois siècles. Khayr-Eddin, dans le seizième siècle, avait adopté, aux dépens de son trésor, une politique barbare qui ne laissait rien à faire à la charité de l'Europe ; au lieu de garder les captifs pour attendre leur rachat à prix d'argent, il les fit égorger en masse deux ou trois fois, afin de se débarrasser de la terreur que lui inspirait leur trop grand nombre. Mais la politique des époques qui suivirent fut plus conforme aux intérêts de la cupidité algérienne. A chaque traité entre une puissance européenne et la Régence, on stipulait pour l'abolition de l'esclavage, et toujours la violation de ces conditions suivait de près la conclusion du traité ; la puissance algérienne n'était pas constituée de manière à pouvoir renoncer à ce qui formait sa principale richesse ; il fallait qu'elle continuât son système de déprédation et de servitude, ou qu'elle tombât sous les coups d'une puissance plus haute et plus forte : ce ne sera pas une des moindres gloires de la France d'avoir mis fin à une effroyable domination.

Voici donc ce qui se passait quand un navire avec l'étendard de l'ordre de la Merci arrivait au port d'Alger. Les Pères recevaient tout d'abord la visite de quelques fonctionnaires turcs, suivi d'un truchement qui le plus souvent était un renégat. On voulait savoir d'eux s'ils apportaient beaucoup d'argent ; on tenait à s'en assurer, et presque toujours les caisses renfermant les aumônes venaient se ranger snr le tillac du navire. Les employés du gouvernement algérien ne prodiguaient jamais les égards aux religieux, mais ils se montraient moins disposés à leur refuser le respect quand ils les savaient chargés de grosses sommes. Le consul de France allait complimenter les Pères à bord de leur navire ou les attendait sur le rivage ; il les accompagnait au palais du gouverneur ou du dey, et devant eux s'avançaient leurs caisses d'argent portées par des Mores. Les Pères, dans leur première visite au dey, lui baisaient la main et le bord de son khaïq, répondaient à ses questions, et puis s'en allaient chez le consul de France, emportant leurs caisses d'argent, excepté une seule, qui servait à payer le droit d'entrée de toute la somme. On s'occupait ensuite de leur trouver un logement.

Dès les premières heures de leur arrivée dans la ville, les Pères rédempteurs se trouvaient entourés d'esclaves français qui accouraient en foule solliciter leur pitié ; les sommes dont ils pouvaient disposer n'étaient pas aussi grandes que leur zèle ; bien souvent ils n'avaient pas les moyens de racheter tous ces malheureux ; forcés de se réduire à ceux qui paraissaient les plus dignes d'intérêt, à ceux que leur recommandaient des évêques et même des villes de France, ils ne donnaient aux autres que des consolations religieuses, des avertissements, des conseils et quelques secours. Les aumônes confiées aux Pères de la Merci étaient les aumônes de la France et ne devaient servir qu'au rachat d'esclaves de notre nation. Ils avaient le choix parmi les captifs français, sauf sept captifs dont six de la douane et un de l'aga, qui étaient forcément rachetés et toujours plus chèrement payés que les autres. On avait à lutter contre de bien vives instances de hauts fonctionnaires qui voulaient imposer divers rachats, mais les Pères, sachant que rien ne pouvait les y contraindre, repoussaient obstinément ces prétentions illégitimes. Le patron de l'esclave qu'on songeait à racheter se présentait chez les religieux ; les Orientaux négocient lentement ; il fallait des heures avant que les religieux et le patron tombassent d'accord sur le prix ; presque toujours le captif dont la destinée se décidait en ce moment emportait la conclusion du marché à force de supplications et de sanglots. L'affaire se traitait en présence du truchement ; l'acte du rachat se dressait dans la maison du consul de France. Une fois le marché fait, les Pères vidaient un sac d'argent que le truchement comptait. L'esclave devenu libre baisait les mains de son patron et des Pères libérateurs.

Il n'était pas rare qu'après l'épuisement des fonds les Pères, cédant à des situations attendrissantes, fissent d'onéreux emprunts à des juifs et que l'un d'eux restât en gage.

On est confondu des mille difficultés tracassières, des prétextes infinis d'extorsion qui précédaient le départ d'un navire chargé d'esclaves rachetés. Cette impitoyable Alger, même après qu'on l'avait repue d'argent, ne lâchait sa proie qu'avec bien de la peine. A quels transports heureux se livraient les captifs rachetés, lorsqu'enfin ils s'éloignaient des rivages où ils avaient si longtemps souffert! Ils n'en pouvaient croire leurs yeux qui voyaient fuir la côte algérienne ; à chaque moment ils regardaient autour d'eux sur la mer comme s'ils eussent craint d'être de nouveau rappelés, saisis, plongés dans la nuit de la servitude !

Le trajet d'Alger à Marseille avait d'autres périls que les vents et les flots : un sauf-conduit protégeait le navire contre les pirates. Est-il besoin de peindre la félicité des esclaves à l'aspect des rives de la patrie? On sait l'accueil religieux qu'ils recevaient de la France. Le clergé de Marseille allait au devant d'eux au son des cloches, aux acclamations du peuple et au chant du *Te Deum;* les diverses communautés, les bourgeois en armes, drapeau et musique en tête, figuraient dans cette procession qui était féconde en émotions pieuses. A Marseille, chaque esclave racheté marchait conduit par deux enfants vêtus en anges. Les captifs se rendaient ainsi à l'église, tenant en main les débris de leurs chaînes, portant une longue barbe blanchie par les douleurs, et couverts de vieux vêtements en lambeaux ; leur aspect rendait plus sensibles, plus frappants les maux des pauvres chrétiens restés à Alger ; il y avait dans leur personne une muette éloquence à laquelle ne résistaient point les âmes les moins miséricordieuses, et ces processions, qui se renouvelaient au milieu de toutes les villes de France, produisaient toujours d'abondantes aumônes pour le rachat des captifs. Les esclaves regagnaient leur pays sous la conduite d'un religieux de l'ordre de la Rédemption.

Des noms illustres figurent sur la liste des esclaves dont la destinée nous occupe dans ce chapitre. Nous ne parlerons pas de la captivité de saint Vincent de Paul, d'abord parce que ce ne fut point à Alger mais à Tunis qu'on l'emmena, ensuite parce que tout le monde a lu la lettre [1] où l'homme de Dieu raconte comment il fut surpris en allant de Marseille à Narbonne, et comment, après avoir passé en diverses mains, il tomba au pouvoir d'un renégat de Nice avec lequel il se sauva vers les rives de France sur une frêle barque. Une captivité moins connue et pleine d'incidents dramatiques, c'est celle de Miguel Cervantes, alors âgé de vingt-sept ans, et dont le monde ne connaissait point encore le nom. Quatre ans avant d'être fait esclave en vue des côtes d'Espagne et conduit à Alger, il avait vaillamment combattu à la journée de Lépante, monté sur la galère la *Marquesa;* quoique atteint de la fièvre, il était resté durant huit heures au poste du péril où il reçut trois coups d'arquebuse. Et quand don Juan demanda le nom du valeureux jeune homme, on lui répondit que c'était un *certain Miguel.* Trois campagnes en Italie, depuis la bataille de Lépante, avaient donné au jeune Espagnol occasion de multiplier des actes de bravoure. Une fois à la chaîne à Alger, Cervantes ne cessa de tourner son merveilleux génie vers les moyens de se sauver et de sauver les malheureux qui étaient captifs comme lui. On l'avait trouvé porteur de lettres dans lesquelles don Juan le recommandait à son frère Philippe II; Dali-Mami, renégat grec, le maître de l'esclave Cervantes, conclut de ces lettres qu'il y avait un grand parti à tirer d'un tel personnage, et n'imagina rien de mieux que l'emploi de traitements cruels pour obtenir une riche rançon. La bouillante jeunesse de Cervantes ne s'accommodait point des

---

[1] Lettre à M. Commet.

lenteurs d'un rachat; son cœur ulcéré répondait silencieusement par un plan de fuite à chaque inhumanité dont il était l'objet. Dans le premier projet d'évasion qu'il exécuta, il devait gagner l'Espagne par Oran; beaucoup de gentilshommes espagnols, qu'il avait délivrés à force de ruse et d'audace, le suivaient; un More, entraîné par d'éblouissantes perspectives de fortune, consentait à les conduire à travers le pays jusqu'à Oran; mais, après quelques heures de marche, le remords et l'effroi s'emparèrent de ce guide; il parvint à se dérober aux regards de la petite troupe fugitive, et les pauvres Espagnols, ne pouvant plus aller en avant faute de conducteur, reprirent tristement le chemin d'Alger et de la servitude. Cervantes comptait un frère parmi ses compagnons de torture; ce frère, nommé Rodrigo, avait été pris sur le même navire que lui.

Le jeune protégé de don Juan avait un vieux père et des sœurs qui n'étaient pas riches, mais qui pourtant possédaient quelques biens; le père vendit tout pour le rachat de ses deux fils; les sœurs n'étaient pas mariées et donnèrent leurs dots. Ces sacrifices, qui représentaient l'existence et l'avenir d'une famille, produisirent une somme trop au-dessous des calculs cupides de Dali-Mami; la somme lui parut tout juste suffisante pour payer la liberté de Rodrigo. Celui-ci retournant en Espagne, fut chargé par son frère d'obtenir du vice-roi de Valence un vaisseau qui vint sur la côte d'Alger favoriser avec prudence un nouveau plan d'évasion. Cervantes, dans ses plans de salut, ne songeait jamais à lui tout seul; cette fois son habileté courageuse et dévouée entreprenait de sauver avec lui les captifs espagnols occupés à des travaux champêtres dans des maisons de campagne voisines d'Alger. Un souterrain, situé au milieu d'un domaine assez proche de la mer, et cultivé par un esclave espagnol qu'on surveillait à peine, devint le secret rendez-vous de chaque captif assez heureux pour tromper son gardien. Cervantes conduisait tout et pourvoyait à tout. Une nuit il vit s'avancer sans bruit le navire tant désiré; déjà s'approchaient mystérieusement les esquifs qui devaient prendre les esclaves sur la rive, lorsque des Mores, fortuitement amenés vers ce point de la côte, coururent donner l'alarme. Les esquifs n'eurent que le temps de se sauver au large, et les esclaves de rentrer dans leur souterrain; ils n'eurent d'autre ressource que celle de se rendre; la coutume algérienne voulait que des esclaves ainsi repris devinssent la propriété du pacha; on les mena la chaîne au cou dans le bagne de Hassan. Forcé de comparaître devant le pacha qui lui demandait de nommer ses complices, Cervantes assuma sur lui seul la responsabilité du complot; il resta dans une générosité indomptable.

Le bagne de Hassan était le séjour des tourments, des angoisses. Les hôtes de cet enfer passaient leurs heures à maudire leus bourreaux; le croc et le pal terminaient souvent une longue série de maux. Cervantes vécut deux ans au milieu de ces affreuses images. La haine, la pitié, la soif de la liberté pouvaient-elles ne pas enfanter dans un tel cœur quelque nouveau projet d'affranchissement? Cervantes savait qu'Alger renfermait alors plus de vingt-cinq mille esclaves; l'audacieux jeune homme conçut un plan qui avait les proportions d'une épopée : il s'agissait de délivrer ces vingt-cinq mille captifs, de les transformer en soldats agresseurs, et de se rendre maître d'Alger au profit de Philippe II. Échappé de son bagne, Cervantes était en train d'organiser la révolte dans les divers bagnes de la ville, et se livrait déjà à d'ardentes espérances ; mais voilà que la trahison de quelques renégats vint tout à coup se placer entre lui et le succès. Chargé de fers, menacé de la mort, il ne se départit point de sa fermeté héroïque en présence de Hassan. Le pacha s'imagina qu'un homme d'une pareille force d'âme était nécessairement un Espagnol du plus haut rang ; il jugea d'une bonne politique de le traiter avec de doux ménagements. Les Pères de la Merci d'Espagne reçurent enfin l'ordre de le racheter. Après cinq ans de captivité, qui pouvait sentir plus vivement que Cervantes le bonheur de revoir la patrie ? Plus tard, durant le cours de sa vie, cet homme de tant d'imagination et d'esprit dut bien des fois s'arrêter devant la pensée des longs et tristes jours passés dans l'enfer d'Alger. L'histoire du *captif* dans le roman de *Don Quichotte* est un souvenir de l'esclavage de l'immortel écrivain espagnol.

La captivité de Cervantes, qui fut l'Homère comique des aventures du chevalier de la Manche, nous rappelle la captivité d'un autre poëte comique. Regnard, à l'âge de vingt-trois ans, venant d'Italie avec une Provençale pour laquelle son cœur avait pris feu, fut saisi par des pirates en vue de Nice et conduit à Alger. C'était en 1678. Ainsi se rencontraient sur le même rivage et dans le même destin la jeunesse de l'auteur de *Don Quichotte* et la jeunesse de l'auteur du

Joueur. Quel début pour deux hommes qui devaient plus tard tant amuser le monde ! Les corsaires vendirent Regnard au prix de quinze cents livres, et sa compagne au prix de mille livres. Leur nouveau maîtres les emmena à Constantinople. Ils eurent deux ans de servitude. Regnard déploya dans sa condition d'esclave un talent pour la cuisine qui lui avait conquis les bonnes grâces du patron. Une rançon de douze mille livres qu'envoya la famille du jeune esclave mit le comble aux miséricordieuses dispositions du maître. Regnard, devenu ensuite riche de renommée et d'argent, conservait dans son cabinet la chaîne qu'il avait traînée aux jours de la servitude. Son *historiette* intitulée la *Provençale*, publiée en 1731, renferme une partie des aventures de sa captivité.

Quelques souvenirs ou anecdotes qui se rapportent à la première moitié du dix-huitième siècle achèveront de nous faire connaître la physionomie de ces temps de servitude et de malheur pour les chrétiens, dans cette caverne d'Alger dont le pacha ou le dey était le Cacus.

En 1706, des Turcs retenus dans les galères de Gênes écrivirent au dey d'Alger pour se plaindre de mauvais traitements, pour se plaindre surtout de prétendues violences faites à leur foi. Les lettres qui contenait ces griefs plus ou moins fondés, arrivées à Alger avec une barque française partie de Marseille, arrachèrent des pleurs au dey. La vengeance tomba sur trois religieux de Saint-François, esclaves du Beylik ; ils étaient de la Corse, qui appartenait alors à la république de Gênes. Le dey les fit venir, leur reprocha les violences de leur république et les condamna à être brûlés vifs. On les mena, les mains liées sur le dos, hors la ville, probablement au milieu de l'esplanade de Bab-el-Oued, aux bords de la mer ; les huées et les malédictions du peuple leur servirent de cortége. Devant eux marchaient les crieurs publics annonçant à haute voix qu'on punissait ainsi ceux qui forçaient les musulmans à se faire chrétiens. Parvenus en face du bûcher, les trois religieux s'agenouillent et se donnent mutuellement l'absolution. Le bûcher s'allume ; d'un côté, la populace souffle le feu ; de l'autre, des esclaves chrétiens s'efforcent de retarder le progrès des flammes. Cependant la sandale d'un de ces martyrs commençait à brûler lorsque à travers la multitude apparut un chiaoux qui arrivait à pas rapides en proclamant la grâce des condamnés. Ils furent tirés du bûcher, mais n'échappèrent ni aux outrages ni aux coups de pierre. La grâce avait été accordée par le dey aux instances du consul de France, qui promit que le roi (Louis XIV) recommanderait à la république de Gênes de respecter à l'avenir la foi des musulmans.

Voici le récit rapide de deux curieuses évasions d'esclaves chrétiens. Les moyens employés ne paraîtront pas conformes aux sentiments évangéliques, mais il faut savoir que les captifs d'Alger n'étaient pas tous des saints. On rencontrait parmi eux, surtout parmi les hommes de mer, des natures fortes et violentes qui ne reculaient pas devant un crime pour briser leurs fers.

En 1714, trente-quatre esclaves du Beylik, Hollandais, Espagnols et Vénitiens, travaillaient à la réparation d'un navire algérien. Un bâtiment anglais, récemment arrivé dans le port, devint pour eux une tentation à laquelle ils ne tardèrent pas à succomber ; ils voyaient là un bon navire qu'ils pouvaient saisir par un heureux coup de main, et sur lequel ils n'avaient qu'à monter comme sur un coursier pour mettre aussitôt une vaste étendue entre eux et le lieu de leur servitude. Un esclave hollandais conçut et régla tous les détails de ce plan hardi. Un soir, à l'heure où les trente-quatre esclaves rentraient après le travail, au moment où, selon la coutume, ils venaient de dire le *Benedicamus Domino Deo gratia*, ils mirent la main sur leurs gardiens mores et les jetèrent à la mer. Puis ils se dirigèrent vers le navire anglais, sautèrent brusquement à bord, coupèrent le câble de l'ancre et s'établirent en maîtres sur le pont, pendant que la chambre du capitaine retentissait des bruits joyeux d'un dîner ; quelques Anglais d'Alger assistaient à ce dîner qui n'avait laissé personne ou presque personne pour veiller à la garde du bâtiment. A l'aide de quatre pièces de canon et de douze fusils, trouvés à bord, les esclaves imposèrent silence à l'équipage anglais et le forcèrent de rester à fond de cale. Tout cela fut fait avec la promptitude de l'éclair. Les audacieux fugitifs gagnèrent le large malgré les canons du môle sous lesquels il fallut passer, malgré les chaloupes turques envoyées contre eux ; il y eut même un bâtiment français qui, par l'ordre du dey, essaya mais en vain de ramener les esclaves échappés. Pendant ce temps, le dey, debout sur le rivage, les bras nus jusqu'aux épaules, brandissait un sabre. Quand il vit revenir après d'inutiles efforts ceux qu'il avait lancés à la poursuite des fuyards, un torrent d'injures contre tous s'échappa de sa bouche écumante de colère.

Rentré chez lui, le dey ordonna l'arrestation du consul d'Angleterre et de tous les Anglais établis à Alger. La persévérante intervention du consul de France put seule les sauver de la chaîne et d'une amende de cinquante mille piastres (deux cent cinquante mille francs de notre monnaie). Ils en furent quittes pour trois jours de prison. Le frère du consul d'Angleterre partit pour aller à la recherche du navire ; il le trouva à Mayorque : c'est là que les esclaves étaient heureusement arrivés. Parvenus au port de Mayorque, ils avaient fait sortir de fond de cale l'équipage anglais, remercié le capitaine du service que son navire venait de leur rendre, et l'avaient remis en possession de son bord sans que le moindre objet eût disparu. A la suite de cette aventure, le divan d'Alger eut l'idée d'enchaîner deux à deux les esclaves du Beylik ; mais on y renonça, craignant qu'ils ne pussent travailler dans cet état. Le dey se borna à un redoublement de vigilance et de rigueurs à l'égard des captifs, ce qui arrivait toujours après chaque évasion ou chaque tentative d'évasion.

Cependant le succès du coup de main à bord du navire anglais avait échauffé les imaginations dans les bagnes du Beylik. Le désir de la liberté était pour les esclaves une préoccupation de toutes les heures ; chaque fois que le succès venait à couronner un plan de fuite, les captifs croyaient apercevoir comme une porte ouverte vers laquelle tendait toute l'activité de pensées. Soixante-dix esclaves, dont la plupart étaient mayorquins, convinrent d'enlever une galiote du port armée en course et qui devait prochainement mettre à la voile. Au milieu des ténèbres et du silence de la nuit, ils se dirigèrent vers le port ; un égout qui leur était connu leur servit de route secrète. Des ennemis auxquels ils ne s'attendaient point troublèrent leur dessein : ce furent les chiens, si nombreux dans les villes d'Afrique et d'Orient, les chiens, gardiens terribles. Les esclaves en tuèrent quelques-uns à coups de bâton et de pierres. Mais les aboiements des chiens avaient donné l'éveil aux Turcs, gardiens du port, qui crièrent : *Roumi! roumi!* (les chrétiens ! les chrétiens !) A ces cris, on accourut. On barra le chemin aux esclaves fugitifs ; toutefois, quarante d'entre eux étaient déjà dans la galiote ; ils n'hésitèrent pas, en entrant à bord, à jeter à la mer les Turcs peu nombreux qu'ils y rencontrèrent. Leur grande affaire était de sortir du port. Les câbles des navires qui remplissaient le port multipliaient les difficultés ; il fallut que les esclaves se missent à l'eau, les uns pour abaisser ou relever les câbles, les autres pour soulever de leurs épaules la galiote, qui, à la fin, se trouva dégagée et libre sur la mer. Les quarante captifs se sauvèrent ainsi avec la galiote, malgré la poursuite des Turcs. Une traversée rapide les conduisit à Mayorque, le refuge ordinaire des échappés d'Alger. Quant aux autres esclaves que la vigilance turque avait retenus au port, ils expièrent leur audace par des traitements inhumains.

Nous nous rappelons aussi une aventure de quatre chevaliers de Malte, trois Français et un Lucquois, que nous raconterions dans tous ses piquants détails si ce chapitre n'était pas déjà trop étendu. Il nous suffira de l'indiquer pour en faire comprendre les diverses péripéties. Donc, ces quatre chevaliers de Malte, faits prisonniers à Oran en 1707, furent emmenés à Alger, jetés dans un bagne du Beylik avec deux mille autres captifs, puis transférés dans l'Alcazar, chargés de chaînes du poids de cent vingt livres. Au milieu d'une vie intolérable, l'activité de leur esprit ne pouvait aboutir qu'à un projet d'évasion. Des relations habilement nouées leur permettent d'espérer un navire sauveur, du côté de Bab-Azoun. On convient de l'heure et du point du rivage. Les quatre chevaliers, par de longs et merveilleux efforts, étaient parvenus à limer leurs chaînes et à percer les murs de leur cachot ; enfin, à la faveur de la nuit, ils s'acheminent mystérieusement vers le lieu du rendez-vous. Mais ô mécompte ! ô douleur ! ils ne trouvent ni ami ni navire. Que faire ? nos chevaliers pourtant ne perdent ni la tête ni le courage ; ils s'en vont chez le consul de France, passent joyeusement avec lui les fêtes de Noël et retombent ensuite dans leur captivité qui dura dix ans. Ils furent rachetés à grand prix par la confrérie de la Merci de Marseille.

Je m'étonne que l'imagination des romanciers ne se soit pas emparée des souvenirs des esclaves chrétiens d'Alger. Les situations les plus attachantes, les plus beaux dévouements, les plus dramatiques aventures, pourraient se mêler à la peinture de grandes douleurs, à la peinture de tous les sentiments de l'âme humaine. Que de passions fortes, que de caractères énergiques à développer! quelle sombre poésie dans ces bagnes du Beylik, où n'entrait d'autre consolation que l'image du Dieu crucifié, où les espérances de la jeunesse et les meilleurs rêves de la vie faisaient place à d'inénarrables amertumes! La parole du prêtre chrétien était le seul adoucissement à ces supplices; semblable à l'Harmonie dans le *Paradis perdu*, elle *suspendait l'Enfer*.

En achevant ce chapitre, il nous faut rendre hommage à une belle mission, à celle du P. vicaire apostolique d'Alger, qui, dans les derniers temps, était toujours pris parmi les prêtres de la congrégation de Saint-Lazare, admirable congrégation à laquelle nulle gloire chrétienne n'a manqué. Le P. vicaire apostolique était comme le pasteur principal de tous les chrétiens d'Alger. Les divers bagnes du Beylik, qui, ayant chacun leur chapelle, formaient comme autant de paroisses d'esclaves, recevaient du P. vicaire apostolique leur direction religieuse; il désignait les religieux esclaves, observantins, dominicains, augustins, carmes ou capucins, pour dire la messe et administrer les sacrements dans tel ou tel bagne du Beylik. Ces religieux, pourvu qu'on payât pour eux à leur patron une piastre et demie ou deux piastres par mois (c'était le *payement de la lune*), pouvaient remplir librement les fonctions de leur ministère sacré. Une responsabilité des actions des chrétiens d'Alger, esclaves ou libres, pesait sur le vicaire apostolique; de là d'incessantes persécutions et quelquefois d'affreux trépas. La vie de ce chef religieux, toujours mêlée de peines et de périls, constamment suspendue sur les abîmes et constamment dévouée, était un de ces beaux spectacles comme le christianisme seul sait en offrir. De même qu'il n'y a rien de plus petit et de plus laid que l'adoration de soi-même, ainsi il n'est rien de plus grand dans le monde que le dévouement, parce que le dévouement est ce qui fait le plus ressembler l'homme à Dieu. Et c'est parce que le christianisme est la religion du dévouement qu'elle porte à un si haut degré l'empreinte divine. Le christianisme a toujours proportionné les prodiges de sa charité à la gravité et à l'étendue des maux qu'il importait de soulager ou de guérir; en aucun temps et en aucun lieu de la terre il n'a éclaté plus de merveilleux dévouements chrétiens que dans la longue et lamentable histoire des esclaves d'Alger.

X

D'ALGER A BONE

Bougie et son état présent. — Les Maltais. — Description de Bougie par Léon l'Africain. — Gigelly et son état présent. — L'expédition du duc de Beaufort en 1664. — De Gigelly à Stora. — Philippeville, sa population, son passé et son avenir. — Reconnaissance militaire de Rusicada par le général Négrier en 1838. — Rusicada, ancienne ville épiscopale. — Comment a été fondée Philippeville. — Du Cap de Fer à Bône.

Le 30 avril (1844), à quatre heures du soir, je partais d'Alger à bord du paquebot de l'État le *Grondeur*. J'ai gardé le meilleur souvenir du commandant, M. Cheffontaine, et des jeunes officiers qui formaient l'état-major du *Grondeur*. Le 1er mai, à six heures du matin, nous jetions l'ancre devant Bougie. Les montagnes qui précèdent Bougie me rappelaient le Magne, et la pointe de Bougie le cap Matapan. Bougie, que les Romains nommaient Salda ou Saldæ, et qui donna son nom à un royaume musulman, apparaît comme un gros village semé sur trois verdoyantes collines. On y comptait plusieurs milliers d'habitants avant notre occupation. J'y ai trouvé trois familles arabes, une centaine d'Européens civils et un bataillon en garnison. Une petite baraque est convertie en chapelle; un prêtre italien y disait la messe à l'époque de mon passage. La Kasbah, à l'ouest, au bord de la mer, élevée par Ferdinand le Catholique et Charles-Quint, est devenue une caserne française. Ses murs gardent les traces de nos boulets : ce fut le 29 septembre 1833 que Bougie tomba en notre pouvoir. Le fort Moussa, ouvrage de Pierre de Navarre, est encore debout. A l'est de Bougie, on nous montra le fort Abd-el-Kader. Le fort Gouvaya, à quatre kilomètres de la ville, couronne la montagne de ce nom et domine tout. La situation de l'hôpital français, sur le plateau de Dridja, est heureusement choisie. Quand on débarque à Bougie, on a devant soi un viel arceau en ogive qui s'offre comme la porte de la cité. De petits murs de défense entourent les collines de Bougie. A l'ouest de la ville actuelle s'étendent une jolie plage et une riante plaine qui semblent solliciter la construction d'une cité. Il y a péril pour nos soldats et pour les Européens d'aller à trois quarts d'heure dans les terres; des Kabyles ennemis peuplent les montagnes voisines. Bougie n'est donc qu'un point militaire où nos soldats sont comme emprisonnés dans un étroit espace. Notre établissement à Bougie est une sorte de campement armé qui attend une occupation plus étendue. Les amateurs du système de l'occupation restreinte n'ont qu'à s'en aller à Bougie pour juger de la valeur de leurs idées. L'expédition du maréchal Bugeaud au printemps de 1844 eût dégagé Bougie et lui eût donné des relations libres avec l'intérieur, si les événements du Maroc n'avaient pas contraint le gouverneur général à laisser inachevée la soumission des Kabyles de cette partie de l'Algérie. Il n'y a pas en Afrique un port meilleur que celui de Bougie. Il faudra que tôt ou tard ces régions montagneuses habitées par les Kabyles acceptent pleinement notre domination, et Bougie deviendra, quand on voudra, une position très-importante.

Parmi les Européens établis à Bougie, barbiers, épiciers, traiteurs, cafetiers, quelques-uns sont Espagnols, la plupart sont Maltais. On rencontre partout de ces Maltais en Algérie. Ils sont sur les pas de nos armées pour chercher vie et fortune, comme ces oiseaux qui cherchent leur pâture sur les traces du lion. C'est une étrange race que ces Maltais au rude visage, aux gestes vifs, aux regards pleins de feu. Ils sont doués d'une étonnante aptitude pour les langues, comme si, ayant besoin de toutes les nations, ils eussent reçu une facilité providentielle à s'en faire comprendre. Habiles à se plier à tout, industrieux et prompts à l'œuvre, ils animent de leur activité chacun de nos établissements nouveaux fondés par la guerre; obligés de demander à d'autres rivages le pain que leur refuse l'aridité de leur rocher natal, la soif du gain est leur pensée unique; ils sont loin d'avoir les paisibles vertus, la douce simplicité des Mahonais, qui sont les Alsaciens de la Méditerranée ; l'humeur vagabonde des Maltais prend aisément les vices de tous les lieux où ils passent, et trop souvent ces violentes natures ne reculent pas devant le crime.

Bougie rappelle un acte de barbarie de Charles-Quint. En 1555, la garnison espagnole qui l'occupait eut à résister à des forces considérables qu'avait rassemblées Salla-Raïs ; foudroyée par les canons de ce puissant pacha d'Alger, voyant les trois forts démantelés et en ruines, elle se rendit après une lutte de vingt-deux jours. Le gouverneur de la place était don Alphonse de Peralte. Lorsqu'il rentra en Espagne, il fut condamné à mort par Charles-Quint en expiation de la perte de Bougie : la place de Valladolid vit sa tête tomber sous le glaive.

Bougie, où se mêlent des traces de tous les temps, cette place devant laquelle le fameux Harruch le corsaire perdit un bras, et que le duc de Beaufort regretta de ne pas avoir mission de prendre, offre une très-pittoresque situation quand on la contemple du haut du pont d'un navire en rade. En parcourant cette cité abandonnée par ses anciens habitants, je voyais des myrtes et des grenadiers en fleurs à côté de maisons ruinées, une riche végétation qui se déployait sur de vieux pans de mur, et les plus charmantes images du printemps autour des plus tristes débris.

En regard de cette peinture de Bougie telle que nous l'avons vue, voici une peinture de ce qu'était la ville il y a trois cents ans ; c'est Léon l'Africain qui va nous parler par la bouche de son naïf traducteur. Après avoir dit que Bougie contenait huit mille feux et qu'elle eût pu en contenir plus de vingt-quatre mille, le géographe arabe s'exprime ainsi dans notre vieux français du seizième siècle :

« Les maisons sont d'assez belle montre, et y a des
« temples, colèges là où demeurent des ecoliers, et
« docteurs qui font des lectures en la loy, et aux
« mathematiques. Il y a plusieurs hopitaux, couvens
pour les religieux de leur loy, etuves et hoteleries.
« Les places sont fort belles et ordonnées : mais on
« ne sauroit aller parmi la cité qu'il ne faille monter
« ou descendre. Du coté de la montagne se voit une
« petite forteresse, ceinte de murailles, et embellie
« partout de mosaïques et menuiseries avec ouvrages
« azurés ou tremarins si merveilleux et singuliers,
« que l'artifice surmonte de beaucoup le prix et la
« valeur de l'étoffe. Les habitants de cette cité furent
« jadis opulents, et souloyent armer plusieurs fustes
« et galères; lequels ils envoyerent courir sur les
« frontières d'Espagne, tellement que la ruine d'eux
« et de leur cité en est procédé, pour ce que le comte
« Pierre de Navarre y fut envoyé pour les prendre.
« Ils vivent pauvrement, parce que leurs terres ne
« rapportent guère de grains; mais elles sont mer-
« veilleusement frutifères. Autour de la cité y a une
« infinité de jardins produisant fruits en abondance;
« et memement hors de la porte qui regarde du coté
« du levant. Outre ce, on y voit plusieurs montagnes
« fort scabreuses, qui sont toutes couvertes de bois,
« dans lesquels se nourrit une infinité de singes et
« de leopards. Les citoyens sont assez joyeux, qui ne

« tachent à autre chose qu'à se donner du bon temps
« et vivre joyeusement : tellement qu'il n'y a celui
« qui ne sache sonner d'instruments musicaux et
« baller : principalement les seigneurs, lesquels
« n'eurent jamais guerre contre personne, qu'ils en
« sussent le motif : au moyen de quoi il en sont tant
« enpoltronés et de si lâche courage, qu'étant tous
« intimités par la descente de Pierre de Navarre,
« avec quatorze vaisseaux, escampèrent avec leur
« roy, qui fut des premiers à gagner le haut, prenant
« les montagnes pour refuge de soi et des siens. En
« sorte de quoy, sans corps tuer ni glaive briser, le
« comte, après y etre descendu, la saccagea. Puis
« soudainement y fit édifier un fort, près le rivage
« de la mer, sur une belle plage, et fortifia encore
« une autre ancienne forteresse, qui est semblable-
« ment à côté de la marine et joignant de l'arsenal,
« et fut prise comme vous avez entendu par les Espa-
« gnols, en l'an de l'hégire neuf cens dix-sept. Depuis
« voulant à six ans de là Barberousse la recouvrer
« d'entre les mains des chrétiens, la vint assiéger
« accompagné de mille Turcs, qui se mirent à battre
« la forteresse vieille, laquelle fut prise, et fortifiée ;
« puis avec l'aide de tous les montagnards des pro-
« chaines montagnes, s'attendent de vouloir prendre
« l'autre, qui est assise sur la plage de la mer ; mais
« au premier rencontre cent Turcs des plus coura-
« geux et vaillans y laissèrent la vie : avec quatre
« cens montagnards, qui les rendit tant étonnés, que
« leur chaude colère fut bien refroidie. Tellement
« qu'ils n'en voulurent plus manger, ni ruer coup
« de bonne sorte, encore moins s'y acôter. Qui donna

« occasion à Barberousse de se retirer au château
« du Gigel [1].

Le *Grondeur* nous a conduits en quelques heures à Gigelly. En longeant les côtes, nous remarquions des hauteurs boisées et des terrains fertiles ; ce pays, qui jusqu'ici a été fermé à notre autorité, se distingue par une riche nature. Gigelly, dont la position forme une presqu'île, est habité par une centaine de familles arabes, sous la garde d'un bataillon français qui s'ennuie. Quatre blockaus qui se relient sont toute la défense de la place. La caserne et l'hôpital dominent tout. A côté d'une pauvre mosquée s'élève un minaret de quelque apparence. Les habitations des familles arabes sont d'étroits et misérables réduits. A trois quarts d'heure de Gigelly, il n'y a pas de sécurité pour nous. Les Bédouins de la plaine, les Kabyles des montagnes menacent notre établissement. On permet aux Bédouins de venir vendre leurs poules au marché, ce qui ne les empêche pas de tirer des coups de fusil sur les Français attardés ou imprudents. On commençait une chapelle qui doit être achevée maintenant ; on avait un prêtre. Le passage des bateaux à vapeur est la seule joyeuse distraction de ce triste campement. Le paquebot apporte des souvenirs de la patrie ; on accourt, on se presse sur le rivage ; c'est une image de la France qui s'arrête devant ces officiers et ces soldats retenus par le devoir. Les vents du nord et de l'ouest soufflent avec violence dans la rade de Gigelly ; avec un peu d'efforts on y

---

[1] *Recueil des Voyages* de Jean Temporal, 2 vol. in-folio. Lyon, 1556.

établirait un sûr abri : l'exécution du plan de Duquesne suffirait. Ce plan consistait à réunir entre eux par de fortes maçonneries les îlots du port de Gigelly, et à les prolonger par un môle de deux cents mètres, infléchi vers le sud-ouest. Le quai porte le nom de Duquesne; une rue porte le nom du brick de guerre (le *Cerbère*) qui canonna la place. Ainsi se sont rencontrés sur ce point, comme sur d'autres points de la côte africaine, la France de Louis XIV et la France de notre temps. On sait que Gigelly est l'Igilgili des Romains; des traces antiques se montrent encore.

Quoique Gigelly ne vaille pas Bougie, le gouvernement de Louis XIV l'avait choisi pour base d'opérations contre les pirates algériens. L'expédition fut confiée au duc de Beaufort, qui partit de Toulon le 1ᵉʳ juillet 1664. L'amiral emmenait avec lui deux mille cinq cents hommes de troupes régulières, deux cents volontaires et deux cent cinquante *valets*, comme on disait alors. Le 21 juillet 1664, la petite flotte parut à la hauteur de Bougie, dont le duc de Beaufort eût voulu s'emparer s'il n'avait été retenu par les ordres du roi. Le 22 juillet, elle se montra devant Gigelly, que les récits contemporains [1] appellent *Gigery*, et fut reçue par quelques coups de canon. Le duc de Beaufort, arborant le pavillon rouge, tira à son tour un coup de canon à boulet. Cent cinquante ou deux cents Mores accoururent sur le rivage ; mais l'artillerie des galères les força de se jeter dans les brous-

---

[1] Les détails de l'expédition du duc de Beaufort sont tirés du *Récit véritable de tout ce qui s'est passé à Gigery*, Man. de la Bibliothèque impériale, et de la *Relation véritable de ce qui s'est passé à la descente des troupes à Gigery, 1664*.

A. 9.

sailles. Le régiment de Picardie, commandé par M. de Vironne, prit terre le premier, et M. de Gadagne, à la tête du bataillon de Malte, le suivit. Ils ne trouvèrent dans la ville abandonnée que dix canons en fer et des maisons si laides et si misérables, « si vilaines et si épouvantables, qu'on pouvait à peine croire qu'elles eussent été habitées par des hommes. » Les troupes campèrent sur les hauteurs de Gigelly. Quelques Mores portant un pavillon blanc s'approchèrent et parlèrent de paix. Le duc de Beaufort leur fit dire par son interprète qu'il n'était venu que pour chasser les Turcs et délivrer les Mores de la tyrannie ottomane. Mais cette démarche des Arabes cachait un piége; tout à coup une bande ennemie, sortant d'une embuscade, se précipite sur les Français. Surpris, mais non pas effrayés, ils ne tardèrent pas à se rallier et à repousser les agresseurs. On construisit des retranchements pour se mettre à l'abri de ces sortes d'attaques.

Le 25 juillet, des Arabes parurent encore avec un pavillon blanc, mais tout était prévu pour éviter une surprise. Quelques-uns de leurs frères étaient restés prisonniers entre les mains des Français; les nouveaux porteurs du pavillon blanc s'informèrent du sort de ces captifs; ils craignaient qu'on ne les eût *dévorés*. On remarque du bon sens et de la franchise dans le discours du cheik qui prit la parole au nom de tous les Arabes. « Je m'étonne, disait-il aux Français, je m'étonne que vous autres qui faites bonne chère, qui êtes bien vêtus, qui avez de l'argent, veniez dans un pays où il n'y a rien de bon, où vous ne trouverez rien à gagner. A moitié nus, à peine avons-nous de quoi manger ; mais nous sommes tous gens de guerre, et, quoi qu'on vous dise, vous n'obtiendrez jamais la paix... Partez donc, et cherchez un pays où vous puissiez faire une guerre plus avantageuse. »

Le passage suivant du *Récit véritable* peint bien les Arabes ; ils sont aujourd'hui ce qu'ils étaient alors, car l'Arabe ne change pas :

« Plusieurs étoient nus comme la main, d'autres avoient une houppelande blanche qui les couvroit depuis le haut de la tête jusqu'à la moitié des jambes. Quelques-uns avoient des fusils et de grands sabres, la plupart n'avoient que des zagaies, moins grandes qu'une demi-pique, d'un bois fort lourd. Leurs cavaliers, habillés comme les fantassins, ont un morceau d'étoffe au bas de leurs jambes, pour tenir des éperons longs d'un demi-pied. Leus selles sont pareilles à des bâts, leurs brides ne sont que de méchants filets. Tous les chevaux que nous avons vus sont petits et efflanqués ; néanmoins ces gens-là les poussent du haut d'une montagne en bas à toute bride. La cavalerie n'osoit point s'approcher de nous à cause du canon qu'elle redoute excessivement ; mais quand quelques-uns des leurs étoient tués, ils aimoient mieux s'exposer beaucoup que de l'abandonner. »

De la fin de juillet à la fin de septembre, le temps s'était passé en alertes, en petits combats. Les maladies n'avaient pas épargné le camp français. Les travaux de défense ne suffisaient pas à protéger notre troupe. Tout à coup on apprit que trois mille Turcs, appuyés par du canon, s'avançaient contre la place. Les relations contemporaines parlent du découragement et de l'ennui qui saisirent alors les Français ; il fallut peu de temps pour que le canon des Turcs renversât la défense du camp. M. de Gadagne, chargé du commandement de la troupe en l'absence du duc de Beaufort, se consumait en efforts inutiles pour résister. Sa lutte ne fut pas longue, on se résigna à la retraite, et dans le désordre du rembarquement on abandonna le canon de gros calibre. Ce fut le 1er novembre que les restes de cette expédition quittèrent la côte d'Afrique ; en trois mois deux mille Français avaient péri à Gigelly. Et comme si le malheur avait poursuivi cette entreprise, qui ne fut pas sans audace, un des vaisseaux, la *Lune*, périt corps et biens en vue du port de Toulon, au milieu d'une violente tempête. Le peu de succès de l'établissement de Gigelly fut vengé l'année suivante, lorsque le duc de Beaufort, dans un combat livré aux Algériens sous le fort de la Goulette (le 21 juin 1665), les contraignit à la fuite après la perte de leurs trois plus grands navires. A peu de temps de là, il prit ou brûla plusieurs vaisseaux corsaires en vue de Cherchell et en vue d'Alger. La marine française, essayant ainsi ses forces renaissantes contre les barbares de l'Afrique, se relevait aux yeux de l'Europe et préludait aux grandes choses que l'inspiration de Louis XIV devait lui faire accomplir.

Le soir du 1er mai nous quittions Gigelly et nous faisions route vers Stora. Jusqu'à la nuit mes regards demeurèrent attachés sur ces montagnes dont tous les aspects sont sévères, et dont les mines de fer, exploitées pour les besoins du Kabyle, favorisent sa belliqueuse indépendance. On ne double qu'après de laborieux efforts le cap Bougaroni ou Boudjarones, le Tretum des anciens. Je n'ai aperçu que la nuit, à la clarté des étoiles, les énormes et formidables masses de ce promontoire, la montagne des Sept-Caps, ainsi nommée à cause des capricieuses découpures de la côte, la baie de Collo, suffisamment abritée, ses belles collines couvertes de pins, de chênes et de caroubiers, les sommets de Roumadya, les hauteurs pyramidales du Koudiath. Quand le Jurjura nous sera soumis, les misérables cabanes de Collo pourront faire place à un établissement important, et le beau corail de toute cette côte sera une richesse. Le 2 mai, à huit heures du matin, le *Grondeur* mouillait devant Stora, mauvaise rade où périt la galère la *Marne*, il y a cinq ans, mais que des travaux pourraient rendre moins dangereuse.

Quelques cabanes de Maltais animent les rivages de Stora. De belles citernes et des puits romains, récemment découverts, ont attiré notre attention. De verdoyantes montagnes dominent la rade ; on dirait que la hache a coupé leurs flancs entremêlés de pointes pyramidales. Des blockaus défendent les alentours. Une heure de chemin nous a conduit par terre de Stora à Philippeville. Le chemin est pratiqué au penchant de collines boisées. J'ai revu dans ces jolies collines les parures printanières qui m'avaient charmé dans le massif d'Alger : c'étaient des boutons d'or, les fleurs du myrte et de l'églantier, la mauve rose, la gueule-de-loup et le souvenez-vous-de-moi, aimable fleur bleue qu'on rencontre partout comme pour nous faire songer aux absents. Les arbousiers et les chênes-lièges abondaient autour de la route que nous suivions. Des ponts français étaient jetés sur des torrents. Philippeville fondée en 1839, se déploie comme une cité de France. D'ordinaire nos établissements en Algérie se composent de constructions françaises et moresques; et l'ancien génie du lieu y respire encore. A Philippeville nous avons tout fait à neuf, nous avons bâti là où il n'y avait rien auparavant, ce qui offre un frappant contraste entre des maisons exclusivement européennes et les paysages africains. J'ai trouvé à peine trois ou quatre mille habitants dans cette ville, qui en compta d'abord six mille; cette diminution de population, qui n'est peut-être pas une décadence et qui a commencé en 1842, s'explique par des mécomptes après d'irréalisables espérances, par la dispersion des travailleurs, par la guerre de l'Est, qui changea alors de théâtre, et par le voisinage de Bône.

En bâtissant Philippeville, on a voulu donner un port à Constantine, mais Bône sera toujours une concurrence. Toutefois, Philippeville est le port obligé de Constantine; son territoire est riche; avec un peu plus de sûreté dans son port et un grand développement de colonisation dans la province, Philippeville, par le commerce et l'agriculture, aura de l'avenir. Là comme ailleurs, le nombre excessif des cafés et des cabarets déplaît à l'observateur moraliste; les gens du pays doivent s'imaginer que les Français ne pensent qu'à boire. Depuis 1838 jusqu'à l'époque de la construction de l'hôpital, plus de deux mille soldats sont morts à Philippeville; les fièvres intermittentes et la fièvre cérébrale les ont tués. J'ai entendu dire à des officiers que ces pauvres soldats malades n'avaient pas eu un toit, pas une tente pour abriter leurs souffrances, et que beaucoup d'entre eux se logeaient dans des trous creusés au flanc de la terre humide. L'hôpital, construit sur une élévation, se compose de quatre corps de logis ; mais l'air et la distraction manquent aux malades. Au lieu d'une ou de plusieurs façades donnant sur la campagne ou sur la mer, que voit-on à cet hôpital? Des fenêtres donnant les unes sur les autres, des murs pour tout horizon, de pâles visages pour tout spectacle ! Parmi la population civile comme parmi nos soldats, la mortalité a beaucoup diminué. L'insalubrité accompagne toute fondation de cité en Afrique ; deux ou trois ans suffisent pour que les causes d'insalubrité disparaissent. A côté de l'hôpital s'élève la caserne. L'hôpital et la caserne sont le commencement de tout établissement en Afrique. Là où l'hôpital a tardé à s'élever, la mort a cruellement décimé nos troupes.

La population de Philippeville se compose d'environ deux mille Français, mille Maltais, deux cents Espagnols et deux ou trois cents indigènes. Toute cette population a une physionomie à part. Dans nos villes d'Europe, il y a des oisifs, des paresseux, des gens qui vivent de leurs rentes, des vieillards qui achèvent paisiblement leurs jours ; à Philippeville comme en d'autres points de l'Afrique française, on ne voit que des hommes occupés, on ne rencontre que l'activité, la jeunesse et l'âge mûr. La plus grande partie des habitants vit de l'industrie ; l'agriculture n'est pas encore tout ce qu'elle doit être dans les belles vallées du Safsaf et de Zeromma. Le mûrier et l'olivier, le tabac et le sésame seront les fondements de la colonisation agricole de Philippeville. L'enceinte de cette ville est vaste, nous en occupons un tiers à peine ; les habitants actuels ont l'air de cheminer dans la solitude. Philippeville attend une église ; les mystères chrétiens se célèbrent dans une pauvre et bien étroite chapelle. Les Arabes arrivent aux marchés de la ville ; ils se montreront en plus grand nombre quand nous leur aurons bâti un fondouk. Les tribus voisines sont soumises. Elles nous ramènent les déserteurs au prix de 25 francs par tête. Le principe de solidarité, établi parmi les tribus, maintient l'ordre et la sécurité. Il a produit les meilleurs effets sur tous les points de l'Algérie.

Il restait de beaux débris de l'ancienne Rusicada dont Philippeville a pris la place ; on pouvait admirer encore le théâtre et le cirque ; mais le génie est plus terrible que le temps et ne voit que des pierres dans les monuments empreints de la majesté des siècles. Les Arabes n'appellent pas Philippeville de son nom français, mais d'un nom qui est la corruption de l'ancienne dénomination romaine : ils l'appellent *Sticada*.

Au printemps de 1838, on s'occupait de chercher la plus courte route pour aller de Constantine à la mer ; le général Négrier fut chargé d'une reconnaissance sur Stora ou Rusicada. Léon l'Africain dit que de son temps on voyait encore entre Constantine et Rusicada une route pavée en pierres noires, semblable aux routes d'Italie. Il y avait des siècles que ce pays demeurait fermé à tout autre peuple qu'aux Kabyles quand le général Négrier atteignit les ruines de Rusicada sans aucun combat sérieux : la plus courte voie entre Constantine et la mer était ainsi retrouvée. Au mois d'octobre (1838), quatre mille hommes, sous la direction du maréchal Vallée, s'établissaient au milieu des ruines de Rusicada, bâtissaient des murs avec des débris qui dataient de deux mille ans et fortifiaient la place, qui se nomma Philippeville. Les Kabyles contemplaient de loin, en frémissant, cette fondation française. On diminua leur animosité en les indemnisant des terrains qu'on leur prenait pour l'œuvre nouvelle.

Nous trouvons Rusicada au nombre des cités épiscopales de la vieille Afrique chrétienne. Verulus, évêque de Rusicada, assista, en 260, au concile de Carthage. Les schismatiques en firent un martyr. Un évêque de cette ville, nommé Victor, assista au concile de Cirta en 305 et fut convaincu d'avoir livré aux païens les saintes Écritures; interrogé par Secondus, évêque de Tigita, il répondit que Valentianus, le gouverneur romain, l'avait forcé à ce crime : « Pardonnez-moi, ajouta-t-il, et Dieu me pardonnera aussi. » Un autre évêque de Rusicada, Faustinianus, se rendit à la fameuse conférence de Carthage, où le donatisme fut solennellement jugé et condamné. Le jour où l'auguste assemblée tint sa première séance, Faustinianus tomba malade et ne put paraître ; ce fut Alype qui en avertit les illustres assistants. Au seizième siècle, Rusicada, sous le nom de *Sucaicada*, avait des habitations et des magasins pour les négociants génois. Les montagnards des environs y échangeaient leurs grains contre les draps et autres marchandises d'Europe.[1]

[1] Léon l'Africain.

L'histoire nous montre les diverses cités de la terre, naissant peu à peu, passant graduellement à un état prospère, commençant par des cabanes et finissant par des palais. Des familles condamnées à des laborieuses luttes avec les besoins et les événements y subissent mille et mille vicissitudes avant d'être comptées pour quelque chose sur la scène du monde. Leur première page ne laisse guère voir que des filets étendus sur une rive, un troupeau paissant sur la colline, des grains de blé jetés dans le sillon du laboureur; ou bien encore l'origine d'une ville est dans la faiblesse d'une multitude qui a besoin de se grouper autour de la demeure d'un chef belliqueux. Tels n'auront pas été les commencements de Philippeville. Elle est née en quelque sorte à l'âge d'homme sans passer par l'enfance, semblable aux villes des Etats-Unis. La spéculation a bâti des maisons, des rues; et des familles parties de France, de Malte ou d'Espagne sont allées s'y loger pour tirer parti de la conquête. Philippeville est un peu comme un caravansérail d'industriels de tout genre, protégé par des baïonnettes françaises. Il faudrait que les Européens qui sont là prissent racine sur le sol; il faudrait que cette terre devînt pour eux une patrie et non pas un bazar où l'on tient un comptoir pour quelques années dans le seul but de s'enrichir et de partir ensuite. Nous reviendrons sur cette idée fondamentale de la colonisation africaine.

Depuis le cap Skikida ou cap de Fer qui forme l'extrémité orientale de la baie de Stora jusqu'au cap de Garde, où commence la baie de Bône, il y a quinze lieues de côte inabordable; la mer s'y brise avec un éternel courroux, la chaîne de l'Edoug n'y montre que des aspérités ennemies ; quelque chose de terrible, d'inhospitalier apparaît entre ces deux promontoires. Quand on a dépassé le cap de Garde, on trouve les mouillages du fort Génois et des Caroubiers. Le 3 mai, à six heures du matin, nous jetions l'ancre non loin de la pointe du Lion. Ce n'est pas sur Bône que se sont arrêtés mes premiers regards ; ils sont allés tout d'abord chercher au fond de la baie les rivages et les collines d'Hippone.

XI

HIPPONE

L'église de Bône. — La relique de saint Augustin. — La première vue de la colline d'Hippone. — L'emplacement de la ville. — Le mont Pappua et Gelimer. — Anciens souvenirs religieux d'Hippone. — Etendue du diocèse d'Hippone au temps de saint Augustin. — Célébration de la messe sur une colline d'Hippone.

Il me tardait de mettre le pied sur le sol si longtemps foulé par saint Augustin. Je dis adieu au *Grondeur*, et, à sept heures du matin, j'étais à terre. Je me rendis tout d'abord chez l'homme que je jugeai le plus propre à me servir de guide, chez M. l'abbé Suchet, vicaire-général de la province de Bône, et dont le nom s'est mêlé avec honneur à l'accomplissement d'un grand acte d'humanité en 1841. M. l'abbé Suchet me reçut avec bonté, et je devins son hôte.

La relique de saint Augustin, apportée de Pavie avec tant de solennité, et dont la translation fut un événement éclatant dans le monde religieux, repose dans l'église de Bône. Je demandai à la vénérer avant d'aller visiter l'emplacement d'Hippone. Un étroit et misérable réduit avec un autel et quelques tableaux, voilà ce qu'on appelle l'église de Bône. La main française n'a élevé encore aucun sanctuaire catholique sur la terre que le plus profond docteur de notre foi a marquée de traces immortelles; vienne le jour où une église dédiée à saint Augustin réunira sous ses grandes voûtes les fidèles de Bône et retracera quelque image de l'antique basilique de la paix ! En attendant un temple digne des beaux souvenirs religieux de ce pays, les restes de l'illustre et saint évêque ont pour toute gloire l'hommage du chrétien qui les vénère. M. l'abbé Suchet, après avoir déposé sur l'autel la petite châsse, l'a dépouillée de l'étoffe de velours qui la recouvrait, a détaché le reliquaire en argent donné par l'église de Pavie et renfermant l'os de l'avant-bras droit de saint Augustin, et mon œil s'est attaché sur la relique glorieuse. A genoux aux marches de l'autel, j'ai senti dans mon cœur des agitations délicieuses, et, dans ma tête, comme un immense poids d'idées. Je voyais là quelque chose de celui dont j'avais étudié le cœur et le génie et raconté l'histoire, quelque chose de celui qui fut si grand devant Dieu et devant les hommes, le bras de ce travailleur sublime que j'ai cherché à faire connaître aux générations nouvelles, un débris périssable de cet immortel penseur pour lequel j'étais venu de si loin et j'avais tout quitté sur la terre de France ! Je priai Dieu pour les miens, par l'intercession du saint évêque, et je priai aussi pour ceux dont la piété m'avait confié des vœux que je ne pouvais oublier. Je demande grâce aux incroyants pour ce culte pieux rendu à la mémoire de saint Augustin ; ils me pardonneraient s'ils me voyaient recueilli en présence des reliques de Platon : l'union de la sainteté au génie suffirait-elle pour qu'il perdît ses droits au respect des hommes ?

En sortant de Bône par la porte de Constantine, mon guide me montra, à un quart de lieue devant moi, une gracieuse colline verdoyante qui se détache du reste de la plaine et se présente avec une forme demi-circulaire : c'était la colline d'Hippone. Comme mes yeux s'y attachaient ! Quel vif intérêt ! Quelle émotion pieuse ! Quelle profondeur d'attention ! Depuis les collines de Jérusalem, de Bethléem et d'Athènes, nulle colline n'avait produit sur moi une pareille impression. C'était donc là qu'avait vécu, pensé, parlé, prié cet homme incomparable dont le nom est resté si grand dans le monde, cet homme dont les travaux étaient la ravissante occupation de mon intelligence !

Après une courte marche, nous rencontrâmes les vestiges d'une voie romaine : Saint Augustin, me disais-je, a dû passer par là. Nous traversâmes la petite rivière appelée *Abou-Gemma* (la rivière du Père de la Mosquée) sur un pont romain à plusieurs arches, restauré et blanchi par les Français. Ce pont est le grand chemin de Constantine. Auprès de ce pont, le ruisseau appelé le *ruisseau d'Or* mêle ses eaux aux eaux de l'Abou-Gemma. Vu de Bône, l'emplacement d'Hippone s'offre comme un coteau demi-circulaire. Quand on arrive à Hippone et que les lieux se montrent dans leur vérité, ce qu'on avait pris pour un seul coteau se change en mamelons et en diverses collines. La ville épiscopale de saint Augustin couvrait de l'ouest à l'est deux mamelons jusqu'à la mer ; elle couvrait au nord l'espace qui s'étend jusqu'à l'Abou-Gemma, peut-être même un peu plus loin jusqu'aux deux marabouts, et au midi le terrain, aujourd'hui prairie, qui s'étend jusqu'à la colline Rouge. Hippone avait la mer en face et deux rivières à ses côtés. Nous avons indiqué tout-à-l'heure l'Abou-Gemma, qui coule au nord de l'antique cité. L'autre rivière, beaucoup plus considérable, coule au midi : c'est la Seybouse ; elle devient très-profonde et semble presque immobile quand elle passe devant l'emplacement d'Hippone. Les Romains avaient creusé son lit dans cet endroit-là pour en faire comme un petit port. La Seybouse et l'Abou-Gemma se perdent dans la mer, et depuis longtemps les deux rivières ont ensablé l'ancien port d'Hippone.

Du côté du nord, la haute et sévère chaîne du mont Pappua, maintenant l'Edoug, domine la plaine et les collines d'Hippone. Ce fut dans ces montagnes que Gelimer chercha un asile contre les coups de Pharas, chef des Hérules, qui le poursuivait par ordre de Bélisaire. C'est de là que, entouré de misérables Mores, Gelimer demanda à Pharas un pain, une éponge et un luth : un pain, parce que depuis longtemps il n'en avait vu ; une éponge, pour laver ses yeux malades ; un luth, pour chanter un poëme qu'il avait composé sur ses malheurs. Le chef des Hérules lui envoya ce qu'il demandait, sans cesser pour cela de l'enfermer dans l'Edoug ; après avoir été traqué tout un hiver, Gelimer descendit de sa montagne à des conditions honorables et sûres. Ainsi finissait en Afrique la domination des Vandales, qui dura cent cinq ans ; elle y avait été fondée par un grand homme, Genséric, génie organisateur et créateur.

Les Vandales, venus en Afrique au nombre de quatre-vingt mille, s'y trouvaient au nombre de six cent mille lorsque succomba Gelimer. Un tel peuple n'aurait guère pu rester en Afrique sans compromettre le pouvoir romain rétabli par Bélisaire ; on le fit embarquer pour l'Asie Mineure, où il se dispersa. Il est pourtant vraisemblable que bien des Vandales durent échapper à cette émigration forcée ; les tribus aux yeux bleus, au teint clair, aux blonds cheveux, qu'on rencontre dans le Sahara algérien, sont sans doute de vivants débris de l'ancienne domination de Genséric et de Gunthamond, de Thrasimond et d'Hildéric.

En foulant le sol d'Hippone, combien j'eusse aimé à rencontrer quelque monument ou du moins quelque belle ruine de la cité d'autrefois ! Quelle joie de passer par les portes où avait passé saint Augustin, de visiter la basilique où de sa bouche s'échappait des fleuves de douce éloquence, de s'agenouiller au pied de l'autel d'où sa prière était montée vers Dieu, de toucher les murs que ses mains avaient pu toucher, de retrouver les objets qui avaient coutume de frapper ses regards ! Mais si l'on excepte les débris que nous croyons être les restes des thermes de Socius, il n'est pas sur l'emplacement d'Hippone une seule ruine à laquelle on puisse donner un nom. Nous avons fait connaître fort au long, dans l'*Histoire de saint Augustin* [1], tout ce qui subsiste de l'antique ville. Nous n'avons pas osé reconnaître pour des restes de la basilique de la Paix les débris que les gens du pays appellent *Glisia Roumi* et qui étaient plus considérables avant le tremblement de terre de 1817. Pourtant rien n'empêche de penser que ces ruines aient appartenu à quelque édifice religieux. Nous avons montré le souvenir de saint Augustin revivant encore dans la pensée des indigènes sous le nom de *grand chrétien* (roumi kebir), et se mêlant à de superstitieuses pratiques de sacrifice et d'expiation. Les vestiges de l'ancien quai de la Seybouse et de la nécropole d'Hippone sur la rive droite du fleuve ont complété notre tableau. On nous permettra donc de ne pas répéter ce que nous avons dit ailleurs. De pieux visiteurs ont cru voir dans les ruines éparses sur l'emplacement d'Hippone le couvent de saint Augustin, son tombeau, le monastère de sa sœur, que sais-je? le jardin même du grand évêque; leur naïveté n'a pas tenu compte des ravages du temps et des révolutions; toute chose leur a paru merveilleusement conservée pour le plaisir de leur foi : mais un peu de réflexion et de science vient tout à coup renverser ces crédules rêveries.

Dans l'*Histoire de saint Augustin*, je me suis attaché à la peinture des collines d'Hippone, sur lesquelles le mois de mai avait jeté toutes ses magnificences. Du haut du mamelon où se trouve le monument élevé à saint Augustin par les évêques de France, ou du haut du mamelon voisin de la Seybouse, je passais des

---

[1] Tome I.

heures à contempler le plus frais, le plus harmonieux des paysages. A la place d'une cité célèbre, réduite maintenant à de rares débris semblables à de gigantesques ossements sortant de dessous terre, je trouvais une charmante nature dont s'enivraient mes regards. Au puissant attrait que le génie d'un seul homme a su donner à ces lieux se mêlait l'extase dans lequel mon âme est toujours jetée par le spectacle des belles images, des gracieux trésors de la création.

Nous avons rappelé ailleurs [1] quelques souvenirs anciens d'Hippone. L'église des *Vingt-Martyrs*, dont la mémoire, d'après saint Augustin, était fort célèbre aux bords de la Seybouse, s'élevait dans un faubourg de la ville. Il faut ajouter aux basiliques d'Hippone que nous avons citées celles des *Huit-Martyrs*. Théogène, le premier évêque d'Hippone dont nous trouvions les traces, assistait au concile de Carthage en 260; il souffrit la mort pour la foi; une église lui fut dédiée. Parmi les prédécesseurs de saint Augustin, nous voyons ensuite Fidentius, qui cueillit la palme du martyre, et Léonce, qui donna son nom à une basilique d'Hippone. L'évêque donatiste d'Hippone, qui ne voulait pas laisser cuire le pain des catholiques, se nommait Faustinus. On sait que Valère partagea avec saint Augustin le fardeau de son épiscopat, et qu'Héraclius, successeur de l'illustre docteur, rencontra les Barbares et la nuit. Morcelli parle d'une nomination au siége d'Hippone faite par Grégoire VII; le lointain successeur de saint Augustin se nommait Servandus. Depuis la dernière moitié du quatorzième

---

[1] *Histoire de saint Augustin*, tome I.

siècle jusqu'à la fin du dix-huitième, le titre d'évêque d'Hippone a survécu dans le monde chrétien, en mémoire du saint et beau génie qui fit resplendir ce siége d'un si grand éclat [1]. Il a reparu depuis l'établissement du siége épiscopal d'Alger. Les noms de deux autres vieux évêchés d'Afrique sont restés un honneur pendant les derniers siècles : ce sont les évêchés de Thagaste et d'Utique.

Je me suis souvent demandé quelle était l'étendue du diocèse de saint Augustin, et les renseignements contemporains m'ont toujours manqué pour l'indiquer avec une parfaite précision. Il suffit de se rappeler que l'Afrique chrétienne comptait plus de sept cents évêchés, pour juger tout d'abord de leurs limites. Chaque cité avait son évêque. Parmi les bourgs qui faisaient partie du diocèse d'Hippone, je trouve Sousane, les Tours (*Turres*), Ciza, Verbal [2], Strabonia, Mapale, Spare et Fussale. Mapale devait se se trouver sur le chemin de Calame, aujourd'hui Ghelma. Crispinus, évêque donatiste de Calame, étant devenu possesseur de Mapale, rebaptisa quatre-vingts catholiques de ce bourg, ce qui fut un grand chagrin pour saint Augustin et le sujet d'une belle lettre adressée à l'évêque hérétique [3]. J'ignore sur quel point du territoire d'Hippone était placé le village de Spare; un prêtre donatiste y prodigua des injures à saint Augustin, coupable d'amour pour l'unité chré-

---

[1] Nous donnons à la fin de ce volume les noms des quarante-deux évêques qui ont porté le titre d'évêque d'Hippone.

[2] Souzane, les Tours, Ciza et Verbal, sont cités dans la 63e lettre de saint Augustin.

[3] *Histoire de saint Augustin*, tome I, chap. XVIII.

tienne. Fussale était situé à quarante milles d'Hippone, probablement dans la direction du levant ; c'était la portion du diocèse la plus éloignée de la cité épiscopale. Dans les dernières années de saint Augustin, Fussale devint un évêché, et nous avons raconté ailleurs [1] les douloureux embarras qui furent suscités à l'illustre pontife d'Hippone par Antoine, le premier évêque de Fussale. Je n'ai aucune donnée sur la position des autres bourgs ou villages. Le diocèse d'Hippone avait, dans sa plus grande étendue, environ quinze lieues. Du côté du sud-ouest, il ne pouvait guère dépasser le lac Fezzara, situé à quatre ou cinq lieues d'Hippone ; les ruines romaines voisines de ce lac représentent probablement les débris d'une ancienne ville épiscopale. Du côté du sud, les bornes du diocèse d'Hippone devaient se rencontrer à neuf ou dix lieues, peut-être à l'endroit appelé aujourd'hui *Akous*, et qui offre des débris de constructions romaines dont nous parlerons plus tard.

Voilà tout ce qu'a pu nous apprendre l'étude des lieux et de l'histoire sur l'étendue du diocèse de saint Augustin. Il était au moins trois fois plus petit que le moins considérable de nos diocèses de France. Mais l'autorité de saint Augustin n'avait pas pour limites les limites de son territoire épiscopal ; elle embrassait l'Afrique et le monde ; les lettres et les écrits de ce grand homme, confiés à des navires qui avaient mouillé à l'embouchure de la Seybouse, s'en allaient porter la lumière et les consolations partout où il y avait des catholiques.

---

[1] *Histoire de saint Augustin*, tome III, chap. x.

Une portion du mamelon d'Hippone le plus voisin de la Seybouse est couverte de constructions occupées par nos condamnés militaires. L'espace qui forme la cour de l'atelier des condamnés offre des restes d'un ancien pavé en mosaïque. C'est là que le 5 mai, jour de la conversion de saint Augustin, un autel fut dressé en plein air pour la célébration de la messe. Les condamnés, rangés autour de l'autel, se montraient respectueux et recueillis. L'abbé Suchet dit la messe, dont il voulut bien appliquer l'intention à ma famille et à moi. Un condamné remplissait les fonctions de clerc. J'avais assisté, il y a quinze ans, au divin sacrifice sur le tombeau et dans la crèche du Sauveur des hommes ; j'avoue que la messe célébrée sur une des collines d'Hippone m'émut presque aussi vivement que je le fus aux lieux saints.

Cette messe en plein air, célébrée par un prêtre français, servie par un condamné militaire, le jour de la conversion de saint Augustin, au milieu de l'emplacement désert de la ville épiscopale, quatorze siècles après la mort du grand évêque et sous la protection du drapeau français victorieux, me paraissait un prodigieux spectacle. L'image des vieux siècles chrétiens de l'Afrique, l'image de ma patrie qui avait triomphalement rapporté la foi à cet illustre coin de terre d'où la foi était bannie, le souvenir de la longue nuit des temps barbares et la glorieuse perspective des nouveaux destins de ce continent africain, passaient tour à tour devant moi avec un caractère particulier de solennité. Dans un de ses ouvrages [1],

---

[1] *Livre de la vraie Religion.*

saint Augustin cite ces paroles de la préface de la messe : *Sursum corda, habemus ad Dominum*, et nous montre les plus belles portions du monde connu *tenant leurs cœurs élevés vers le Seigneur*. En entendant, après quatorze cents ans, ces mêmes paroles dans la préface de la messe du 5 mai sur l'emplacement d'Hippone, j'admirais à la fois l'inaltérable perpétuité des traditions catholiques et la pensée chrétienne qui nous rend les contemporains de tous ceux dont les jours se sont écoulés dans la foi. A genoux devant cet autel improvisé, je priais pour les temps où nous sommes, qui ont tant besoin d'élévation et de croyance ; je priais pour le triomphe définitif de notre domination sur la terre d'Afrique.

XII

BONE

Origine des noms d'Hippone et de Bône. — Occupation de Bône par les Français. — Etat présent de Bône, sa population, ses établissements, ses progrès agricoles. — Bône aux temps passés. — Course au fort Génois et au cap de Garde. — Les grottes des Saints. — Ce qu'on voit du haut du cap de Garde. — Considérations sur la nature, sur ses beautés, sur ses rapports avec l'homme.

Ubo en syriaque, *ubbo* en phénicien, *ubbon* en arabe, signifie *baie ;* le nom d'Hippone est une corruption du mot syriaque primitif ; il désigne une ville assise au fond d'une baie, et telle est en effet la position d'Hippone. Le *b* remplace le *p* dans la langue arabe, et les modernes dominateurs de ces rivages ont appelé du nom de *'Bône* la cité bâtie à la fin du onzième siècle avec les matériaux tirés des ruines de l'antique ville épiscopale de saint Augustin. Le voyageur Shaw et quelques autres ont pensé que Bône occupe l'emplacement d'Aphrodisium, mais il n'est guère vraisemblable qu'Hippone et Aphrodisium se soient trouvées ainsi à un quart de lieue l'une de l'autre. Bône est tout simplement l'héritière d'Hippone, et son nom est une corruption du nom de l'antique cité.

Bône avait été un des premiers points occupés après la prise d'Alger, mais on l'évacua au bruit de la Révolution de Juillet. La ville, un moment délivrée d'Ahmed-bey, chef de la province de Constantine, demeura abandonnée à ses propres forces. Cependant Ahmed avait besoin d'un port par où pussent s'écouler les produits de sa province; il ne perdit pas de vue Bône, dont les habitants lui fermaient les portes, et fit investir la ville du côté de la terre. Vers la fin de 1831, un secours fut envoyé aux Bônois : le chef de bataillon Houder, par l'ordre du général Berthezène, parut à la tête de cent vingt-cinq zouaves indigènes. Une intrigue dont les fils étaient conduits par Ibrahim, ancien bey de Constantine, trompa les habitants sur le caractère de la mission du brave officier français. Il fut tué lorsqu'il cherchait à s'en aller, après de longs et d'inutiles efforts pour accomplir son œuvre. La position de Bône devenait fâcheuse; il importait de ne pas laisser Ahmed reprendre ce poste important, et de ne pas livrer à ses cruelles vengeances une population qui avait fait acte d'hostilité contre lui au profit de notre domination. Le duc de Rovigo résolut l'occupation de Bône par une garnison française. Il envoya le capitaine d'artillerie d'Armandy et le capitaine de chasseurs algériens Youssouf pour encourager et conseiller les habitants en attendant les forces promises. Détermination tardive ! Le 5 mars 1832, Bône, ayant épuisé ses derniers efforts de résistance, avait ouvert ses portes aux troupes d'Ahmed, et le malheur était entré dans la ville avec les soldats du bey de Constantine. Nulle horreur ne fut épargnée aux malheureux habitants. La cité fut remplie des scènes du plus hideux brigandage : pillage, meurtre, dévastation. La ville où s'agitait la veille tout un peuple n'offrit plus que des flots de sang, des débris et la solitude.

Ibrahim, l'ancien bey qui s'était saisi de la Kasbah de Bône à l'époque du voyage du chef de bataillon Houder, s'y était maintenu jusqu'à l'arrivée des capitaines d'Armandy et Youssouf ; il y avait vingt jours que les troupes d'Ahmed étaient maîtresses de Bône, et Ibrahim restait dans la Kasbah ; il songeait à partir, quand tout à coup les deux hardis capitaines, par un merveilleux coup de main, pénétrèrent la nuit dans la citadelle avec une trentaine de marins et y plantèrent le drapeau français, qui depuis n'est plus descendu de ses murs.

Un épisode héroïque se mêle aux souvenirs de cette prise de la Kasbah de Bône. Youssouf avait été informé que les Turcs avec lesquels il était entré dans la Kasbah projetaient de l'égorger pendant la nuit, lui et tous les Français qui se trouvaient là ; il fait part du complot au capitaine d'Armandy, lui révèle l'étendue du péril et lui annonce qu'il ne connaît d'autre moyen de salut que de sortir de la

Kasbah avec ses Turcs. « Mais ils te tueront, lui dit l'officier français. — Que m'importe, répond Youssouf ; j'aurai le temps d'enclouer les pièces qui sont à la Marine ; je succomberai, je le prévois, mais tu seras sauvé, et le drapeau français ne cessera pas de flotter sur Bône. » Il dit, et franchit avec ses Turcs la porte de la Kasbah, qui se referme. Parvenu au bas de la ville, Youssouf s'arrête, et, d'une haute et sévère voix, il fait entendre à sa troupe qu'il connaît le complot infâme, et dénonce les traîtres qui ont résolu de l'assassiner durant la nuit. Puis, se tournant vers l'un d'eux : « Toi, tu es du nombre, » lui dit-il. Et à ces mots, il le tue. Ce coup hardi et terrible, cette courageuse attitude épouvantent la troupe, qui tombe à ses pieds, et lui jure une inébranlable fidélité. Youssouf, l'enfant inconnu de l'île d'Elbe, l'aventureux amant de la belle Kabboura, l'intrépide et loyal jeune homme qui, sur la plage de Sidi-Ferruch, vint associer sa fortune à la fortune de la France, préluda noblement à Bône à des succès par lesquels son nom devait monter plus tard au rang des noms glorieux de notre Afrique.

L'arrivée d'un bataillon d'infanterie suivit d'assez près l'occupation de la Kasbah de Bône par les capitaines d'Armandy et Youssouf. Trois mille hommes, partis de Toulon sous les ordres du général Monck-d'Uzer, débarquèrent à Bône dans les premiers jours de mai, déblayèrent la ville abandonnée, s'établirent sur ses ruines et lui donnèrent en peu de temps un aspect tout nouveau. Le général d'Uzer eut à repousser l'agression de quelques tribus voisines et les derniers efforts d'Ibrahim-bey, mais la masse des tribus d'alentour se résigna en présence du déploiement des forces françaises. Ainsi commença l'établissement de notre domination dans cette province de l'Est, qui s'est toujours montrée la plus tranquille de nos trois provinces de l'Algérie.

Bône, environnée d'un mur arabe, dominée par la Kasbah, près de laquelle nous avons bâti une caserne, renferme en ce moment [1] une population d'environ huit mille cinq cents habitants; depuis un an, la population a augmenté d'un sixième. Au 1er février 1846, elle se composait de la manière suivante; ce relevé donnera une idée de la physionomie si variée de la ville.

Français.......	1,969	Portugais......	65
Maltais........	2,155	Marocains......	85
Italiens	1,107	Lagouachs.....	85
Mores.........	1,308	Mzitas.........	45
Nègres........	607	Anglais........	16
Turcs.........	345	Irlandais.......	13
Kolouglis	255	Polonais.......	8
Allemands....	247	Russes.........	5
Espagnols.....	132	Grecs..........	11
Arabes........	133	Biskirs.........	16
Kabyles.......	128	Suisses	8

Plusieurs mosquées s'élevaient à Bône; il n'est resté qu'une grande mosquée appelée Djemma-el-Beg, et deux zaouias ou petites mosquées dont l'une se nomme Djemma-Sidi-Krelif, et l'autre Djemma-Sidi-Abderahman. La plus importante mosquée de Bône a été transformée en hôpital militaire. L'église, dont la construction est en projet, s'élèvera en dehors de l'enceinte actuelle, qui doit être agrandie;

[1] Ceci a été écrit au mois d'avril 1846.

elle coûtera cent soixante mille francs; cinquante mille francs ont été accordés. L'administration des bâtiments civils, qui exécute en ce moment un très-bel hôtel pour le sous-directeur de l'intérieur, devrait bien enfin se mettre à l'œuvre pour loger Jésus-Christ, car Jésus-Christ à Bône n'a pas où reposer sa tête. Divers canaux de dessèchement, sept casernes, un quartier de cavalerie, un grand hôpital militaire, un hôtel pour le général commandant la division, un haras, un établissement pour la manutention, un arsenal pour l'artillerie, les ateliers du génie militaire, un établissement considérable pour les fourrages, telles sont les œuvres exécutées par l'administration militaire depuis 1832; on doit ajouter à ces œuvres le chemin de l'Edoug, qui permet aux voitures d'atteindre les régions les plus élevées de cette montagne. Grâce à ce chemin, l'Edoug est constamment visité par les Européens, et les Kabyles arrivent chaque jour au marché de Bône.

L'aqueduc, le château d'eau, la distribution des eaux dans les divers quartiers de la ville au moyen de fontaines et de bornes-fontaines, le débarcadère, les égouts de la ville, le pavage des principales rues, cinq kilomètres de la route de Bône à Larouch, deux kilomètres de la route des Karcsas, cinq kilomètres de la route du fort Génois, cinq kilomètres de chemins vicinaux autour de Bône, sont l'ouvrage de l'administration des ponts-et-chaussées. Elle est en train de faire jeter un joli pont sur le ruisseau d'Or. Quant à la construction d'un pont sur la Seybouse, elle n'est encore qu'en projet. Le pont sera construit, non pas à l'endroit où se trouve maintenant le bac, mis à cinq kilomètres de Bône. La ville a un jardin des plantes ou plutôt une pépinière du gouvernement. La garnison de Bône ne s'élève guère au-delà de deux mille cinq cents hommes. Les condamnés militaires, occupés à divers travaux, y sont au nombre de deux cent quatre-vingts.

Il n'est pas de plus riche territoire que celui de Bône. Un admirable succès y serait promis à toutes les cultures, à toutes les plantations du midi de la France. L'olivier s'y développe avec une vigoureuse promptitude. Avec le bas prix actuel des grains, la culture la plus profitable est celle du tabac. La colonisation agricole a commencé et se poursuit avec des travailleurs arabes plutôt qu'avec des travailleurs européens par une raison simple, c'est que l'Arabe se paye beaucoup moins cher que l'Européen. De plus, les Arabes, qui étaient fort embarrassés de leurs produits avant la domination française, vendent maintenant tout ce qu'ils apportent, et le vendent à des prix bien plus élevés qu'autrefois. L'exploitation des terres n'en devient que plus active et plus étendue.

Telle grande propriété, qui avait à peine six charrues arabes il y a six ans, en a maintenant soixante. L'Algérie n'a pas de marché plus important que celui de Bône. Cette année (1846), depuis la récolte jusqu'aux semailles, il s'y est vendu pour 2,500,000 fr. de grains. Le port de Bône est le seul port d'Afrique qui voit arriver des navires en lest pour y recevoir des chargements. La richesse de Bône n'a rien d'artificiel et de passager ; elle est réelle, elle est solide, parce qu'elle est fondée sur le sol. Quand les mines de fer des lieux environnants seront exploitées, il en sortira un grand mouvement industriel.

Il n'y a pas de village encore autour de Bône, et l'on s'étonne que de petits centres de population ne se soient pas établis dans une contrée où règne une si parfaite sécurité. On trouve dans le voisinage quelques fermes et plusieurs petites maisons de campagne ou *bastides*. La plus considérable de ces habitations champêtres est celle de M. Aillaud : on l'appelle le *château*. M. Aillaud, l'un des plus honorables et des principaux colons de Bône, m'a donné des soins hospitaliers dont j'ai gardé le souvenir ; c'est lui qui a offert la portion du terrain d'Hippone où s'élève le monument de saint Augustin, et, pour prix de son zèle religieux, il a reçu du Saint-Siége une flatteuse distinction.

La salubrité est une grande question dans nos possessions africaines. Le pays de Bône est très-sain, et j'ai même ouï dire qu'il n'y avait pas en Algérie de contrée moins visitée par les maladies. On m'écrit que le concierge du cimetière de Bône commence à se plaindre de l'insuffisance de son traitement, et qu'il craint de mourir de faim au milieu de la santé universelle.

Un grand avenir est réservé à la colonisation agricole du pays de Bône.

On a le projet de bâtir un caravansérail pour les Arabes. Des tribus sont campées sous des gourbis, à la porte appelée porte de Constantine ; une tribu est établie sur un coteau auprès de l'aqueduc de la Fontaine. Les Arabes, vivant là sous notre protection, m'ont rappelé les tribus qui, en 1832, après notre occupation de Bône, étaient venues se placer sous le canon de la place pour échapper aux vengeances d'Ahmed-bey.

Un géographe africain du douzième siècle, Edrisi, parle des beaux marchés de Bône. Le célèbre Aboulfeda, prince, historien et géographe du treizième siècle, dit que Bône est une jolie et florissante cité.

Bône, au seizième siècle, avait trois cents feux. Voici ce que dit des habitants de Bône Léon l'Africain. Nous citons la vieille traduction française :
« Les hommes, dit-il, sont fort plaisants, dont les
» uns exercent le train de marchandises, les autres
» sont artisans et tissiers de toile, lesquels ils vendent
» en grande quantité aux cités de Numidie. Mais ils
» sont tant outrecuidés et brutaux, qu'outre qu'ils
» massacrent leurs gouverneurs, ils prennent encore
» cette présomption d'user de menaces envers le roi
» de Thunes (Tunis), et de rendre la cité entre les
» mains des chrétiens, s'il ne donne ordre qu'ils
» soient pourvus de bons et suffisants gouverneurs.
» Et combien qu'ils soient superbes, ils ont néan-
» moins une simplicité grande qui accompagne leur
» outrecuidance : car ils ajoutent ferme foy à d'au-
» cuns qui vont en manière de fols et transportés,
» lesquels ils reputent être saints, participants en
» quelque chose de la Divinité ; au moyen de quoy
» ils les ont en grand honneur et révérence. Là n'y
» a aucunes fontaines ; mais au lieu d'icelles on
» s'aide de citernes... La plaine de Bône est habitée
» par un peuple arabe appelé Merdez, qui la cultive,
» nourrissant plusieurs bœufs, vaches et brebis, le
» lait desquelles rend tant de beurre à Bône, qu'on

» on sauroit à peine recevoir l'argent, et des grains
» semblablement. » Le géographe arabe ajoute qu'on venait de Gênes et de Tunis prendre du beurre et des grains à Bône. Le marché de Bône se tenait le vendredi.

La course au fort Génois et au cap de Garde vaut la peine qu'on lui consacre une journée. Le fort Génois se montre sur une hauteur, à deux lieues de Bône. Nous l'avons trouvé gardé par des condamnés militaires et des soldats libres. Il fut bâti par les Génois, afin de protéger contre les corsaires la pêche du corail, que leur avait affermée sur cette plage le bey de Tunis. Le trajet, depuis la ville jusqu'à ce fort, offre une belle végétation sauvage, mais pas une trace de culture. Les genêts magnifiques, les églantiers et les myrtes fleuris, les chèvrefeuilles et les bruyères roses sur leur tige élancée, ne suffisent pas à consoler de l'absence de l'homme. La rencontre de quelques Arabes qui labouraient un petit espace de coteau défriché par leurs mains est devenue pour nous un intéressant spectacle. Leurs charrues étaient légères ; ils piquaient les bœufs avec l'aiguillon pour les exciter à la marche, et accompagnaient les coups d'un bruyant langage qui semblait produire sur les bêtes le plus merveilleux effet.

A une lieue du fort Génois, à l'est, nous avons visité de curieuses grottes situées aux bords de pentes escarpées qui font face à la mer du côté de Stora. La première grotte qu'on rencontre semble taillée dans le roc ; elle sert tour à tour d'abri et de demeure aux troupeaux et à leurs gardiens. Les deux autres grottes, appelées grottes des Saints, présentent d'étranges bizarreries : cavités, découpures, rocs suspendus, formes étranges qui rappellent les effets fantastiques de certains nuages errants dans le ciel ou immobiles à l'horizon du soir. L'imagination arabe doit se trouver à l'aise en face de ces jeux capricieux de la nature. Plus loin, on voit une profonde carrière de marbre rose et gris, ancienne carrière remise en exploitation par les Français, et d'où les Romains ont tiré beaucoup de monuments pour Hippone. Nous avons reconnu la trace des instruments de fer à l'aide desquels les anciens maîtres du monde détachaient et enlevaient le marbre. Il est probable que nul peuple n'avait touché à cette carrière depuis les Romains, car les dominateurs qui leur ont succédé n'ont pas bâti de monuments. Après dix-huit siècles, la main française reprend l'œuvre de la main romaine. Dans les fentes ou les interstices des marbres de la carrière croissent le caroubier, la vigne, le figuier et le nopal ; cette végétation, qui se montre sur les flancs de ces masses à pic, est une surprise pour le voyageur.

Possidius, le pieux biographe de saint Augustin, nous dit que les catholiques d'Afrique, poursuivis par les Vandales exterminateurs, cherchaient un refuge dans les grottes et les carrières. Il est permis de penser que des souvenirs de proscription chrétienne se rattachent aux lieux dont nous venons de parler. Les grottes et la carrière du cap de Garde sont comme perdues à l'extrémité nord-est de l'ancien pays d'Hippone ; on pouvait bien s'y cacher et on pouvait voir venir de loin. La solitude de ces grottes et la profondeur de cette carrière ont donc abrité sans doute des chrétiens fugitifs ; et ces retraites, qui maintenant ne sont connues que du pâtre arabe, prennent à nos yeux un caractère vénérable. Ce nom de *grottes des Saints*, resté à ces creux de rochers, ne serait-il pas un souvenir de quatorze siècles, qui rappellerait les fidèles recueillis, au jour du malheur, dans le secret de ces asiles ?

Du haut des sommets du cap de Garde, j'ai contemplé de grands spectacles. En me tournant vers l'ouest, j'avais devant moi la Kasbah de Bône, plus près le fort Génois, puis les montagnes de l'Edoug, que mon œil parcourait jusqu'à ses dernières cimes. A droite, au nord, la mer, la côte escarpée, déchirée, bouleversée jusqu'au cap de Fer et aux rivages de Stora ; à gauche, au midi, la mer encore, le golfe de Bône, le petit Atlas, les dunes jaunes reluisant au soleil sur la route de la Calle et la plage jusqu'au cap Rosa. Ainsi donc, la mer à droite et à gauche, avec de vastes tableaux tout différents. Le plateau où nous étions formait une presqu'île ; les deux mers semblaient se chercher et n'étaient séparées que par un court espace. Au bout du cap de Garde, sur un amas énorme de rochers battus par les flots, s'élève un phare français qu'on aperçoit à dix lieues au large. Les côtes d'Afrique sont mauvaises, et ce n'est guère que du mois de mai au mois de septembre qu'on les aborde avec sécurité. Mais de Stora au cap de Garde, la mer paraît livrée à une agitation éternelle ; la côte, sans abri et sans plage, demeure fermée à l'espérance, et la poésie pourrait y placer le noir génie des tempêtes et l'empire de la destruction.

La physionomie générale de l'Afrique est sévère, les paysages gracieux y sont des exceptions. La nature s'y montre presque toujours avec des traits graves et durs. Théocrite, Moschus et Bion n'auraient pas pu y naître : il n'y aurait point eu de place pour l'idylle et les pastorales. Le génie des Africains est embrasé comme leur ciel, indomptable comme leurs monts, abrupte et violent comme la plupart des mouvements de leur sol, agité comme leur mer. Tertullien est le type de ce génie. Saint Augustin échappe magnifiquement à la loi africaine, de même que les doux pays de Tagaste et d'Hippone sont des exceptions à l'âpre caractère de ces contrées.

La contemplation de la nature occupe assez de place dans mes récits de voyageur. Chaque fois que j'exprime mon amour pour les beautés de l'univers, je crains un peu qu'on ne me confonde avec ceux qui, dans leur admiration de la nature, suppriment souvent Dieu et le remplacent par ses œuvres. Je laisse aux païens d'autrefois la jouissance aveugle et passionnée de la nature ; je laisse aux panthéistes le culte du grand Tout, et aux manichéens la doctrine sentimentalement absurde qui prête une âme aux arbres, aux plantes et aux fleurs. Les âges les plus chrétiens ont, il est vrai, le moins senti ou le moins exprimé l'amour de la nature, et c'est un philosophe sans croyance chrétienne qui, dans le dernier siècle, donna le signal de cette ferveur pour les charmantes merveilles dont la terre est parée. De plus, nous avons vu, de nos jours, des penseurs célèbres qui, après être sortis de la foi, se sont jetés dans la nature à la manière de Rousseau. Tout cela prouve une seule chose : c'est que les générations les plus fortement attachées aux pensées éternelles ont laissé peu de traces de leur goût pour ce qui est fugitif ; c'est que le génie, quand il cesse de planer dans la hauteur des cieux, retombe tout à coup sur la terre. Cependant l'amour de la nature peut se concilier avec le christianisme.

La croix prêche le détachement de ce monde, mais elle n'ordonne pas qu'on ferme les yeux devant tant d'admirables choses dont le globe est semé. Je ne donne mon âme à rien de ce qui brille ou fleurit sous le soleil, mais je la donne à celui de qui relèvent tout éclat et tout mouvement. Je n'adore rien de ce qui est sur la terre, mais j'adore Dieu dans tout ce qui est. Comme nulle beauté ne s'est faite elle-même, excepté la beauté éternelle, le courant d'eau vive et le brin d'herbe qui s'y baigne, l'éclat, le parfum, le tissu des fleurs qui demeurent au-dessus de toute puissance descriptive, la merveilleuse dentelure de la fougère et la soyeuse mousse des bois ou des vieux murs, le travail de la semence jetée dans le sillon et de la plante qui grandit par des progrès imperceptibles à tout autre œil qu'à l'œil de Dieu, la grâce du lis et la majesté du grand chêne, le vigoureux feuillage de l'aloès qui s'élance comme un large glaive, et le palmier au noble front dont l'Arabe bénit le fruit et l'ombre, les belles lignes des monts dont les sommets inégaux percent les profondeurs d'or ou d'opale des horizons du soir, les douces ondulations des collines qui découpent si mollement l'étendue, l'infinie variété de tout ce qui nous environne, le bruit lointain des fleuves et des mers, la grave et lente mélodie des pins de la colline sous le souffle des brises passagères, toute cette sève, tous ces parfums, toutes ces beautés, toutes ces harmonies ne sont pas des liens qui me garrottent ici-bas, mais plutôt des ailes toujours déployées qui emportent mon intelligence au sein de Dieu.

Souvent, pour s'élever aux idées divines, on lit nos livres inspirés, quelques strophes d'un poëte, une page de Bossuet ou de Platon. Quant à moi, une belle nuit, le travail de Dieu dans une semence, un arbre en fleur, un champ de blé, les couleurs de l'aube ou du couchant m'en disent plus que toute parole.

Un grand homme d'Afrique, saint Cyprien [1], évêque de Carthage, ne trouvait digne des regards d'un chrétien que le spectacle des beautés de l'univers. Le lever du soleil et son coucher, la succession des jours et des nuits, la lune et ses changeants aspects qui marquent le cours des temps, les chœurs des étoiles étincelantes, la terre, les fleuves et les mers, la vie qu'on respire avec l'air, l'inexprimable variété des merveilles de la création, voilà ce que saint Cyprien voulait faire admirer, sous peine pour l'homme de déchoir du titre d'enfant de Dieu, sous peine pour l'homme de tomber des hauteurs de sa gloire.

Il est une pensée dont peuvent s'affliger les hommes qui se plaisent à échapper aux cités pour vivre au milieu de la nature. On s'attache au site où l'on a rêvé, à l'arbre dont le feuillage s'est balancé sur notre tête, et, quand vient le jour du malheur, cette nature qu'on aimait reste indifférente; rien ne change, rien

---

[1] *De Spectaculis.*

ne s'émeut ; le ruisseau coule comme auparavant, le sentier fleuri garde ses sourires, l'arbre sa verdure et son même bruit. Que l'homme meure, l'homme qui se proclame le roi de la création, et pas un brin d'herbe ne gémit dans cet univers qu'il appelait son empire, et rien dans la nature ne prend garde à la chute du maître ! L'homme associe involontairement à sa vie morale les objets extérieurs, et lorsque tout à coup il leur demande un sympathique témoignage, il s'étonne qu'ils demeurent insensibles et muets.

Ce qui parfois vous surprend douloureusement encore, c'est de voir une pauvre petite source, une plante, un arbre survivre à l'homme qui en était le possesseur. Ainsi l'homme dure moins longtemps que le rosier ou l'arbrisseau planté de ses mains et les gouttes d'eau qui s'écoulent devant sa chaumière. Mais reconnaissons-là un bel enseignement plutôt qu'une insulte contre notre légitime fierté. Si je plante l'aubépine et le mûrier, je puis les arracher, les couper, les jeter au feu et les faire servir à mes caprices, et l'aubépine et le mûrier ne peuvent rien sur moi, et ne sortiront pas du morceau de terre où je les enfonce ; ils sont donc inférieurs à moi, je suis donc plus grand qu'eux, et si leur durée est plus longue que la mienne ici-bas, il faut dire, pour qu'il n'y ait pas un absurde désordre, que je crois à un monde futur où l'homme durera plus longtemps que le bois, où l'intelligence au vol sublime sera mieux traitée que la matière immobile : et c'est ainsi que le contraste qui, au premier abord, attriste et humilie l'homme, ne fait que prouver sa grandeur et son immortalité.

XIII

DE BONE A GHELMA

Départ de Bône. — Dernier regard sur les ruines d'Hippone. — Le cap de Dréan. — Peinture du soir. — La tribu des Boasis. — Une nuit sous la tente. — La vie arabe et la vie européenne. — Ruines romaines d'Akous. — Hammam-Berda. — Emplacement probable de la cité de Figuli. — Arrivée à Ghelma, l'ancienne Calame. — Saint Augustin et saint Possidius, évêque de Calame, son premier biographe.

A mon passage à Philippeville, j'avais appris la nouvelle d'une fâcheuse surprise essuyée par nos troupes au sud de la province de Constantine; cette nouvelle m'avait été répétée à Bône; on ajoutait que cet échec produisait de l'émotion parmi les Arabes, et quelques amis m'engageaient à ne pas m'aventurer du côté de Constantine. Il m'en coûtait de renoncer à cette importante course qui devait me porter au cœur même de l'Afrique. Je n'ignorais pas qu'un échec, quel qu'il soit, est toujours promptement vengé par nos armes, et que l'impression de la victoire ne tarde jamais à revenir à notre drapeau. Je décidai mon départ pour Constantine, sauf à m'arrêter à Ghelma si le commandant de ce camp ne me conseillait pas de continuer mon excursion. M. le maréchal Bugeaud, gouverneur général de l'Algérie, auquel j'étais recommandé par M. le ministre de la guerre, avait, en partant pour la Kabylie, chargé le lieutenant général de Bar de donner des ordres pour me faciliter mon voyage. J'étais porteur de lettres adressées aux autorités militaires des pays que je devais parcourir. M. le commandant de Bône me donna des spahis pour m'accompagner jusqu'à Ghelma ; c'était plutôt une escorte d'honneur qu'une mesure de précaution.

Le 6 mai, à une heure après-midi, nous quittions Bône. J'étais heureux d'avoir pour principal compagnon M. l'abbé Suchet, qui, dans son vif amour pour saint Augustin, se trouvait naturellement animé d'un sentiment de bienveillance pour son historien. Il connaissait les chemins de Ghelma et de Constantine; il m'apparaissait comme le vivant retour du catholicisme dans ces contrées, et sa présence dans notre petite caravane était pour moi une utilité et une joie. M. Thierry, jeune magistrat de Bône, et M. Gaudineau, médecin du service militaire, s'étaient joints à nous.

Le chemin de Constantine passe sur l'emplacement d'Hippone. Je jetai un dernier regard sur ces sites que le soleil inondait alors de ses feux et qui se montraient à moi comme des amis abandonnés. Il semble que le sépulcre d'une ville célèbre soit moins triste tant qu'un homme est là pour comprendre son passé, interroger ses souvenirs, animer sa solitude. Les cités illustres qui ne sont plus gardent encore leur glorieuse vie dans notre pensée : il suffit d'un coup d'œil pour que la cité morte respire tout à coup et se dresse avec magnificence. Mais quand nous nous éloignons, la destruction semble reprendre son empire, et nous ne laissons derrière nous qu'une poussière vulgaire et des lieux indifférents. Plus d'une fois, je tournai la tête vers ces lieux qui, à mesure que nous avancions, changeaient peu à peu d'aspect et s'effaçaient. Bientôt il ne m'est plus resté que les horizons où saint Augustin voyait le soleil se lever, et ces collines derrière lesquelles il le voyait disparaître. Devant nous, vers le sud, s'étendait une plaine couverte de pâturages; à droite je remarquais de charmantes collines verdoyantes, des groupes de mamelons d'une grâce inexprimable. De temps en temps, des douairs ou campements de Bédouins sous des gourbis ou des tentes faites de poil de chameau, interrompaient la monotonie de la plaine.

La route carrossable tracée par les Français finit à trois quarts d'heure de Bône. On trouve, à partir de là, un sentier qui n'est praticable que par les piétons et les carabiniers. A une heure et demie de Bône, nous avons rencontré un pont romain sur l'Abou-Gemma; il a trois arches et se nomme pont de Constantine, parce que l'ancienne voie romaine de Bône à Constantine passait par là. L'Abou-Gemma traîne lentement ses eaux jaunes; cette rivière décrit mille et mille méandres avant d'aller contourner au nord les collines de l'ancienne Hippone pour se jeter dans la mer. A quatre lieues de Bône s'élève un camp de spahis, le camp de Dréan. Ce fut le maréchal Clausel qui ordonna l'occupation de Dréan pour étendre notre domination sur le chemin de Constantine. Du haut de la colline de Dréan, on contemple la plaine de Bône, la mer et les montagnes de l'Edoug, qui se détachent avec majesté; à l'ouest, le lac Fezzara aux bords duquel s'offrent de belles ruines romaines. Ce lac est à quelques lieues de Bône et présente environ trois lieues de circonférence.

Il était cinq heures quand nous arrivions au camp de Dréan. Après une demi-heure de repos, nous remontions à cheval pour aller coucher à six lieues de là, à Nech-Meya. Bientôt se sont offerts devant nous des coteaux aux contours suaves, moitié lumineux, moitié dans l'ombre ; des vallons où le soleil n'était plus, où le soir commençait à naître ; au centre se détache gracieusement la colline appelée *Gebel-el-Ous* (Colline du milieu). Au loin se déploient des variétés de montagnes d'un charmant et magnifique effet. Par delà l'endroit qu'on nomme le *Rocher du Lion*, nous avons rencontré d'épaisses prairies, de beaux champ de blé, des ruisseaux bordés de laurier-roses. Cependant la nuit approchait, nous étions encore loin de Nech-Meya ; nos spahis nous engageaient à coucher dans un lieu plus prochain, au milieu de la tribu des Boasis, la plus considérable des tribus de cette partie de la province. L'un d'eux se détacha pour aller nous annoncer. La dernière heure du jour était pleine d'enchantements dans ces lieux solitaires ; autour de nous la nature ne présentait partout que de gracieux aspects, de paisibles images, et n'avait que de doux bruits ; les ruisseaux qui coulaient entre deux rives en fleurs et les oiseaux qui cherchaient leurs branches pour la nuit, semblaient lutter d'harmonie et complétaient les ineffables concerts du soir ; le rossignol, qu'on entend mais qu'on ne voit pas, comme le poëte caché au fond des solitudes, le rossignol, ce roi des mélodies, nous jetait, du fond d'un petit bosquet de myrtes, de ravissants accords. Les tentes noires des Boasis se montraient à nous, groupées en rond au pied d'un joli coteau ; nous entendions les hurlements des chiens, le bêlement des troupeaux parqués dans l'enceinte de la tribu.

Une scène tout à fait imprévue nous attendait à notre arrivée dans la tribu. Il paraît que peu de jours auparavant, les Boasis n'avaient pas eu à se louer du passage de quelques voyageurs de notre nation, militaires ou civils ; ils déclarèrent à nos spahis qu'ils ne nous recevraient pas. Nous répondîmes avec de menaçantes paroles, et je dis à M. l'abbé Suchet qu'il fallait se remettre en route pour aller coucher ailleurs. Nous étions alors dans l'intérieur de la tribu, et nous piquions nos montures pour nous éloigner de ces tentes inhospitalières. Mais voilà que tous les Bédouins de la tribu se repentent de leur premier mouvement et s'élancent après nous ; cinq ou six d'entre eux saisissent la bride de ma mule, et je m'épuise en efforts inutiles pour me débarrasser de leurs instances. En ce moment un tumulte d'enfer assourdissait nos oreilles. Les instances des Bédouins se traduisaient par des cris auxquels nous répondions moitié en français, moitié en arabe ; les hurlements des chiens prenaient le plus furieux caractère ; les brebis bêlaient, les vaches et les bœufs beuglaient avec plus de force. Le profond silence des solitudes environnantes contrastait avec ce vacarme dans un camp arabe. A la fin, nous dûmes céder : ce n'était point l'éloquence des excuses, mais leur violence qui devint irrésistible. Les Boasis avaient peur que notre vengeance ne fît tomber sur eux le malheur ; ils s'attroupèrent en masse pour nous retenir. Nous fûmes conduits sous la tente du cheik absent ; son frère s'était présenté à sa place. Une fois assis sur la natte hospitalière, nous nous laissâmes entourer de soins et d'égards.

Une toile en guise de cloison nous séparait des femmes du cheik ; elles s'agitaient pour nous préparer le souper et ces apprêts ne se faisaient pas en silence. Deux bougies, apportées par M. l'abbé Suchet, l'une plantée au bout du canon d'un fusil, l'autre au bout d'une baguette, nous éclairaient sous la tente. Les principaux Bédouins de la tribu, rangés en cercle autour de nous, mettaient le plus de bienveillance qu'ils pouvaient dans leurs regards et le plus de sourires sur leurs lèvres. A neuf heures du soir, un homme apporta le souper : les femmes se faisaient entendre mais ne se montraient pas. Une gamelle de lait de vache, des œufs durs, des œufs au plat noyés dans du beurre bouillant, du pain en forme de galette qu'une femme venait de pétrir et de faire cuire tout exprès pour nous, tel était notre souper. Une heure après, lorsque, déjà enveloppé dans mon manteau, je ne demandais qu'à dormir, on apporta le kouskoussou, le pilau des Africains. Le kouskoussou est un plat de mouton cuit avec de la farine. Le mouton avait été tué en notre honneur, et la pauvre bête ainsi immolée avait certainement mêlé son bêlement aux bruits qui nous accueillaient deux heures auparavant. Je ne touchai point à cette partie du banquet, et je demeurai couché sur la natte. J'eus froid toute la nuit, car le ciel était devenu tout à coup pluvieux, et la tente ne nous abritait pas entièrement contre les ondées mêlées de vent. D'ailleurs, les continuels aboiements des chiens et les cris des troupeaux auraient suffi pour m'empêcher de dormir.

Cette nuit sans sommeil, passée sous la tente des Bédouins, à dix lieues d'Hippone, ne manquait pas de poésie. Je me croyais redevenu voyageur aux bords du Jourdain et de l'Oronte ; ma vie de vingt ans recommençait sous la tente arabe, vie de fatigues et de privations, mais que des ravissements accompagnaient toujours, Un petit roman [1] où j'ai peint les joies mélancoliques d'un pauvre enfant de la vieille Europe au milieu des mœurs du désert, avait fait penser à quelques-uns que je regardais la vie des Bédouins comme la vie idéale, et leur civilisation comme supérieure à la nôtre. Ceux-là ne m'ont pas compris. Il n'a pas été question de faire le procès de l'Europe au profit de l'Arabie musulmane, ce qui eût été mille fois absurde ; j'ai voulu seulement frapper l'imagination, éclairer l'esprit par les contrastes, et montrer la vie primitive devenue le refuge consolateur d'un homme profondément dégoûté de nos sociétés vermoulues ; j'ai voulu faire comprendre que le progrès, tel qu'il s'accomplit sous nos yeux en dehors des idées, des inspirations et du dévouement chrétien, produisait des misères morales infinies, et qu'il y avait moins de mécomptes, plus de calme et de bonheur pour le cœur de l'homme dans une société toute simple et mêlée de très-peu de besoins. Nous avons le christianisme qui nous élève à une hauteur prodigieuse ; mais les vices, les passions immondes occupent encore assez de place dans nos cités, et je garde le dernier mot de mon admira-

---

[1] La *Bédouine*. La 3ᵉ édition a paru chez Dezobry et Magdeleine, rue des Ecoles, 1, à Paris.

tion pour le temps où nous serons entourés d'une moindre multitude d'hommes menacés de mourir de faim. En attendant, je me donnerai l'innocent plaisir de ne pas trouver excessivement malheureuses les tribus arabes parmi lesquelles on ne rencontre ni pauvres, ni victimes, ces familles de pasteurs animées de sentiments si fraternels et dont les mœurs sont empreintes d'une si merveilleuse pureté. On respire avec ces hommes quelque chose des premiers âges de la terre, et le voyageur européen se trouve ainsi passer tout à coup de la vieillesse du monde à la fraîcheur matinale de la Genèse.

Le 7 mai, au point du jour, nous quittâmes la tribu des Boasis après avoir reçu les saluts des chefs. Nous traversâmes deux fois un ruisseau bordé de lauriers-roses. Après deux heures de marche, nous traversions quelques ruines romaines sur des hauteurs appelées *Akous* par les Arabes. Un édifice considérable s'offrit à nous avec divers caractères de construction ; les briques et les moellons formaient la première assise, le reste était en pierres sèches ; des débris de corniches se mêlaient aux pierres de taille. Sur le côté oriental de l'édifice, une pierre portait une inscription de plusieurs lignes où je n'ai pu lire que le mot *Hadriano*. Le nom de l'empereur Adrien est la seule lumière qui apparaisse au milieu de l'incertaine obscurité de ce lieu. Je me suis mouillé jusqu'aux genoux en marchant à travers les grandes herbes qui environnaient l'édifice en ruine ; ces herbes étaient trempées par la pluie de la nuit. De grosses pierres entassées tout autour rendaient peu facile l'accès de ce monument des âges lointains,

Akous garde les traces d'une cité romaine : quelle était cette cité? faut-il placer ici villa Serviliana, villa Victoriana, ou bien Mutugenna? Ces deux dernières cités étaient des évêchés. Il y avait dans villa Victoriana une église consacrée aux martyrs Protais et Gervais. Saint Augustin y prononça un sermon sur ces deux confesseurs de la foi. Il nous apprend [1] que villa Victoriana se trouvait à trente mille pas d'Hippone.

Nous poursuivions notre route en passant par des lieux à peine franchissables ; chaque pas de nos mules sur les voies escarpées nous mettait en péril. Nous côtoyions et nous laissions tour à tour la voie romaine qui menait d'Hippone à Calame. Tel est le bouleversement de cette voie qu'elle demeure impraticable pour les mules et les chevaux. Au fond de vallons unis se déploient des vestiges épars qui semblent indiquer l'emplacement d'une cité. On reconnaît des traces de constructions, mais pas de monuments, rien de considérable. A une demi-heure plus loin, belles sources dont l'une tiède, l'autre fraîche, d'une admirable transparence, coulant dans un bassin romain qui dut être superbe, si on le juge par la beauté des débris. Les Arabes appellent ce lieu *Hammam-Berda*. C'est un site gracieux où l'on se repose. Nous n'aurions pas été fâchés d'y prendre quelque nourriture ; mais nos spahis, qui s'étaient lancés à la recherche dans les terres environnantes, ne s'occupèrent que de pourvoir à leurs besoins, et ce fut après une bien longue attente que nous obtînmes la

---

[1] Cognit I.

faveur d'un peu de pain. Les voyages en Orient m'avaient accoutumé à ces mauvaises fortunes ; grâce à l'industrieuse obligeance de M. l'abbé Suchet, je trouvai à Hammam-Berda une consolation qui ne me manquait jamais en Orient : la tasse de café !

Ce lieu, qu'on nomme Hammam-Berda, fut certainement l'emplacement d'une cité romaine. Elle dut être de très-peu d'importance, par deux raisons : la première, c'est qu'on n'y retrouve aucun vestige considérable ; la seconde, c'est qu'à une lieue seulement de ce point s'élevait Calame. Je serais tenté de placer là Figuli, petite ville du diocèse de Calame, que j'ai mentionnée dans l'*Histoire de saint Augustin* :

« Possidius, évêque de Calame, s'en était allé à une
« petite cité, appelée Figuli, pour visiter des catholi-
« ques et chercher à ramener à l'unité les chrétiens
« errants. On lui dressa une embuscade sur le che-
« min ; comme il l'évita, il retrouva ses ennemis (les
« donatistes) dans le village de Lives. On mit le feu à
« la maison où était logé Possidius ; l'incendie fut
« trois fois éteint et trois fois rallumé. A la fin, les
« habitants du village triomphèrent des flammes et
« des malfaiteurs, et l'évêque se sauva [1]. »

Nous avions aperçu de loin Ghelma, l'ancienne Calame, sur sa belle colline. A une certaine distance l'hôpital français et la citadelle donnent à Ghelma un air de grandeur. La vue de Calame, dont le plus illustre évêque fut l'ami et le biographe de saint Augustin, me remplit l'âme du plus doux intérêt. Historien de saint Augustin quatorze siècles après sa

---

[1] *Histoire de saint Augustin*, tome II, chap. v.

mort, je ne pouvais contempler sans émotion le lieu longtemps habité par le pieux ami qui ferma les yeux à l'immortel évêque d'Hippone, et qui le premier raconta sa glorieuse vie. La pensée d'Augustin et de Possidius me revint alors avec une vivacité nouvelle; je les voyais cheminant dans le pays que je venais de traverser d'Hippone à Calame; leur image animait pour moi ces régions où le sol fécond n'est qu'une solitude, et j'étais devenu tout à coup un homme du quatrième ou du cinquième siècle.

La Seybouse coule au pied des collines de Calame; nous la passâmes à gué, non sans quelque peine. Pour peu que la rivière enfle ses eaux, elle est infranchissable. Je m'étonnais que depuis 1836 les Français n'eussent pas jeté un pont sur la Seybouse. J'ai appris avec joie qu'enfin un pont venait d'être construit. Il a été solennellement béni par M. l'abbé Suchet, qui, le 7 mai 1844, n'avait pas eu moins de peine que moi à franchir la Seybouse sur sa mule. A trois heures après midi, nous étions installés dans une chambre de l'hôpital militaire de Ghelma.

XIV

GHELMA

Occupation française de Ghelma en 1835. — Peinture de Calame. — Les anciens évêques de Calame. — Trois partis religieux à Calame. — Vestiges d'églises. — Médailles, croix et inscriptions. — La passion des anciens chrétiens d'Afrique pour les spectacles. — Découverte de Suthul. — Description de la caverne de la M'taia.

Au mois de novembre 1835, dans cette première expédition de Constantine qui ne devait aboutir qu'à d'inutiles exploits et à des malheurs, notre corps d'armée, sous le commandement du maréchal Clausel, parti le 13 de Bône, arrivait le 15 à Ghelma. L'enceinte d'une citadelle romaine se transformait en un poste militaire pour la garde de deux cents hommes que le trajet depuis Bône avait exténués. Un camp français s'établissait ainsi sur les ruines d'une des plus importantes villes de l'ancienne Numidie. Notre drapeau, planté d'abord à Calame pour protéger des soldats malades, y est resté comme le victorieux signal de la renaissance d'une cité.

Nous avons décrit, dans l'*Histoire de saint Augustin* [1], la position et les ruines de Calame. Mais le sujet vaut la peine qu'on y revienne. Les anciens, comme nul ne l'ignore, excellaient dans le choix des sites pour la construction des cités; la beauté des horizons s'y trouvait fréquemment réunie à la sécurité de la

---

[1] Tome II, chap. v.

place. Lorsque Calame avec ses trente ou quarante mille habitants, son castellum et ses monuments, couvrait les derniers penchants de la montagne appelée aujourd'hui *Maouna*, un beau spectacle se déployait aux regards du haut des premiers plans qui dominaient la ville. On avait devant soi Calame environnée de jardins et d'une riche culture; plus loin, en face, une vaste plaine d'une fécondité merveilleuse, traversée par la Seybouse aux gracieux contours. Au delà du fleuve, apparaissent de charmants coteaux dont les verdoyants aspects se fondent avec les teintes grises des montagnes qui bornent, du côté du nord, ce grand tableau. Le sommet de la *Maouna*, coupé et surmonté de deux pics, est appelé dans la langue arabe *selle de la jument;* les Arabes peignent les lieux en les nommant. Le prolongement de la Maouna, de l'est à l'ouest, ferme du côté du sud l'horizon de Ghelma. Nous avons dit ailleurs [1] que pour découvrir la plaine, la Seybouse et les coteaux dans leur plus ravissante élégance, il faut se placer à l'amphithéâtre de Calame. Quand une ville a disparu au milieu d'une nature qui est restée belle, cette nature a l'air d'attendre quelque chose, et vous diriez qu'elle garde sa splendeur pour le retour d'autres destins. Puisse une Calame française prendre bientôt la place de la cité d'autrefois! Nul point de l'Algérie n'est plus digne d'occuper l'attention intelligente des colons.

Parmi les évêques qui passèrent sur le siége de Calame, nous trouvons Donat, qui commit le crime

---

[1] *Histoire de saint Augustin.*

de livrer aux païens les livres saints ; Mégale, qui eut la gloire de sacrer évêque saint Augustin ; Possidius, dont le nom ne se sépare point du nom du grand docteur d'Hippone ; et, enfin, Quodvultdeus, qui, en 484, par l'ordre du cruel Huneric, le second roi des Vandales en Afrique, s'en alla à Carthage et partagea l'exil de beaucoup d'évêques africains.

Un évêque donatiste de Calame s'agitait beaucoup au temps de saint Augustin. Crispinus (c'était son nom) fut condamné comme hérétique à une amende de dix livres d'or, en vertu des lois de Théodose ; l'intervention de l'évêque catholique Possidius diminua l'amende, mais Crispinus, ayant voulu faire casser par l'empereur l'arrêt qui assimilait le donatiste à l'hérétique, l'amende tout entière retomba sur lui. Dans la dernière moitié du quatrième siècle et au commencement du cinquième, on rencontrait à Calame trois partis religieux : le parti catholique, le parti donatiste et le parti païen. Le donatisme, vaincu par le bon sens, la logique et les Écritures, ne pardonnait pas aux catholiques leur supériorité morale.

Les païens gardaient leurs dieux plutôt par habitude ou entêtement que par conviction, et se passionnaient contre cette puissance étrange, ce nouvel empire d'un dieu-homme crucifié. Le décret d'Honorius de 407 qui leur interdisait la célébration de leurs fêtes, avait mis de la haine dans leur cœur. Dès l'année suivante, les polythéistes de Calame bravèrent le décret impérial ; des violences contre les prêtres catholiques, la profanation de leur église, qu'on essaya même d'incendier, complétèrent cette œuvre de rébellion [1]. On trouve à Ghelma quelques beaux débris qui peuvent être ceux d'un temple; mais on ne trouve aucun temple debout. Les catholiques avaient à Calame plusieurs églises, entre autres une église de Saint-Etienne qu'on appelait *Memoriam* et dans laquelle s'accomplirent des prodiges, au rapport de saint Augustin. Les donatistes possédaient une église. Que reste-t-il de ces sanctuaires chrétiens?

A l'extrémité orientale de l'emplacement de Calame, il existe des ruines couchées sur le sol, sans aucun caractère, sans aucun signe qui indique leur destination primitive, mais qu'on regarde communément à Ghelma comme les ruines d'une église. Ce sentiment, fondé sur une sorte de tradition locale, est respectable, et rien ne nous empêche d'admettre que là se soit élevée une église. Au bout de la grande rue du camp de Ghelma, il est de beaux et vénérables débris dans lesquels on veut voir les restes d'un ancien établissement hydraulique, et que j'incline fort à regarder comme les restes d'une église [2]. D'ailleurs, malgré tout mon amour pour la poésie des ruines où des siècles ont passé, je ne me donne pas pour un antiquaire, et mes opinions en pareille matière ne sont que des conjectures.

En remuant le sol de Ghelma, on a trouvé beaucoup de médailles dont quelques-unes, en plomb, marquées d'un cheval nu, représentent les âges numides. Les autres médailles sont en cuivre, à l'effigie de Constantin ou d'autres empereurs chrétiens; parmi

---

[1] Voir l'*Histoire de saint Augustin*, tome II, chap. v.
[2] Voir l'*Histoire de saint Augustin*, tome II, chap. v.

les médailles des vieux temps catholiques, il en est une en or d'une admirable conservation et dont on m'a envoyé l'empreinte : un Arabe du pays de Ghelma l'a trouvée en creusant la terre. Mais de toutes les découvertes de Ghelma, la plus intéressante est celle d'une grande croix en bronze massif, le 5 janvier 1843 ; rien de plus touchant et de plus vénérable que cette apparition du christianisme de la vieille Afrique. Lorsque Ghelma aura une église, cette croix en sera la plus magnifique parure : quelle belle chose que de voir des Français s'agenouiller en Afrique au pied de la même croix qui entendit la prière des Africains treize ou quatorze siècles auparavant !

Comme les souvenirs chrétiens de Calame m'inspiraient un intérêt particulier, je me suis longtemps arrêté devant une pierre de la muraille de Ghelma sur laquelle est gravée une inscription de six lignes appartenant aux âges du christianisme. La pierre étant brisée dans toute sa hauteur, le sens de l'inscription se trouve interrompu dans les six lignes ; de plus, beaucoup de lettres sont effacées ou mutilées. Voici l'inscription telle que le savant M. Hase a cru pouvoir la reconstruire :

UNA ET BIS SENAS TURRES CRESSEBANT IN ORDINE TOTAS. MIRABILEM OPERAM CITO CONSTRUCTAM VIDET PETRUS APOSTOLUS ; SUB TERMAS BALINEO CONDUNTUR FERRONIUS ET... QUOD. NULLUS MAJORUM POTERAT ERIGERE, MANUS PATRICI SALOMONIS INSTITUIT. MUNITIONEM NEMO EXPUGNARE VALEVIT ; DEFENSIO MARTIRUM TUETUR. APOSTOLUS PETRUS, CLEMENS ET VINCENTIUS MARTIRES CUSTODIUNT INTROITUM PROPUGNACULI.

Il n'est guère possible de donner d'une manière

complète la traduction de cette inscription, mais le nom du patrice Salomon nous aide à en fixer la date. Nous savons qu'en 539, Salomon, envoyé par Justinien, alla pour la deuxième fois en Afrique, qu'il y resta quatre ans et qu'il environna de murailles la plupart des villes. Cette inscription est donc comme une page d'histoire où nous voyons que les treize tours et les murs de Calame tels que nous les avons retrouvés furent élevés vers 540 par les soins du patrice Salomon : la ville ainsi mise en état de défense avait pour protecteurs l'apôtre saint Pierre et deux martyrs africains particulièrement révérés à Calame, Clément et Vincent.

Nous avons cité plus haut l'amphithéâtre de Calame comme le point d'où l'œil découvre les plus charmantes perspectives. Cet amphithéâtre, resté victorieux du temps et des révolutions, mais qui a souffert des premiers besoins de notre établissement à Ghelma, me rappelle un côté curieux des mœurs des vieux chrétiens de l'Afrique. Ils aimaient fort les spectacles, qui étaient alors encore tout païens; un grand nombre d'entre eux se laissaient aller à ce goût, s'appuyant de quelques passages des Écritures interprétés à leur façon et du silence des livres sacrés sur ces sortes d'amusements. Le char d'Élie, la danse de David devant l'arche d'alliance, les cymbales, les flûtes, les harpes, les divers instruments de musique qu'on entendait dans le temple de Jérusalem, les combats et la couronne dont parle l'apôtre, les exemples qu'il tire du stade, tous ces souvenirs empruntés à nos livres saints étaient invoqués par les chrétiens africains, avides des plaisirs du théâtre ou du cirque.

Une lettre épiscopale *sur les spectacles* [1], qui a mérité d'être attribuée à saint Cyprien, fit justice de ces aberrations; elle apprit éloquemment à mieux comprendre les divines Écritures.

L'évêque africain s'indignait que des souvenirs et des paroles destinés à porter au bien fussent devenus l'autorisation et la glorification des vices et des spectacles païens. Qu'avait de commun avec le cirque des polythéistes ce char d'Élie dont on parlait tant? Avait-on vu le prophète d'Israël courir dans quelque cirque? La danse et les chœurs de David en présence de Dieu ne justifiaient point les chrétiens assis dans un théâtre. Les pas de David, graves et pieux, pouvaient-ils se comparer aux obscénités de la danse grecque? Quant aux instruments qui remplissaient d'harmonie le temple de Jérusalem, ils louaient le Seigneur et non pas les idoles. Voudrait-on s'autoriser du silence des Écritures pour courir aux représentations de la scène païenne? Mais qu'avait-on besoin d'interdire des jeux aussi impurs? le silence n'en est-il pas la plus énergique condamnation? La vérité, en descendant à de pareilles prescriptions, eût trop outragé les fidèles. Ce que tait l'Écriture, la raison l'enseigne assez haut. Que chacun s'interroge lui-même, qu'il obéisse aux inspirations de sa propre conscience. En condamnant l'idolâtrie, les Écritures ont condamné les théâtres païens. Il n'y a pas de spectacle sans idole, pas de jeu sans un sacrifice sanglant, pas de combat qui ne soit en l'honneur d'un mort; et dans ces spectacles, les plus révoltantes im-

---

[1] *Liber de Spectaculis.*

puretés, les tableaux les plus corrupteurs s'étalent aux regards. Est-ce au milieu de telles images qu'est la place du chrétien, et faut-il feuilleter les livres saints pour découvrir un passage qui défende à un disciple de Jésus-Christ de souiller sa robe dans les lupanars?

Voilà un très-rapide abrégé de l'écrit de saint Cyprien ; il ne laissait rien à répondre, et cette mise à nu des turpitudes de la scène païenne était faite pour retenir les chrétiens de bonne foi. Calame ayant eu bien de la peine à s'arracher au polythéisme, et la moitié de cette ville se trouvant encore païenne au cinquième siècle, les joies du théâtre durent y être longtemps une grande tentation pour les enfants de l'Eglise. Sans doute que l'évêque Possidius leur lisait ou leur faisait lire l'utile et éloquent écrit dont nous avons reproduit quelques traits.

Nous passerons sans transition de l'amphithéâtre de Calame au récit d'une petite course qui amènera peut-être une importante découverte.

Derrière le plateau de Ghelma, vers le nord-ouest, est un joli vallon nommé *Oued-el-Sakron*, arrosé par un ruisseau qui abreuve Ghelma et qui abreuvait autrefois Calame à l'aide d'un aqueduc dont les restes se voient encore : un conduit français a remplacé l'œuvre romaine. A une demi-heure plus loin, sur une hauteur, apparaissent d'importants vestiges d'anciennes constructions; les demeures d'une pauvre tribu étaient adossées à ces ruines désignées par les gens du pays sous le nom de *casser* (château). A trois quarts-d'heure au-delà, à l'ouest, nous avons reconnu les traces évidentes d'une cité romaine dans un lieu appelé par les Arabes *Aïn-Chir* (la Fontaine Sèche). Ce lieu est probablement ainsi nommé à cause des citernes vides qu'on y rencontre. Ces citernes, voûtées et enduites de ciment romain, sont d'une étonnante conservation. Leur entrée est étroite et difficile. Ce sont là les seuls monuments qui aient échappé à la destruction. Le reste ne nous a présenté que des débris épars à travers des champs de blé, ou entassés en guise de murs pour former des clôtures. La cité était bâtie au bord de rocs escarpés et d'un profond ravin au fond duquel roule en hiver un torrent né des pluies orageuses. Quand le lit du torrent est à sec comme au temps où nous avons visité ces ruines, il laisse voir quelques points marécageux. Il existe à peine des vestiges du mur d'enceinte. De petits forts couronnaient sans doute le coteau qui domine l'emplacement de la cité.

Les savants ont confondu Calame et Suthul, la ville de Jugurtha ; ils ne soupçonnaient pas l'existence des restes d'une cité aux environs de Calame, et c'est ce qui a produit la confusion des deux villes. Remarquons d'ailleurs qu'il reste infiniment à faire pour la géographie romaine de l'Afrique, et que les livres les plus accrédités fourmillent d'erreurs. Les raisons invoquées pour prouver l'identité de Calame et de Suthul ne prouvent qu'une seule chose : leur voisinage. Selon Salluste, c'est près de Suthul que le propréteur Aulus Posthumius, cherchant à s'emparer des trésors de Jugurtha, fut surpris par le chef numide et forcé d'accepter d'humiliantes conditions. De son côté, Orose, ce prêtre d'Espagne qui avait longtemps séjourné auprès de saint Augustin à Hippone, et qui connaissait bien cette partie de l'Afrique, place auprès de Calame la défaite d'Aulus Posthumius. Tout ce qu'on doit conclure de cette double citation, c'est que le victorieux combat de Jugurtha contre le propréteur romain se livra entre Calame et Suthul. Or, ces deux villes ne sont éloignées que d'une lieue et demie l'une de l'autre. Lorsqu'on a lu les quatre lignes [1] dans lesquelles Salluste décrit la position du Suthul, il est impossible de les appliquer à la position de Calame. L'emplacement de cette dernière ville n'a rien de commun avec les précipices et les marais. La description de Salluste convient bien autrement à *Aïn-Chir* qu'à Ghelma. C'est donc à *Aïn-Chir* que nous placerons Suthul, la ville où Jugurtha enfermait ses trésors.

Pendant mon séjour à Ghelma, j'avais entendu parler d'une caverne à laquelle l'imagination des Arabes prêtait d'incommensurables profondeurs et toutes sortes de prodiges; cette caverne, creusée dans les flancs de l'un des pics de la M'taia, est située à trente-trois kilomètres de Ghelma; j'étais pressé de me rendre à Constantine, et le temps m'a manqué pour aller visiter la grotte qui a donné lieu à tant de fabuleuses histoires. Mais je trouve dans la *Revue de l'Orient* un fort intéressant récit d'une course à la caverne de la M'taia, et je le reproduis; ce récit est de M. Eugène Grellois :

« La route de Bône à Constantine est tracée dans

---

[1] Quod (oppidum Suthul) quanquam et sævitia temporis, et opportunitate loci, neque capi neque obsideri poterat; nam circum murum, situm in prærupti montis extremo, planities limosa hiemalibus aquis paludem fecerat.

A. 12.

une région accidentée qui n'offre à l'œil que la succession de montagnes sans bornes. Tout le sol est constitué par des alternances de calcaires et de grès, de sorte que les sommets des montagnes offrent les formes variées propres à ces deux espèces de terrain. Ces montagnes, contre-forts de la chaîne atlantique, sont en général de médiocre élévation ; cependant de distance en distance se détache quelque dôme ou quelque pic, qui plane au-dessus des élévations voisines, et impose son nom au massif qui s'y rattache. Ainsi, à quelque point que se trouve le voyageur, son regard s'arrête involontairement sur trois pics gigantesques qui dominent tout l'ensemble de la contrée : ces trois pics appartiennent à la M'taia, et forment assurément les points les plus élevés entre Bône et Constantine.

« Dans le flanc de l'un d'eux est percée une caverne que personne encore, dans les temps modernes, n'avait visitée en entier. L'imagination fantastique des Arabes s'est plu à l'enrichir d'une foule de légendes qui toutes reflètent un amour du merveilleux.

« D'après eux, cette caverne est si profonde qu'on ne saurait en atteindre les limites ; elle est habitée par un énorme serpent aux formes inconnues, qui en défend l'approche et y vit en sécurité avec son immonde famille. Selon d'autres, ce n'est point un serpent, c'est une race de géants qui habitent ces demeures souterraines, et ils se repaissent de tout imprudent qui ose en franchir le seuil ; aussi n'a-t-on jamais vu reparaître ceux que la curiosité avait entraînés dans son obscur dédale. La preuve que cette caverne est habitée par une race humaine, mais surnaturelle, c'est que ses féroces babitants ont tracé sur les murs des caractères cabalistiques, dont il n'est permis à aucun des hommes ordinaires d'expliquer la valeur.

« Tous ces contes sont populaires dans le cercle de Ghelma et devaient naturellement exciter notre vive curiosité.

« Une excursion fut en effet résolue. Par une belle et tiède matinée du printemps, nous partîmes de Ghelma, et, à une heure, après avoir admiré en passant la magnifique source d'Hammam-Meskoutin, nous étions à l'entrée de la mystérieuse caverne.

« La M'taia est éloignée de Ghelma d'environ trente-deux kilomètres. Un chemin accidenté, à travers les plus agréables campagnes, sépare ces deux points. On suit d'abord et l'on traverse la Seybouse; puis, après avoir gravi les crêtes qui dominent Hammam-Meskoutin à l'ouest, l'œil suit pendant quelque temps les rives vertes et gracieuses de l'Oued-Bou-Hamden, dont le flexueux contour se resserre entre des roches escarpées ou se trace un lit plus large dans une riante et fertile vallée. En s'élevant davantage dans la région des montagnes, on suit pendant quelque temps une belle et vaste forêt de chênes-liéges dont les Arabes exploitent les écorces pour construire les ruches à miel.

« Enfin on arrive au pied de la M'taia. Nous l'avons déjà dit, de tous les points de l'horizon, cette montagne se distingue entre toutes par trois cimes rocailleuses semblables à trois dents d'une immense mâchoire. De près, ces trois sommets se sont do blés, car il en existe véritablement six, mais d'inégale hauteur. C'est au pied de l'un d'eux, sur la face qui regarde l'ouest, qu'est creusée la caverne.

« L'accès est des plus difficiles : l'entrée pose sur un fond de verdure et s'ouvre dans le flanc de la montagne par une ouverture régulière, de forme ovoïde, et dont les contours sont tellement arrondis, qu'on croirait un instant qu'elle a été taillée par la main des hommes. Sa longueur est d'environ huit mètres et sa largeur de cinq.

« Les deux faces de l'entrée sont garnies d'inscriptions latines à demi-effacées, et la plupart illisibles ; cependant il m'a été possible de déchiffrer quelques mots sur l'une d'elles, et ils m'ont semblé suffire pour expliquer le sens général de tous les autres.

« Voici ce que j'ai lu :

```
PATER NO...
IMAGI NI....
SACRAMENT...
DONATUS...
```

« Sur plusieurs autres le mot *martyr* se trouve fréquemment répété avec ces lettres B. A. S. (benedicat animam sanctam).

« Evidemment ces inscriptions sont œuvre du christianisme : elles semblent indiquer que la mystérieuse caverne a servi d'asile aux premiers chrétiens pendant les jours de persécution de l'Eglise d'Afrique, et que l'évêque Donatus y a vécu ou peut-être y est mort. Je ne doute point d'ailleurs que quelques personnes plus versées que moi dans la lecture des indications ne parviennent à y retrouver encore d'autres inscriptions historiques en rapport avec l'ancienne Eglise de Numidie.

« Après avoir franchi l'entrée de la caverne, celle-ci se rétrécit un peu, et l'on s'avance à trente pas environ en marchant sur un plan horizontal ; là on plonge dans une complète obscurité, et les torches deviennent indispensables. La caverne s'incline rapidement sous un angle de quarante-cinq degrés, et des précautions sont nécessaires pour ne point glisser sur un amas de pierres qui se sont détachées de la voûte et encombrent le sol. A gauche existe un gouffre immense au fond duquel on entend une pierre rouler d'abîme en abîme, jusqu'à ce que l'éloignement seul parvienne à éteindre le son.

« On suit donc à droite la paroi de la grotte, et, après une marche pénible de deux cents pas environ sur un sol incliné de plus de soixante degrés, on arrive à une excavation immense, dont les parois irrégulières, anfractueuses, sont ornées d'une prodigieuse variété de stalactites qui forme un assemblage confus de figures fantastiques et font un instant sortir du monde réel pour plonger involontairement dans les bizarres conceptions des Arabes.

» Ici ce sont des statues colossales, véritables géants auxquels il ne manque que le souffle de Dieu, qui semblent sortir du sein de la terre pour peupler ce magnifique salon. Ce sont çà et là d'immenses colonnes qui soutiennent la voûte de l'édifice ; leurs sculptures étranges, que ne saurait imiter le génie des hommes, semblent incrustées de diamants et de rubis qui réfléchissent mille fois l'éclat des torches et des flambeaux.

« Enfin du milieu de ce palais enchanté s'élève un orgue véritable, dont les innombrables tuyaux n'attendent que l'artiste pour éveiller ses paisibles habitants.

« On quitte ce salon par une porte étroite ; on suit longtemps un chemin tortueux et obscur, tantôt s'élargissant et tantôt rétréci par d'énormes quartiers de roche ou d'innombrables stalactites, boueux et glissant par l'eau qui filt e incessamment de leurs sommets ; après des dangers et des fatigues, on arrive encore à une salle non moins brillante que la première, non moins brillante, non moins immense, non moins merveilleusement décorée.

« Ici une terreur involontaire s'empare de nous : au-dessus de nos têtes s'élève un rocher dont les yeux ont peine à saisir l'étendue, et qui cependant repose tout entier sur une base étroite dont deux hommes pourraient embrasser la circonférence. Il semble près de se plonger dans l'abîme ; le moindre choc, un souffle, suffirait pour le précipiter, et cependant que de siècles n'a-t-il pas dû voir s'écouler dans ce périlleux équilibre !

« Enfin des sentiers aussi encombrés, aussi difficiles, conduisent à une troisième salle qui renouvelle les beautés des deux premières. C'est là que se termine la caverne.

« L'étendue de l'excavation tout entière peut être évaluée à plus de mille mètres, et sa profondeur au-dessus de l'ouverture à trois cents mètres ; sa largeur peut avoir de vingt à cinquante mètres. Pour arriver à la troisième salle, il faut marcher et descendre pendant trente-cinq à quarante minutes. Nous nous sommes peu arrêtés, et cependant notre séjour dans la caverne a été de cinq quarts-d'heure.

« A la partie la plus profonde, le thermomètre marquait vingt-cinq degrés centigrades.

« Rendus à la lumière, nous avons voulu gravir un des pics de la montagne. Du sommet un admirable panorama s'étale sous les yeux : Philippeville et la mer, le cap de Fer, Bône et sa rade, le lac Fezzara, Ghelma et le cours onduleux de la Seybouse, les environs de Constantine et les montagnes qui se prolongent derrière elle, au sud : tel est l'immense horizon qui se déroula autour de nous.

« Nous mangeâmes le *couscous* de l'hospitalité arabe, et le soir nous couchions à Hammam-Meskoutin, pleins d'enthousiasme et d'admiration.

« Nous avons été guidés dans cette course souterraine par un Arabe, le cheik Deradji-ben-Kerad, qui a su faire taire toute crainte superstitieuse, et avait parcouru la veille même une partie de la caverne avec un officier qu'une mission appelait à M'taia. »

Grâce au visiteur courageux dont on vient de lire le récit, nous connaissons maintenant cette caverne de la M'taia, où la nature a multiplié de saisissantes merveilles. Les magnifiques bizarreries de ces palais souterrains excitent la curiosité, mais ils ont des souvenirs qui excitent le respect; des chrétiens d'Afrique, aux mauvais jours, y ont cherché un asile; ils y ont prié et célébré sans doute aussi les saints mystères. Les cavernes de la Numidie se changèrent en catacombes chrétiennes, non-seulement au temps de la persécution des empereurs païens, mais encore, mais surtout à l'époque des Vandales. Après avoir rapporté l'inscription où se lit le mot

Donatus, le voyageur exprime l'idée que *l'évêque Donatus a vécu ou peut-être est mort* dans la caverne de la M'taia. Nous devons faire observer à ce sujet que, sans compter l'évêque des Cases-Noires, qui fut le premier chef des hérétiques appelés donatistes, il y a eu dans l'histoire de l'Eglise d'Afrique beaucoup d'évêques du nom de *Donat*.

XV

MJEZ-AMMAR.

Départ de Ghelma. — De Ghelma à Mjez-Ammar. — Hammam-Meskoutin. — Les Eaux de Tibilis. — Lettre sur Hammam-Meskoutin; ses sources, ses ruines romaines, les habitants des environs; les bassins d'Hammam-Meskoutin. — Inscription trouvée sur l'emplacement de Thagaste.

Pendant que j'étais à Ghelma, il n'y avait pas de pont sur la Seybouse; des pluies orageuses ayant enflé la rivière, nous nous trouvions bloqués dans l'ancienne ville épiscopale de Possidius. Le 9 mai on nous assura que la Seybouse était devenue guéable, et nous nous mîmes en route le même jour à deux heures après midi. Les informations les plus dignes de foi avaient dissipé les idées de péril qui semblaient me barrer le chemin de Constantine; Moustapha, cheik de Mjez-Ammar, consentait à m'y conduire lui-même. Cheik Moustapha a courageusement servi la France en Afrique dans les spahis; il a perdu un œil sous notre drapeau. Nos victoires sont pour lui un langage de Dieu qu'il n'a pas tardé à comprendre; il a associé sa destinée à celle de la France en Algérie. Les tribus arabes de Ghelma à Constantine le connaissent et le considèrent. Cheik Moustapha était la plus puissante escorte que je puisse souhaiter.

Deux hommes instruits avaient été mes guides à Ghelma : l'un, M. Eugène Grellois, médecin en chef de l'hôpital de Ghelma ; l'autre, M. Ledoux, lieutenant du génie. M. Grellois voulut bien m'accompagner jusqu'à Mjez-Ammar pour me montrer près de là les merveilleuses sources d'Hammam-Meskoutin. Des spahis, des gendarmes, quelques colons s'étaient mêlés à notre petite troupe. Lorsque, quittant Ghelma, nous nous mîmes en marche au sud-ouest dans des sentiers qui traversaient des champs cultivés, nous occupions un assez long espace avec la file de nos chevaux et de nos mulets. Après une heure de trajet, nous atteignions un vallon rempli d'oliviers, de myrtes et d'arbousiers. Puis nous passions la Seybouse, non sans peine ; les eaux étaient profondes en certains endroits et le courant devenait parfois violent. A partir du gué jusqu'à Mjez-Ammar, nous avons cheminé au milieu d'une charmante et riche nature : partout des lignes gracieuses, partout de beaux champs de blés, d'épaisses et étincelantes prairies, de magnifiques oliviers. Il y a là des vallons dont l'attrayante fertilité n'est pas au-dessous des plus heureux vallons de l'univers. A quelque distance de Mjez-Ammar, nous avons rencontré une bande d'Arabes qui s'en allaient visiter le tombeau d'un marabout ; un drapeau rouge les précédait. J'ai vu dans mes voyages de Syrie assez de mauvaises figures d'Arabes ; mais les visages de ces pieux pèlerins me sont restés comme l'expression hideuse du plus atroce fanatisme : Dieu seul connaît toutes les malédictions que prononça contre nous leur bouche muette.

Mjez-Ammar n'a d'autre construction que l'habitation et la ferme du cheik Moustapha dont la richesse consiste en troupeaux. Tout autour se déploient des coteaux semés de petits mamelons gracieux. Hammam-Meskoutin est à une lieue de là à l'ouest; nous profitâmes des dernières heures du jour pour visiter ce point vraiment curieux de l'Algérie. Hammam-Meskoutin (les eaux enchantées) est un plateau couvert d'eaux minérales, des plus chaudes qui soient connues. Des cônes nombreux, produits par le dépôt des flots brûlants, donnent à ce plateau la plus étrange physionomie. L'eau bouillonnante s'élève insensiblement en pyramide; peu à peu elle diminue, puis elle s'éteint, et c'est alors que la pyramide ou le cône arrive à sa cime. Chacun de ces cônes est comme une antiquité; car il a fallu des siècles pour que le travail des eaux ait pu les produire. Un long rocher, formé par le dépôt, s'étend à travers le ravin et se présente comme une presqu'île. Un ruisseau le contourne; c'est l'Oued-Chedakra, qui devient brûlant en recevant les eaux minérales. Le travail de l'eau a fendu dans sa longueur ce merveilleux rocher; l'extrémité a été minée et complétement détachée. Les plus jolies bruyères, le thym, le serpolet, les campanules roses, croissaient sur le rocher. Des fleurs ou des oliviers naissants couronnaient le sommet de plusieurs cônes. Vu de l'extrémité occidentale du long rocher, Hammam-Meskoutin offre un tableau qui n'est comparable à aucune autre chose au monde : à droite et à gauche vous avez un ravin verdoyant au fond duquel serpente et murmure le ruisseau; devant vous les petites pyramides minérales couvrent le plateau, et quelques ruines d'un établissement romain mêlent leurs teintes jaunes aux couleurs variées de ce tableau si bizarre. Au sud-ouest, la chute des eaux brûlantes qui coulent du haut de leurs cratères dans le ruisseau, présente comme des flancs arrondis, des nappes, des contours, des rigoles avec des couleurs rouge, verte, blanche et grise. Hammam-Meskoutin est une des merveilles de la nature. Ce lieu si étrange, si frappant, ce lieu volcanique où le feu a produit tant de prodiges, est environné de ravissants coteaux.

Les Arabes, qui ont une fable pour l'explication de chaque phénomène, ne sont pas restés en arrière en présence des cônes d'Hammam-Meskoutin. Ils ont vu là toute une histoire d'un mariage incestueux. Le frère et la sœur s'étaient unis par les liens du mariage; ils furent changés en pierre comme châtiment de leur crime : voilà les deux cônes, et si la nuit vous prêtiez bien l'oreille, vous y entendriez deux âmes gémir. Près de là, le cône que vous voyez, c'est le marabout qui avait marié le frère et la sœur ; reconnaissez plus loin le chameau qui amena les criminels époux : et enfin toute cette multitude de cônes debout dans une froide immobilité, c'est la foule de ceux qui osèrent assister à ce mariage maudit du ciel. La fable arabe est, comme on voit, une sorte de souvenir confus de la miraculeuse histoire de la femme de Loth, souvenir appliqué à des noces incestueuses.

En retrouvant à Hammam-Meskoutin les traces d'un grand établissement romain, nous nous demandons quel avait été l'ancien nom de ce lieu. Ces eaux devaient être célèbres ; il suffit d'étudier leur nature, d'étudier le site et les vestiges romains qui sont là. Pourquoi ne placerions-nous pas à Hammam-Meskoutin ce qu'on appelait *Aquæ Tibilitanæ* (les eaux de Tibilis)? Nous avons justement à deux lieues et demie de là les ruines d'une ville qui pourrait bien être Tibilis. Ces ruines, dont nous parlerons plus tard, sont connues dans le pays sous le nom d'*Announa*. Les Eaux Thibilitaines furent une ville épiscopale. Saint Augustin[1] mentionne le pieux empressement des chrétiens de ce lieu pour vénérer les restes de saint Etienne. Optat[2] cite Marinus au nombre des premiers évêques des Eaux Thibilitaines. Ce Marinus eut le malheur de livrer les saintes Ecritures sous Dioclétien. Saint Augustin nous a conservé le nom d'un vénérable évêque de cette ville, Præjectus. Celui-ci était mort avant l'année 440.

L'Oued-Ben-Hamden, qu'on franchit pour aller de Mjez-Ammar à Hammam-Meskoutin, s'étant tout à coup enflé, nous fûmes obligés de reprendre au retour le Sentier-des-Lions, afin de passer la rivière beaucoup plus bas. Ce sentier est ainsi nommé parce qu'il traverse un bois qui cache de ces hôtes terribles. Les lions ne sont pas rares dans les bois des environs de Ghelma. Plus d'une fois leur faim meurtrière a décimé les troupeaux. Un maréchal-des-logis des spahis, Jules Gérard, qui réside à Ghelma, s'est fait une renommée par ses courageux exploits contre les formidables bêtes de la contrée. Ce n'est point avec la massue antique, mais avec le fusil, que le

[1] Cité de Dieu, livre XXII, chap. VIII.
[2] De Schismate donatistarum.

nouveau tueur de monstres accomplit ses audacieux prodiges. Le sangfroid de Jules Gérard, face à face avec un lion, est grand comme son adresse, et l'histoire de ses coups libérateurs charmera longtemps les veillées de l'Arabe sous sa tente.

Nous nous sommes borné à des lignes rapides sur Hammam-Meskoutin, parce que nous attendions une lettre détaillée du jeune médecin en chef de l'hôpital de Ghelma, qui préside à la restauration française de ces sources célèbres. Cette lettre nous est arrivée, et nous en remercions M. Eugène Grellois ; la voici :

« Ghelma, le 10 octobre 1844.

« Monsieur,

« Nous avons, une seconde fois, parcouru ensem-Calame et Suthul ; permettez-moi de vous rappeler aujourd'hui un point qui dut être célèbre au beau temps de Rome, et que de nouveaux destins appellent à une célébrité nouvelle.

« Gravissez encore l'une des grises pyramides d'Hammam-Meskoutin, et vous reconnaîtrez tout ce que je vais vous dire.

« Le plateau d'Hammam-Meskoutin, compris autrefois dans la régence d'Alger, fait aujourd'hui partie de la province de Constantine. Il est également éloigné de Bône et de Constantine ; sa distance de chacune de ces deux villes importantes est d'environ vingt-deux lieues.

« La situation de ces sources thermales à la partie basse d'un plateau peu élevé est extrêmement pittoresque. Des rivières, des ruisseaux, des montagnes, des collines, de gigantesques rochers, des vallées, des ravins, une belle et riche végétation, lui donnent un délicieux aspect.

« Le voyageur reste frappé d'admiration lorsque, quittant le camp de Mjez-Ammar, il vient à découvrir au loin les cônes qui se détachent en masses grises sur un fond vert, au milieu d'abondantes vapeurs qui s'élèvent des sources thermales et se dispersent au gré des vents. Mais la vue n'arrive là qu'en suivant, au milieu d'une vallée profonde, les nombreux détours de l'Oued-bou-Hamden, ce nouveau Méandre, entouré de ses lentisques et de ses oliviers. Des bords du ravin la vallée s'élargit à l'est et à l'ouest par des collines successives qui n'acquièrent qu'une médiocre élévation, mais, au nord, elles forment un horizon plus vaste que termine un double rideau de montagnes rocheuses et abruptes.

« Les cours d'eau qui arrosent les environs d'Hammam-Meskoutin appartiennent tous au bassin de la Seybouse : ils ont pour caractère commun de recevoir une grande quantité d'eau après la saison des pluies et d'être réduits parfois à un simple filet après les sécheresses de l'été.

« Les principaux sont l'Oued-bou-Hamden, qui se réunit à l'Oued-Scherf à Mjez-Ammar pour constituer la Seybouse, et l'Oued-Chedakra, qui joue un rôle important à Hamman-Meskoutin, parce qu'il est l'affluent de toutes les sources thermales, qui l'élèvent à la température de cinquante-cinq degrés.

« Les environs d'Hammam-Meskoutin sont limités d'une manière assez régulière par une série de montagnes d'élévation moyenne ; la plus rapprochée et l'une des plus hautes est le Djebel-Deback, d'une hauteur de douze cents mètres au-dessus du niveau de la mer. Toutes ces montagnes appartiennent au système atlantique ; ce sont des contre-forts du petit Atlas.

« Le pays qui environne Hammam-Meskoutin est presque entièrement dépourvu de voies de communication ; ou ne saurait indiquer comme route le chemin difficile, à peine tracé, souvent impraticable, qui conduit de Bône à Constantine. Cependant, entre Mjez-Ammar et Hammam-Meskoutin, on vient de percer, pour les besoins de l'établissement thermal, à travers un pays accidenté et difficile, une route qui laisse peu à désirer.

« Le territoire d'Hammam-Meskoutin est occupé par les Beni-Fougal ; cette tribu peut mettre cent hommes sous les armes. Au-delà de la rivière, au nord et à l'ouest, c'est la tribu des Beni-Addi, forte de soixante hommes.

« Ces deux tribus habitent un espace qui n'est nullement en rapport avec leur population ; il suffirait, par son étendue, aux besoins d'une population centuple, puisqu'il occupe à peu près tout l'espace circonscrit entre les montagnes qui nous servent de limites et une partie de ces montagnes elles-mêmes. C'est par elles que commence la série des tribus kabyles qui s'étendent vers l'ouest et occupent tout le massif de montagnes jusqu'au-delà de Collo et de Bougie.

« Les habitants de cette contrée sont doux et pacifiques ; ils recherchent peu les relations avec nous, mais ils nous laissent, avec une entière sécurité, parcourir une étendue de plusieurs lieues autour d'Hammam-Meskoutin. Ils sont, en général, moins beaux que les Arabes, leur physionomie manque de noblesse et leur maintien est sans dignité. Leur industrie est fort bornée ; plusieurs tressent des nattes, quelques-uns sont meuniers, la plupart sont pasteurs et vivent uniquement du produit de leurs troupeaux. Je ne puis entreprendre ici de retracer leurs mœurs; il n'y a rien ici qui soit propre à la localité.

» Nous ne trouvons dans les auteurs que vague et obscurité sur l'ancienne existence d'Hammam-Meskoutin. Ce silence des historiens a d'autant plus lieu de nous étonner, que l'inspection des lieux nous démontre que les Romains y eurent un établissement grandiose pendant une longue suite d'années.

« Cependant, d'après l'itinéraire d'Antonin et la table de Peutinger, on ne peut douter que le nom moderne d'Hammam-Meskoutin ne réponde au nom ancien d'*Aquæ Tibilitanæ*. A la distance de trois ou quatre milles au sud était la ville de *Tibilis* ; or les ruines d'*Announa*, dont le nom n'est plus connu, s'accordent parfaitement avec cette désignation, quoique la distance puisse être un peu plus grande. *Tibilis* était situé sur la route de *Cirtha* à *Carthage*, ce qui est exact pour *Announa*.

« Announa répond, disent quelques modernes, à *Castellum Fabatianum*. Cependant Announa offre encore les ruines d'une belle et importante cité, des portiques, des arcs de triomphe. C'était bien plus qu'un simple *castellum;* mais comme chaque ville avait le sien, le *castellum Fabatianum*, situé tout près de la route, servait à protéger *Tibilis* (Announa), qui est à quelque distance de la voie romaine.

« Je ne puis comprendre que le géographe Mannert et son annotateur aient confondu *Tibilis* avec la position moderne de *Khamise*, qui est éloignée de plus de quinze lieues d'*Aquæ Tibilitanæ*.

« *Tibilis* est cité par saint Augustin « *quùm Tibilim venisses.* » La notice épiscopale de Numidie signale un évêque, Simplicius Tibilitanus. Cette ville offrait donc une certaine importance, puisqu'elle possédait un évêque.

« De nombreuses ruines répandues sur le plateau d'Hammam-Meskoutin et dans les environs démontrent qu'à une époque éloignée les hommes y ont formé d'immenses établissements. Je n'hésite pas à croire qu'ils furent les thermes les plus vastes du monde. A la base du plateau, sur le bord du ravin, existent les ruines de deux forts d'une construction grossière, indiquant une époque de décadence, contemporains, sans doute, de l'enceinte actuelle de Ghelma. Les postes militaires sont extrêmement nombreux dans les environs.

« Le nombre des bassins que nous avons trouvé est vraiment prodigieux; je suis assurément bien loin de la vérité en disant que plus de quinze cents personnes pouvaient se baigner à la fois. Les Romains variaient à l'extrême la forme de leurs bassins; nous en avons restauré quatre pour les besoins de notre service; ils ont chacun une disposition particulière, ou plutôt, comme ils communiquaient entre eux, ils formaient un assez vaste système irrégulier et sans aucune symétrie. J'en ai fait déblayer un assez grand nombre qui étaient enfouis dans le sol, afin de déterminer leurs formes et leurs dimensions; il en est de carrés, de longs, de ronds, d'ovales, de formes indéterminées. Le plus grand que je connaisse n'a pas moins de cinquante-cinq mètres de longueur sur une largeur de huit à neuf mètres. Ces bassins étaient, en général, d'une construction fort solide; il n'y entrait point de pierres de taille, mais des moellons et des galets de grès réunis par une maçonnerie puissante. Tout le revêtement intérieur est formé d'un béton hydraulique d'une extrême dureté et d'une grande force de résistance. Beaucoup sont creusés dans l'épaisseur de la roche.

« On trouve encore çà et là des traces de constructions qui devaient servir d'étuves. La plus belle se trouve à la partie la plus déclive du plateau, à l'est des sources principales. C'est un ensemble de trois chambres voûtées, réunies par une entrée commune, et dans un bon état de conservation. Deux de ces chambres sont en voûte à plein cintre, mais celle du milieu offre une belle voûte à arête et ressemble parfaitement à la nef d'une chapelle, avec le réduit destiné à l'autel. Cette disposition m'avait fait soupçonner que ce pouvait être une ancienne église; en conséquence, j'avais entrepris des fouilles et le déblayage de toute la terre qui l'encombrait; mais, arrivés à la profondeur de quatre mètres à partir du sommet de la voûte, les ouvriers ont été surpris par l'eau chaude et n'ont pu continuer leurs travaux ; nous y avons trouvé des traces de ciment hydraulique; c'était donc une dépendance des thermes. Nous n'avons point trouvé d'inscriptions, sinon un fragment insignifiant; mais j'ai recueilli quelques médailles de Constantin, semblables à celles qu'on trouve à Hippone et à Ghelma.

« Vous savez déjà, monsieur, qu'immédiatement après leur sortie de la terre, les eaux d'Hammam-Meskoutin forment d'abondants dépôts calcaires qui se superposent et s'élèvent sous forme de cônes sur toute l'étendue de la base du plateau. Ces cônes offrent entre eux une grande variété de formes et de dimensions ; les plus élevés atteignent jusqu'à dix mètres de hauteur, et vingt mètres de circonférence mesurée à la base. Souvent plusieurs se confondent, de sorte qu'ils acquièrent une longueur qu'il est impossible de déterminer.

« Il est fort difficile de fixer le nombre exact des cônes, car ces dépôts arrivent, par une série décroissante de grandeur, à des dimensions telles, qu'ils cessent d'affecter une forme conique, et se confondent avec les inégalités du terrain, en se moulant sur lui ; cependant on peut admettre un nombre approximatif de cent. Ils n'observent entre eux aucune disposition symétrique ni de forme, ni de grandeur, ni de position, et offrent l'aspect de masses compactes, grises, ordinairement assez régulières, terminées au sommet par une ouverture en forme de coupe, ou véritable cratère.

« Quelques-uns de ces dépôts se sont répandus sur une longue surface, et imitent assez une muraille à laquelle le travail des hommes ne serait pas resté étranger.

« Quelques sources, qui jaillissent du sommet du ravin et se répandent sur son penchant, forment une magnifique cascade dont rien ne saurait exprimer l'effet et la splendeur. L'eau s'écoule en nappe d'une hauteur de cinquante mètres et couvre de ses dépôts une largeur de plus de cent mètres. Partout où la chute du liquide a éprouvé un obstacle, elle s'est creusé un bassin dont les eaux limpides, s'écoulant par débordement, viennent tomber dans de semblables bassins inférieurs jusqu'à ce que arrivées au bord du ruisseau, ces eaux réunissent leur masse et s'y précipitent ensemble avec un léger et agréable bruissement.

« Les teintes les plus variées animent cet admirable tableau ; il est peu de nuances que le pinceau de l'artiste ne trouve à retracer. La coloration propre au dépôt est blanche, mais elle est susceptible de varier à l'infini par la présence de nombreux fucus qui changent de teinte aux divers degrés de leur accroissement et de leur maturité, et par la dissolution continue des principes colorants des matières qui se trouvent en contact avec l'eau. Aussi rien n'est-il plus fugace que les diverses couleurs de cette cascade ; on est surpris de ne plus trouver aujourd'hui les teintes que l'on observait hier, et demain sans doute l'aspect ne sera plus le même qu'aujourd'hui.

« Tout corps solide déposé au contact de l'eau minérale d'Hammam-Meskoutin sert de noyau sur lequel vient se déposer le calcaire contenu dans ces eaux. Ces incrustations s'opèrent avec une rapidité remarquable ; j'ai vu des nids d'oiseaux, exposés sous le cours de la cascade, se revêtir, en moins de vingt-quatre heures, d'une couche blanche qui masquait entièrement leur propre texture. Toutefois, la rapidité même de ces dépôts rend difficile la conservation des formes des objets que l'on soumet à l'incrustation. Nous n'avons pu en obtenir encore d'aussi parfaites que celles de la fontaine Saint-Allyre à Clermont, ou que celles des eaux de Carlstad en Bohême ; mais je ne doute pas qu'on ne puisse y parvenir lorsqu'on aura bien étudié les lieux et les conditions les plus favorables à la formation de ces objets de curiosité.

« Il est impossible de fixer d'une manière précise le nombre des sources qui jaillissent sur le plateau d'Hammam-Meskoutin ; en effet, sur une foule de points, il suffit de creuser à la profondeur de quelques centimètres pour déterminer l'apparition d'une source nouvelle. Elles sont d'une prodigieuse abondance, car je suis certain qu'elles fournissent au moins cent mille litres d'eau par heure. Nous ne connaissons pas d'autres sources minérales qui approchent d'une pareille fécondité.

« La température des grandes sources s'élève invariablement à quatre-vingt-quinze degrés centigrades. Celle des sources de moindre importance varie entre quarante-six et quatre-vingt-dix degrés. D'après le voyageur Shaw, elle était, en 1702, à trois degrés près, celle de l'eau bouillante. Desfontaines la trouva à quatre-vingt-seize degrés trois dixièmes. Cette légère dissidence ne peut tenir qu'à l'imperfection des instruments dont se servaient ces illustres voyageurs.

« Ces eaux sont caractérisées surtout par la présence de chlorures, de sulfates et de carbonates ; les gaz qui s'en dégagent contiennent quelques parties d'acide sulfhydrique. Par leur composition, ces eaux prennent donc place à côté de celles de Balaruc, Plombières, Bagnères, etc.

« Je pense, monsieur, devoir borner là mes renseignements sur notre intéressante localité; ils suffiront sans doute pour rafraîchir tous vos souvenirs, et je craindrais, en insistant davantage, d'entrer dans des détails techniques qui seraient pour vous sans intérêt, et qu'un médecin seul peut aborder.

« Daignez agréer, monsieur, l'expression de mes sentiments respectueux.

« Eug. GRELLOIS,
» Médecin en chef de l'hôpital de Ghelma. »

A l'époque de notre passage à Ghelma, la colonne du général Randon parcourait le côté oriental de la province de Bône pour assurer le recouvrement des impôts. Des officiers de cette colonne eurent alors le bonheur de découvrir l'emplacement de Thagaste, la cité natale de saint Augustin, le siége épiscopal de son ami Alype. Ainsi que nous l'avons dit dans l'*Histoire de saint Augustin* [1], les ruines de Thagaste

[1] Introduction, t. I, page 18, voir la note.

aujourd'hui *Souk-Aras*, sont situées à quinze lieues de Ghelma, à vingt-cinq lieues sud-sud-est de Bône, M. Rose, capitaine des tirailleurs indigènes, chef du bureau arabe de Bône, trouva sur une pierre de taille, à Thagaste, une inscription latine en fort mauvais état qu'il voulut bien nous envoyer. Voici la manière la plus vraisemblable de restituer le sens de l'inscription de Thagaste; nous devons cette interprétation à la savante habileté de M. Miller, dont la place est marquée à l'Académie des inscriptions et belles-lettres.

Marcus Æmilius Thagasius (ou Thagasimus) domum æternam meam et Pollentiæ Victorinæ conjugis meæ carissimæ... feci, dedicavi...

« Moi, Marcus Emilius de Thagaste, j'ai fait, j'ai
« dédié ma maison éternelle et celle de Pollentiâ
« Victorine, mon épouse très-chère... »

La suite est beaucoup trop altérée pour qu'on puisse en tirer rien de probable.

Le nom de Thagasius, qui est un nom de famille, ne serait d'aucune preuve pour la question de l'emplacement de Thagaste, mais une autre inscription, découverte à Souk-Aras, a résolu la question ; elle était gravée sur le piédestal d'une statue élevée à un chevalier romain par les décurions de Thagaste (*Ordo splendissimus Thagastensium.*)

XVI

DE MJEZ-AMMAR A ANNOUNA — D'ANNOUNA A CONSTANTINE

L'armée française à Mjez-Amar en 1836 et en 1837. — Les petites rivières qui forment la Seybouse. — Announa, l'ancienne Tibilis. — Restes d'une église à Announa. — Physionomie du plateau d'Announa — Les deux routes de Constantine. — Peinture du pays. — Nuit passée à Laria, au milieu d'une tribu. — Les chiens des Bédouins. — Les approches de Constantine. — Arrivée à Constantine.

Je ne pouvais pas quitter Mjez-Ammar sans donner un souvenir au passage de l'armée française en 1836 et en 1837. A la première expédition de Constantine, les Français, venant de Ghelma, s'arrêtèrent à peine quelques heures à Mjez-Ammar : ce fut dans la journée du 16 novembre. A la seconde expédition, Mjez-Ammar devint un camp formidable et le point de départ des opérations. Le 20 septembre 1837, Ahmed, à la tête de dix mille Arabes, tomba sur notre camp; ces charmantes collines de Mjez-Ammar virent toute l'horreur d'un combat meurtrier; Ahmed fut battu, mais bien des Français payèrent de leur vie cette première victoire. Le souvenir des braves qui ont eu là leur sépulture attristait pour moi le paysage de Mjez-Amar.

En sortant de Mjez-Ammar nous passâmes d'abord à gué l'Oued-bou-Hamden, que les narrateurs des deux expéditions de Constantine ont appelé à tort la Seybouse, c'est un peu plus loin que la Seybouse, le Rubricatus des anciens, se forme de deux petites rivières dont l'une vient du côté de l'est et se nomme *Oued-Scherf*, et l'autre vient de l'ouest et prend sa source dans le Gebel de Bar; celle-ci se nomme d'abord *Oued-Zenati*, et puis Oued-bou-Hamden. C'est l'Oued-bou-Hamden qu'on passe à gué au sortir de Mjez-Amar. De grosses pierres, roulées par la rivière lorsque les orages de l'hiver la changent en un torrent, encombrent le gué. De plus, la rive droite est singulièrement escarpée. Le gué fut donc difficile à franchir à l'époque de la première expédition; le désencombrement du passage et l'établissement de rampes sur les bords occupèrent pendant toute une nuit les troupes du génie.

L'Oued-bou-Hamden semble marquer la limite des terres fécondes du cercle de Ghelma du côté occidental. A mesure que nous marchions, la végétation s'affaiblissait, les arbres devenaient plus rares. Nous arrivâmes en deux heures au plateau élevé d'*Announa* par des collines dépouillées, des terrains fangeux, des sentiers à peine praticables. Announa est un nom de femme ; c'est la désignation arabe de l'emplacement de l'ancienne Tibilis. Il est plus d'une fois question de Tibilis dans l'histoire de l'Église d'Afrique ; nous connaissons le nom de deux de ses évêques, dont l'un fut donatiste et l'autre catholique : celui-ci souffrit l'exil sous Huneric. Ces deux évêques de Tibilis s'appelaient Simplicius. La ville se trouvait sur la route de Cirtha ou Constantine à Carthage. Parmi les ruines de Tibilis, nous avons remarqué deux arcs de triomphe, d'une élévation ordinaire mais d'un beau caractère. J'avoue pourtant que j'ai été plus ému en présence des restes d'une église, dont une croix en bas-relief décore la porte d'entrée. Cette église, qui n'était pas vaste si on en juge par la façade encore debout, occupait un point élevé de la ville. C'était le premier monument chrétien de la vieille Afrique que j'eusse reconnu avec certitude, et j'ai salué avec respect ces vénérables débris. Sans doute que saint Augustin, souvent en course dans ce pays pour des intérêts religieux, fît entendre la divine parole sous les voûtes maintenant écroulées ; il entrait par la porte qui est encore là ; il inclinait son front devant cette croix qui a vu passer au moins quinze siècles ! Nous avons rencontré deux belles corniches mêlées à des débris dans l'intérieur de l'église, et, à quelques pas de la porte, le tronc d'une statue de femme. Le grandes herbes cachaient à moitié çà et là des tronçons de colonnes et des inscriptions tumulaires. Le sommet septentrional du plateau d'Announa garde quesques vestiges du *castellum ;* sur un autre point s'élève un débris solitaire, quelque chose comme un pan de mur. En avançant vers le côté oriental du plateau, l'œil plonge au loin sur de vastes groupes de collines. Pendant que nous parcourions ce sol jonché de débris et qu'il serait si intéressant de fouiller, des vautours planaient sur nos têtes. Ils représentaient bien le génie de la destruction, sur cette terre où le long empire de la barbarie a tout dévasté.

Nous nous étions détournés du chemin de Constantine pour nous rendre aux ruines d'Announa. Nous allâmes reprendre le chemin en coupant court à travers des coteaux couverts de chardons, de champs de blés ou de tentes de Bédouins. De ce côté, la ville représentée par les ruines d'Announa était la dernière cité romaine, aux limites du désert montagneux qui s'étend jusqu'à l'ancienne Cirtha. Deux routes pour aller à Constantine : l'une passe par Sidi-Tamtam plus au midi, vers la rive gauche de la Seybouse et par le col de Raz-el-Akba; l'autre plus courte, est la route arabe qui consiste en un sentier. C'est la route arabe que nous avons suivie. L'armée française, aux deux expéditions de Constantine, suivit la route de Sidi-Tamtam. Le corps expéditionnaire qui marchait sous les ordres du maréchal Clausel souffrit des maux inouïs entre le Raz-el-Akba et Constantine; un ennemi qu'on ne s'attendait pas de rencontrer en Afrique, le froid, fit périr beaucoup de nos soldats. Les Français trouvèrent à trois lieues de Constantine les restes d'un monument romain de construction bizarre que les Arabes désignent sous le nom de *Summah*.

Notre marche depuis Announa nous faisait reconnaître de temps en temps des vestiges de forts romains. C'est avec de petits forts habilement jetés dans des positions heureuses que les anciens maîtres de l'Afrique s'assuraient la domination. Les hautes régions que nous traversions n'offraient ni bois ni blé, pas la moindre trace de culture. Dans la saison où nous étions alors, une herbe verdoyante couvrait le sol, et les troupeaux de plusieurs tribus y trouvaient leur nourriture ; mais, passé les mois du printemps, toute verdure disparaît ; il ne reste qu'un sol nu, aride, brûlé. Nous étions partis à cinq heures du matin de Mjez-Ammar : à onze heures nous nous reposions au fond d'un vallon, près d'un ruisseau bordé de lauriers-roses. Ce lieu s'appelle *Sabil-Ibrahim*. Ces lauriers-roses et ce courant d'eau vive enchantent les yeux et sont une bénédiction dans des solitudes où la vie n'apparaît plus. A onze heures et demie, nous remontions à cheval et nous cheminions de montagne en montagne ; parfois nous apercevions un arbre solitaire sur un sommet ; cet arbre devenait un spectacle, une sorte d'événement au milieu de ce désert immobile. Je me rappelle un petit enfant arabe qui, assis à quelques pas du chemin, enveloppé dans un lambeau d'étoffe grise, nous regardait passer, sans qu'un pli de son front, un mouvement de sa bouche ou de ses yeux révélât un sentiment ou une pensée : son visage avait la froide inanimation d'une pierre ; et cependant, telle est la grandeur de l'homme, que cet enfant semblait comme le roi de ces montagnes inhabitées. Deux fois, nous avons rencontré des Arabes qu'il n'était pas difficile de reconnaître pour des maraudeurs ; mais, grâce à nos armes et à notre escorte, ils passaient leur chemin et ne levaient pas même la tête.

Le pays montagneux que nous franchissions est inculte et dépouillé, mais n'a rien d'affreux ; il ne présente point ces déchirements profonds, ces mouvements abrupts, ces masses de rochers, ces abîmes qui forment les belles horreurs ; c'est une nature triste, mais non pas horrible. Mieux vaudrait cependant, pour la curiosité de l'homme, le spectacle des vastes bouleversements du globe qu'un pays sans arbres, sans culture et sans habitants, dont la monotonie est de temps en temps coupée de tentes noires, et au milieu duquel on se trouve comme jeté sans espoir au bout du monde. Le blé pourrait y croître partout. Je crois qu'aux plus beaux jours de la domination romaine ces régions produisaient des grains, et que, la moisson faite, elles étaient ce qu'elles sont aujourd'hui ; il n'y avait là ni cité, ni ville, ni grand établissement, ni bois, ni grande culture ; il y avait du blé et, sur d'autres points, des pâturages comme de nos jours, pâturages qui nourrissent les bœufs, les moutons et les chèvres des Bédouins.

A quatre heures du soir, nous nous arrêtions dans un lieu appelé *Laria,* où était campée une petite tribu. Nous devions y passer la nuit. Ce lieu est découvert ; les Bédouins aiment à voir venir de loin, pour éviter les surprises. Au bruit de nos chevaux, tous les chiens de la tribu s'étaient réunis ; ils nous accueillaient par des aboiements furieux. Ces gardiens de tentes arabes s'acquittent de leur devoir avec un zèle effrayant. Ces chiens blancs, au regard féroce, au museau pointu, aux oreilles droites, au corps allongé, vous dévoreraient si un Arabe ne les écartait pas. Ils accompagnent leurs maîtres à la guerre, et, la nuit, tiennent lieu de sentinelle, même en face de l'ennemi. L'Arabe s'endort et se fie à ses chiens pour l'avertir d'une agression soudaine. Je n'ai jamais vu un Bédouin caresser son chien ni même lui adresser une douce parole; il lui donne tout juste assez de nourriture pour qu'il ne meure pas de faim. Aussi la physionomie des chiens chez les Arabes est à la fois celle des bêtes sauvages et des bêtes affamées.

D'atroces douleurs souffertes toute la journée et durant un trajet de vingt lieues à cheval m'avaient accablé. Je me couchai sous la tente du cheik de Laria; j'étais encore à jeun; une tasse de lait chaud sucré me fit du bien, et je passai ainsi une nuit, dormant quelque peu, malgré les sauvages concerts des chiens et des moutons, des vaches et des bœufs. Nos compagnons purent faire presque un festin sous cette tente hospitalière; on leur apporta en grande abondance du lait, des œufs et des poulets. Notre hôte voulait tuer un mouton; nous nous opposâmes à tant de magnificence. La petite tribu de Laria était amie du cheik Moustapha de Mjez-Ammar; aussi nulle attention bienveillante ne nous manqua.

Le lendemain 11 mai, à cinq heures du matin, nos montures étaient sellées; je souffrais encore, mais à peine huit ou dix lieues nous séparaient de Constantine : il fallait arriver. Nous voilà remontés à cheval. La nature se montrait toujours la même; les escarpements du sentier que nous suivions mettaient souvent à l'épreuve l'adresse patiente de nos chameaux et de nos mulets. Des mares produites par les pluies s'offraient à nous. La rencontre de quelques Arabes conduisant des bœufs au marché de Constantine nous annonçait les approches de la cité. A notre gauche, au loin, se détachait une montagne surmontée d'une double ligne de rochers et qui figurait comme un pont superbe jeté à l'horizon. A chaque sommet qui se présentait devant moi je croyais que j'allais découvrir Constantine. Elle se voit de loin quand on arrive par le chemin de Sidi-Tamtam; mais quand on prend la route arabe, la route que nous avons suivie, on ne voit Constantine que du haut du plateau de Mansourah ou de la Victoire : alors l'antique capitale de la Numidie s'étend à vos pieds avec la forme d'un bernous déployé, comme disent les Arabes. L'aspect de Constantine, du haut de Mansourah, m'a très vivement frappé; l'Europe et l'Orient ne m'avaient rien offert de pareil. Cette cité, assise sur des rocs, aux bords des abîmes, vous apparaît comme je ne sais quel mystérieux et formidable gardien du Désert. Nous arrivâmes par el Kantara, et nos regards surpris mesurèrent, en passant, les effrayantes profondeurs des précipices au fond desquels coule le Rummel. Du Kantara, une magnifique échappée de vue sur le couchant se découvre entre les deux montagnes.

XVII

CONSTANTINE

Les collines de Coudiat-Aty. — La mort du général Damrémont. — L'assaut de Constantine et les dernières scènes de la conquête de cette place. — Beau trépas du colonel Combes. — Fin misérable d'une partie de la population de Constantine. — La Kasbah. — La fontaine des Tortues. — Le château du Géant. — Constantine il y a cent ans. — Le palais d'Ahmed-Bey. — Caractère et population de Constantine. — Destinée de Constantine. — L'inscription chrétienne du Rummel. — Martyrs et évêques de Constantine. — Fertilité du pays de Constantine.

En arrivant à Constantine je me suis mis au lit. Une religieuse que m'avait envoyée M. l'abbé Suchet me donna des soins avec un empressement doux et touchant. Le lendemain j'étais sur pied de bonne heure ; je ne souffrais plus, et je brûlais d'impatience de voir cette brèche à jamais célèbre par où nos colonnes d'assaut, le 13 octobre 1837, pénétrèrent dans la ville après des péripéties si dramatiques et de si prodigieux efforts.

Je voulus visiter d'abord les collines de Coudiat-Aty du haut desquelles le tonnerre de nos batteries avait éteint les feux de la place et ouvert la brèche. Avec quelle respectueuse émotion on s'arrête à l'endroit où, la veille de la prise de Constantine, un boulet vint frapper le général Damrémont dans la poitrine et lui donner la mort au moment où tout lui promettait un prochain triomphe ! Il a fini comme Turenne et a bien conquis sa funèbre place sous les voûtes du même monument. Le lieu du trépas du brave général en chef est marqué par une pyramide ; deux inscriptions, l'une française, l'autre arabe, racontent sa gloire ; la première est gravée sur le côté nord de la pyramide, c'est le côté qui fait face à la France ; la seconde est gravée sur le côté méridional. En allant de Coudiat-Aty à la porte de la Brèche, on passe auprès d'un minaret blanc changé en monument en l'honneur *des braves morts en 1836 et 1837 devant Constantine*. Il se tient là un marché arabe, et j'y ai vu arriver en grande quantité les dattes du Désert. La porte de la Brèche qu'on appelle aussi la porte Vallée, du nom du général vainqueur de Constantine, s'appelait, avant notre conquête, *Bab-el-Djedid*. La ville a deux autres portes sur le même côté, au sud-ouest : *Bab-el-Oued* et *El-Ghabia*. Celle-ci donne sur le Rummel. Nous avons déjà nommé la porte d'*El-Kantara*, la seule à l'est de la cité.

L'assaut de Constantine, tel que l'avaient rapporté les documents officiels, me fit, il y a neuf ans, une vive impression. Le souvenir de cette journée du 13 octobre 1837 s'est offert à moi avec de plus saisissantes images et un plus profond intérêt lorsque j'ai vu de mes yeux la muraille de la brèche, touché de mes mains les pierres, et parcouru tout ce point qui fut le théâtre de tant d'exploits mêlés à d'inexprimables douleurs. Les scènes héroïques recommençaient devant moi. Au signal donné par le duc de Nemours commandant du siége, le colonel de la Moricière et ses zouaves, suivis d'officiers du génie et de leurs sapeurs, gagnaient la brèche au pas de course et l'escaladaient en un moment, malgré la roideur de la pente, les éboulements, les décombres et les coups de fusil. Le drapeau de la France, porté par le capitaine Gardaren, flottait bientôt sur la crête de la brèche. Les Turcs et les Kabyles chargés de la défense de la ville lançaient une continuelle pluie de balles sur les assaillants. Un massif de maçonnerie antique qui est encore là, servait de temps en temps d'abri aux colonnes d'attaque.

On avait cru que la brèche, une fois escaladée, des voies s'ouvriraient pour conduire nos soldats dans Constantine. D'inextricables difficultés allaient se présenter. Les braves montés à la brèche marchent en avant et ne découvrent que des passages sans issues, des enfoncements qui n'aboutissent à rien, un amas de constructions incompréhensibles, je ne sais quel chaos de pierres où le courage lutte avec l'inconnu : et pourtant les balles de l'ennemi savent s'y frayer un chemin, et nos soldats reçoivent des coups qu'ils ne peuvent rendre! Les zouaves cherchent à se mesurer avec des hommes, ils cherchent les périls et ne trouvent qu'une sorte d'emprisonnement qui les désespère! Enfin se montre une des batteries non casematées; les zouaves, d'après l'ordre de leur capitaine Sanzai, s'élancent à la baïonnette sur l'ennemi qui fait presque à bout portant une charge terrible. Les défenseurs de la batterie se font tous tuer sur leurs pièces. Le colonel de la Moricière redouble d'efforts pour s'ouvrir une voie; il est remplacé sur la toiture d'une maison par le capitaine Sanzai qui reçoit une blessure mortelle. Le capitaine du génie Leblanc, le capitaine Desmoyen, sont mor-

A. 14

tellement frappés. Beaucoup d'hommes sont blessés ou ensevelis sous une face de mur qui s'écroule; le chef de bataillon Serigny expire dans des décombres, implorant des secours que nul ne peut lui donner. Mais quelque chose de plus affreux attendait nos braves. Les explosions successives de magasins à poudre, l'explosion des sacs de poudre que portaient sur leur dos plusieurs soldats du génie, remplissent ces lieux de scènes infernales. Un véritable abîme s'était formé, et des flammes enveloppaient nos soldats. Plus d'air à respirer, pas d'espace pour chercher la vie, nul moyen d'échapper au feu; le feu brûle les vêtements et les chairs de ces malheureux; ils veulent avec leurs mains se débarrasser des flammes, et leurs mains sont brûlées; les flammes entrent dans leurs yeux, dans leurs narines, dans leur bouche; les flammes les suivent partout, les rongent, les dévorent: quelles angoisses! quel tableau! Le colonel de la Moricière, blessé par l'explosion et n'y voyant plus clair, cède le commandement au colonel Combes: celui-ci arrive avec les compagnies du 47e et de la légion étrangère. Qui dira les merveilles de bravoure accomplies par cette seconde colonne d'assaut? qui dira la gloire du colonel Combes, atteint mortellement de deux balles, ne se retirant qu'après s'être assuré du succès complet du mouvement qu'il avait ordonné, quittant lentement le champ de bataille, regagnant seul la batterie de brèche pour rendre compte au général en chef de l'état des choses, étonnant ceux qui l'écoutent par le calme de sa parole, et mourant ensuite avec une tranquille grandeur, digne des plus beaux trépas de l'histoire? La fin du colonel Combes est un magnifique souvenir de l'assaut de Constantine.

La disparition du colonel Combes et du colonel de la Moricière laissait l'attaque sans unité, mais les zouaves continuaieut leurs prodiges. Le général Rulhières avait reçu l'ordre de prendre le commandement des troupes qui étaient dans la ville ; un More, chargé d'un écrit portant soumission du pouvoir municipal de Constantine, se présente au général en chef qui accepte la soumission et ordonne la cessation des hostilités et la prise de possession de Constantine.

Ainsi tomba en notre pouvoir Constantine que les Turcs et les Kabyles défendirent vaillamment. La brèche, aujourd'hui réparée et déblayée, offrait alors un effroyable spectacle : c'était comme un chaos de débris humains, sanglants, défigurés ou calcinés ; c'étaient des agonies de Français et d'Arabes épars à travers les décombres. On prit les blessés partout où on put en rencontrer, et les soins ne leur manquèrent pas.

Je me fis conduire à la Kasbah afin de suivre sur les lieux les derniers souvenirs de notre conquête de Constantine. La Kasbah, située au nord de la ville, sur la partie la plus haute, était comme la citadelle. Lorsque le général Rulhières monta vers ce poste pour l'occuper, il en trouva l'enceinte déserte ; on aperçut seulement quelques Kabyles et quelques Turcs qui s'avançaient derrière la Kasbah, le long des ravins à pic de la montagne ; avant de disparaître dans les profondeurs des précipices, ces derniers défenseurs de Constantine se retournaient encore une fois vers les Français et déchargeaient contre eux leurs fusils : inutiles et suprêmes efforts de l'intrépidité vaincue par la discipline et le génie de la guerre !

En me plaçant aux bords de ces ravins pleins de terreur, j'arrêtais les yeux sur les pentes à pic par où des milliers d'hommes, de femmes et d'enfants, plus confiants dans les abîmes que dans la pitié des Français vainqueurs, cherchèrent à se sauver ; leurs moyens de salut étaient des cordes attachées aux pitons supérieurs des rochers : ces cordes se rompirent. Ce fut alors qu'on vit des masses humaines rouler le long de cet immense mur de rochers, et qu'on vit se former comme une grande et épouvantable cascade de cadavres. Quand les Français arrtvèrent à la Kasbah, cette effroyable chute d'une population à des profondeurs mortelles avait eu déjà lieu ; ils n'aperçurent que de vastes et d'informes monceaux gisant au pied de la montagne.

En 1844, il restait à peine quelques vestiges de la Kasbah de Constantine. Tout ce sommet de la ville était couvert de décombres et de travailleurs. Les citernes qu'on m'a montrées sont les plus beaux restes de la puissance romaine à Cirtha. L'abbé Laserre, curé de Constantine, mon guide à la Kasbah, me faisait remarquer les traces d'une ancienne église bâtie par Constantin qui donna son nom à la cité dont il fut le restaurateur. Au point le plus haut de l'emplacement de la Kasbah, nous avons construit un hôpital qui peut renfermer douze cents malades ; je l'ai visité ; les malades s'y trouvaient en petit nombre. L'abbé Laserre leur adressait à tous des mots affectueux et consolateurs. A côté de l'hôpital est le dépôt d'artillerie. Tout autour, les rochers de l'abîme sont marqués de dramatiques souvenirs. Depuis plus d'un siècle, l'autorité musulmane de Constantine avait coutume de précipiter de ces hauteurs les femmes coupables; les femmes d'Ahmed-Bey n'échappaient point à cette effroyable loi; cette place était la roche tarpéienne de l'adultère. Un jour, dit-on, une des pauvres créatures lancées dans les profondeurs de l'abîme fut soutenue par le vent dans l'espace, et ses vêtements déployés lui servirent d'aile comme la voile à une nacelle: elle descendit ainsi tout doucement au fond du précipice sans le moindre mal. On ajoute que cette merveille ne toucha point Ahmed-Bey; pour être plus sûr de son fait, il ordonna que l'on coupât le cou à la jeune femme.

Le capitaine du dépôt d'artillerie s'était fait près de là, au bord de l'abîme, un petit jardin fermé d'un parapet: ce pont formait comme un balcon d'où l'œil plongeait avec effroi dans une profondeur de plus de huit cents pieds. De là, on aperçoit la cascade qui apparaît comme une urne laissant épancher son eau, et n'en a pas moins une hauteur de plus de cent pieds.

Un peu plus loin que la cascade du Rummel, il y avait, au temps du voyageur Shaw[1], une belle fontaine d'eau claire remplie de tortues. Elles donnaient lieu à bien des fables. Au temps de Léon l'Africain, les femmes de Constantine prenaient ces tortues pour des démons. Elles attribuaient à leur maligne influence la fièvre et les diverses maladies qui pou-

---

[1] Shaw quitta l'Afrique en 1732.

vaient les atteindre. Pour conjurer cette influence, les femmes avaient coutume de tuer de belles poules blanches qu'elles mettaient avec leurs plumes dans un pot de terre entouré de petits cierges: elles allaient porter leur offrande aux mauvais génies de la fontaine, « là où s'acheminent occultement, dit Léon
« l'Africain, quelques bons compagnons suivant à la
« dérobée ces simples matrones, qui n'ont pas plutôt
« tourné le pied qu'ils saisissent le pot et les poulail-
« les, lesquelles mettent bouillir et en font une
« bonne gorge chaude. »

Au seizième siècle s'élevait, en dehors de Constantine, du côté du levant, tout près de la fontaine qui coule encore, un monument orné de statues et de figures humaines; le peuple s'était imaginé que cet édifice était une ancienne école et que ces figures représentaient des maîtres et des écoliers changés en pierre, en punition d'abominables crimes [1]. Léon l'Africain avait vu aux bords du Rummel, qu'il appelle *Sufegmare*, « des degrés taillés et martelés à
« force de ferrements; et joignant iceux une petite
« loge faite à voûte et cavée en la manière de ces
« marches, de sorte que les colonnes, bases, chapi-
« teaux, le plan, le niveau, le pavé, le couvent et le
« logement sont tous d'une pièce, et en ce lieu les
« femmes de la cité descendent pour laver la buée. »
Cette espèce de lavoir existe encore.

Dans la peinture de Constantine que nous avons tracée au chapitre XII du deuxième volume de notre *Histoire de saint Augustin*, nous avons décrit les abî-

---

[1] Léon l'Africain.

mes du Rummel avec toutes leurs horreurs magnifiques, et le Kantara ou pont à deux étages fort digne de curiosité. Un auteur arabe, Ibn-Sayd, cité par Aboulféda[1], compare l'eau du Rummel roulant au fond du ravin de Constantine à la queue des comètes. Shaw parle des restes d'un arc de triomphe au sud-ouest du pont ; ces restes que je n'ai pas vus s'appelaient *cassir goulah* (le château du géant). « La sottise « du populaire, qui est sans jugement, » dit le géographe que nous avons cité, « le fait estimer un pa- « lais, auquel souloyent conserver les malins esprits. » On y retrouvait trois arches, dont l'une, celle du milieu, était spacieuse. Des fleurs et des faisceaux d'armes ornaient les bordures et les frises. Le passage suivant de Shaw nous indiquera ce qu'était Constantine il y a cent ans :

« La langue de terre au sud-ouest, près de laquelle « se trouve la principale porte de la ville, a environ

---

[1] Aboulféda, place Constantine, dans le Magreb-Alaussath ou l'Afrique du milieu. Il divise l'Afrique en trois parts : la partie occidentale, qu'il appelle le Magreb-Alacsa ou le Magreb le plus reculé ; le Magreb-Alaussath ou le Magreb du milieu, enfin la partie orientale qu'Aboulféda appelle Afrycya. M. Reinaud a bien voulu nous communiquer les bonnes feuilles d'une introduction de la géographie d'Aboulféda, qu'il va bientôt publier ; c'est un important monument qu'il élève à la science. Cet orientaliste si savant, si consciencieux, si exact, continue parmi nous l'illustre Sylvestre de Sacy. Le public instruit connaît sa *Description des monuments arabes, persans et turcs* du cabinet de M. le duc de Blacas, son livre sur les *Invasions des Sarrasins*, ses *Fragments arabes et persans relatifs à l'Inde*, et enfin sa traduction des *Voyages faits par les Arabes et les Persans dans l'Inde et en Chine*. Il nous est doux de donner ici un témoignage de profonde estime à l'homme dont les premiers travaux se rattachent au souvenir du grand historien des croisades, cet ami de notre jeunesse toujours vivant dans notre cœur.

« cinquante toises de large, et est entièrement cou-
« verte de débris renversés, de citernes et autres
« ruines, qui se prolongent jusqu'à la rivière, et s'é-
« tendent ensuite parallèlement à la vallée. Telle
« était la position et l'étendue de Cirtha. Constantine
« n'est pas, à beaucoup près, aussi grande, et n'oc-
« cupe que l'espèce de promontoire dont il a été
« question.

« Outre une multitude de ruines en tout genre ré-
« pandues sur cet emplacement, il existe, au milieu
« de son enceinte, une réunion de citernes, destinées
« probablement jadis à recevoir l'eau du Physgiah,
« qui y parvenait par un aqueduc. Il y a environ
« vingt de ces citernes, qui occupent un espace de
« vingt-cinq toises carrées. L'aqueduc est plus en-
« dommagé que les citernes ; mais ce qui en reste
« prouve le génie des Cirthésiens, qui ne craignirent
« point d'entreprendre un ouvrage d'une aussi pro-
« digieuse dimension.

« Au bord du précipice situé au nord sont les dé-
« bris d'un grand et bel édifice. On y voit quatre
« piédestaux, chacun de sept pieds de diamètre, qui
« paraissent avoir appartenu à un portique. Ils sont
« d'une pierre noire, peu inférieure au marbre, et
« qui paraît avoir été tirée des rochers sur lesquels
« la ville s'élève.

« Les piliers formant les côtés de la principale
« porte de la ville, qui sont d'une belle pierre rou-
« geâtre, comparable au marbre, sont artistement
« sculptés. On voit, incrusté dans un mur du voisi-
« nage, un autel en beau marbre blanc, et en saillie
« un vase bien conservé. La porte du côté du sud-est

« est du même style d'architecture que la porte prin-
« cipale, quoique plus petite ; elle s'ouvre du côté
« du pont, qui traversait la vallée dans cet endroit.

« Ce pont était un chef-d'œuvre dans son genre.
« La galerie et les colonnes des arches étaient ornées
« de corniches, de festons, de têtes de bœuf, et de
« guirlandes. L'entre-deux de chaque arche est sur-
« monté de caducées et autres figures. Entre les deux
« principales arches, on voit, sculptée en relief et
« très-bien exécutée, une femme marchant entre
« deux éléphants, et dont la tête est surmontée d'une
« grande coquille, en forme de dais. Les éléphants
« ont la tête placée l'un vis-à-vis de l'autre, et leurs
« trompes croisées ; la femme, qui est coiffée en che-
« veux, a pour vêtement une espèce de chemise,
« qu'elle relève de la main droite, en regardant la
« ville d'un air moqueur. Si ce morceau de sculp-
« ture s'était trouvé partout ailleurs, j'aurais pu croire
« qu'il servait d'ornement à quelque fontaine, parce
« qu'il est assez connu que les anciens y représen-
« taient quelquefois des sujets comiques ou badins. »

Ces ornements romains ont disparu du pont de Constantine ; le deuxième étage du Kantara est moderne.

Dans l'*Histoire de saint Augustin*, j'ai dit que l'antique ville de Cirtha n'était pas plus grande que la ville actuelle. Les débris considérables que Shaw avait vus hors de Constantine au sud-ouest ne me permettent pas de garder cette opinion. Il faut croire que de ce côté Cirtha s'étendait beaucoup plus que Constantine. L'enceinte actuelle de la ville doit dater de son rétablissement par Constantin.

Il y a dans la description de Shaw un point que je

ne comprends pas. « La plus grande partie de la ville, dit ce voyageur, était bâtie sur une espèce de promontoire qui, avançant beaucoup dans la mer, formait comme une presqu'île inaccessible de tous côtés, excepté au sud-ouest. » Ces lignes, qui nous montrent Constantine bâtie sur un promontoire s'avançant dans la mer, renferment une inexplicable erreur. Shaw ne pouvait pas ignorer qu'une distance d'une vingtaine de lieues sépare Constantine du plus prochain rivage de la mer.

Le palais d'Ahmed-Bey, voisin de la porte de la Brèche, est un palais à la façon orientale, construit avec des colonnes et des sculptures enlevées aux plus riches maisons de Constantine. Les murs intérieurs sont revêtus de faïence ou couverts de peintures grossières, représentant Stamboul, Alexandrie, Alger, les principaux monuments de l'Orient, des navires fendant les flots, mais sans la représentation de l'homme. Des parterres en diverses cours égayent cette demeure. Ce palais est tout un petit monde irrégulièrement ordonné. Avant qu'on l'eût dépouillé de ses beaux tapis, de ses riches portières, des brillants détails de son ameublement princier, il pouvait sans trop d'efforts d'imagination réaliser les fantastiques souvenirs des *Mille et une Nuits*. Les appartements des femmes d'Ahmed ressemblent assez à des chambres de pensionnaires. La salle où les femmes dansaient devant leur maître n'a gardé aucun ornement. La tristesse des contrastes ne manque point ici. Où est l'homme en présence de qui folâtraient de jeunes filles pour charmer ses loisirs ? Il est errant je ne sais où, courant après une puissance perdue qu'il ne retrouvera jamais ! Où sont les femmes qui formaient des pas suaves ou joyeux au bruit de la mandoline ? Quelques-unes ont trouvé l'exil, la misère ou la mort ; l'une d'elles, Aischa, s'est faite chrétienne et a choisi la meilleure part.

Le palais d'Ahmed-Bey est à la fois comme la maison de plaisance et l'hôtel de ville de Constantine ; c'est une sorte de petite Capoue qui attache nos officiers à la cité du Désert.

Constantine, ou *Cossentina* comme l'appellent les Arabes, bâtie en tuiles crues et en pisé, ville sans gaieté, sans animation, sans bruit, environnée d'abîmes et de solitudes, ne ressemble à aucune autre ville de la terre. Elle rappellerait Jérusalem par ses muettes tristesses si quelque chose était comparable aux tristesses sublimes de la vallée de Josaphat, de la grotte de Jérémie, du Calvaire et du divin Tombeau. Une silencieuse gravité règne partout dans les tortueuses rues de Constantine. A voir le sérieux visage des habitants, Kabyles, Mores et Juifs, on dirait des hommes constamment occupés à méditer *les années éternelles*. Notre langue, les vêtements européens, les uniformes de nos officiers et de nos soldats, sont les seules variétés de ces aspects immobiles. La rue des Juifs, avec ses voûtes et ses arcades de vignes et de pampres, entremêle d'images riantes et de caprices gracieux la gravité accoutumée.

Avant notre occupation, on portait à quarante mille le nombre des habitants de Constantine ; je ne pense pas que le chiffre de la population actuelle, y compris les Européens, s'élève au delà de trente mille. L'activité des indigènes se partage entre les métiers et la culture des terres. Les rochers et le désert sont aux portes de Constantine, [mais pour peu qu'on avance dans l'intérieur, on y trouve un sol fécond.

Le célèbre géographe arabe du seizième siècle nous montre Constantine comme « fort abondante, civile,
« et embellie de plaisantes maisons et somptueux édi-
« fices, comme est le temple majeur, deux colléges,
« et trois ou quatre monastères avec plusieurs places
« belles et bien ordonnées, séparant les arcs qui sont
« disposés chacun en son ordre. Les hommes, ajoute
« Léon, sont vaillants et adonnés aux armes, même-
« ment les artisans. Davantage le nombre des mar-
« chands qui tiennent les draps de laine du pays, est
« grand, et de ceux aussi qui font transporter les toi-
« les, huiles et soies en Numidie, toutes lesquelles
« choses ils troquent contre esclaves et dattes. Il n'y
« a pas en Barbarie un plus grand marché de dattes.
« C'étoit jadis la coutume des roys de Tunis de bail-
« ler cette cité à leur premier né. »

Grâce à sa forte position et au génie industrieux des habitants, Constantine a peu connu les mauvais jours. La conquête de Jugurtha et surtout la guerre de Maxence contre le paysan de Pannonie qui s'était fait proclamer empereur, furent les seules calamités de son histoire. On sait qu'elle tint bon contre les Vandales et qu'elle devint musulmane sans passer par les ruines. Au douzième siècle, le temps de la grande lutte entre l'Évangile et le Coran, Constantine avait une opulente activité. Edrisi, qui vivait alors, parle de cette ville comme étant peuplée et commerçante, et parle aussi de l'association des habitants pour la culture des terres et la conservation des récoltes. Ils parvenaient, d'après l'auteur arabe, à conserver le blé dans les souterrains durant un siècle ; je ne sais s'il n'y a pas là quelque exagération. En tout cas le blé ne reste pas cent ans dans les silos des Arabes de notre temps. Constantine n'a plus les monuments magnifiques mentionnés par Strabon, mais elle a des monuments vivants devant lesquels le voyageur s'arrête : ce sont les Kabyles et les Juifs. Depuis plus de trois mille ans que cette ville existe, elle ne cessa jamais sans doute d'être principalement habitée par les Kabyles, la plus ancienne race historique des pays africains ; or les Kabyles se sont toujours montrés artisans ingénieux, agriculteurs habiles, en même temps que guerriers intrépides, et c'est à la constante influence de leur génie que j'attribuerais la longue prospérité de Constantine. Les Juifs sont à Constantine comme dans tous les autres pays de la terre : âpres au gain, spéculateurs sans repos. Ce qui m'a le plus frappé chez les Juifs des bords du Rummel, c'est la beauté des formes. Les femmes surtout m'ont paru réaliser l'idéal harmonieux de ces lignes qu'on prête aux plus célèbres figures bibliques. Je les ai vues par groupes un jour de fête, soit à leurs portes, soit dans le voisinage du Kantara, et l'élégante richesse de leurs costumes ajoutait à leur beauté.

Dans cette ville de Constantine qui pendant si longtemps n'a vécu qu'avec elle-même et avec les tribus du désert, la langue arabe est plus pure qu'en aucune autre cité de l'Algérie. Le mélange avec les races franques a gâté la langue de Mahomet et d'Antar parmi les populations des villes africaines, mais le Désert l'a gardée dans sa pureté.

A.

Constantine a plusieurs mosquées dont les dômes ou les minarets rompent la sombre uniformité de l'aspect de la ville. J'ai entendu la messe dans une mosquée convertie en église, et j'ai prié pour que l'antique cité des Phéniciens, des rois Numides, des Romains, des Arabes et des Turcs retrouve son éclat chrétien du quatrième siècle.

En dehors de Constantine, au sud-est, à quelques pas de la rive droite du Rummel, il est une inscription chrétienne gravée sur un roc en mémoire de plusieurs martyrs. Cette inscription des vieux temps de l'Église d'Afrique était menacée de périr à l'époque de mon passage à Constantine; à peine quelques mètres la séparaient de la mine qui faisait sauter les rochers pour obtenir des pierres de construction. Je me hâtai d'écrire au maréchal Bugeaud en faveur de ce touchant monument de l'antiquité chrétienne en Afrique. L'espérance que j'avais mise en lui ne fut point trompée. Le maréchal gouverneur donna des ordres par lesquels s'est trouvé protégé un vénérable souvenir qui date de quinze siècles. Toute place où coula le sang des défenseurs d'une grande cause est digne du respect des hommes. Qui oserait refuser ce respect à des martyrs chrétiens? Je voudrais une chapelle adossée contre le roc qui porte l'inscription glorieuse, cette inscription où rayonnent les noms des martyrs Marien et Jacques, Rusticus et Crispus.

Le souvenir d'autres martyrs honore l'histoire de Constantine. Agapius, Secundinus évêque, Émilien qui savait la profession des armes, les vierges Tertulla et Antonia, une jeune mère et ses petits enfants dont le nom n'est point arrivé jusqu'à nous, souffrirent la mort sous l'empereur Valérien.

Cherchons dans les vieux siècles quels furent les évêques de Constantine. Voici d'abord Crescentius, qui assista au concile de Carthage de 260. Nous trouvons ensuite Paul, qui livra à Munatius Félix, flamine perpétuel, gouverneur du pays de Cirtha, les livres saints, deux calices d'or, six calices d'argent, six vases d'argent, une lampe et une boîte d'argent. Il était mort en 305. Silvain, quoiqu'il eût été complice de la lâcheté de Paul, dont il était sous-diacre, fut ordonné évêque par Secundus, évêque de Tigisy. Mais le peuple de Constantine réclama : il voulait pour évêque un certain Donat. « Nous voulons notre concitoyen [1] » disait le peuple. En 330, Constantine avait pour évêque Zenzius, un de ceux à qui l'empereur Constantin annonça son dessein de rebâtir à ses frais une basilique dans cette ville ; il voulait dédommager les catholiques de la perte de la basilique que les donatistes leur avaient prise de force : l'empereur, dans sa lettre, louait les évêques de leur patiente résignation à l'égard des donatistes.

C'est par erreur que le savant Morcelli [2] a placé Generosus au nombre des évêques de Constantine. Generosus n'était qu'un catholique laïque de cette ville. Saint Augustin, Alype et Fortunat lui écrivirent en 400 pour le mettre en garde contre les mensonges d'un prêtre donatiste. Un évêque de Constantine, Profuturus, était sorti du séminaire ou couvent

---

[1] Civem nostrum volumus. Gestis apud Zenophilum.
[2] *Africa christiana.*

de saint Augustin ; le grand docteur a prononcé son nom dans le livre *de Unico Baptismo* contre Pétilien. En 397, Augustin souffrant recommandait ses jours et ses nuits aux prières de son ami Profuturus; cette lettre [1] est charmante de douceur et de résignation, de paix et de charité. En 411, Fortunat, évêque de Constantine, figure au nombre des sept évêques choisis pour plaider la cause catholique dans la célèbre conférence de Carthage. Nous avons une belle lettre d'un évêque de Constantine de la dernière moitié du cinquième siècle; elle est adressée à un catholique du nom d'Arcadius, que le roi Huneric avait exilé en punition de sa fidélité religieuse. Honorat Antonin (c'est le nom de l'évêque) exhorta ce catholique proscrit à persévérer dans la foi, à ne pas fléchir sous le poids de ses peines, à se réjouir d'avoir été jugé digne de confesser l'unité chrétienne. Il y avait alors plus d'un fidèle d'Afrique condamné aux misères de l'exil, et la lettre d'Honorat Antonin était destinée à ranimer bien des courages soumis à l'épreuve des persécutions. En 484, la proscription frappait Victor, le dernier évêque de Constantine : cette année-là un grand et suprême adieu fut adressé à l'Afrique catholique par ses premiers pasteurs.

Un évêque donatiste de Constantine, Pétilien, se rendit tristement célèbre par des attaques injurieuses contre saint Augustin. Les belles réponses [2] de l'évêque d'Hippone à Pétilien sont le plus grand exemple

---

[1] Lettre XXXVIII. Voir notre traduction des *Lettres* de saint Augustin, tome Ier, p. 187.

[2] *Histoire de saint Augustin*, tome I, chap. XVIII.

de modération qu'ait jamais offert la polémique religieuse.

A voir l'emplacement de Constantine et les montagnes qui l'entourent, on dirait tout d'abord que cette terre ne produit rien. Mais à une assez courte distance de la ville, vers le sud, s'étendent de riches moissons. Le pays de Constantine est fertile en blés : c'est de là surtout que Rome tirait ses grains. Quand les moissons sont faites, le sol dépouillé n'offre plus au loin qu'un triste désert grisâtre. Du côté du sud on fait trente lieues sans rencontrer des arbres. Ce n'est qu'à Kessoul-el-Genaia et à Batna qu'on trouve des bois aux flancs des monts; l'ombre des vieux caroubiers de Kessoul-el-Genaia couvre de grands tombeaux romains qui annoncent le voisinage des belles ruines de Lambœsa. Des forêts de cèdres couronnent les sommets des montagnes à l'ouest de Batna. A vingt-sept lieues de là, toujours vers le sud, se déploie l'oasis de Biskara, où flotte le drapeau de la France, belle oasis avec cent mille palmiers dont les fruits sont échangés à Constantine contre le blé que le Désert ne donne pas. A soixante-seize lieues de Biskara, on trouve Tougourt, dont les chemins nous sont maintenant ouverts, et qui nous paye l'impôt.

XVIII

DE CONSTANTINE A SMENDOU ET A EL-ARROUCH

Départ de Constantine. — Espions arabes. — Smendou. — Toumietta. — Les tourterelles. — El-Arrouch. — Le théâtre des Zéphirs. — Organisation des chasseurs des bataillons d'Afrique. — Leur caractère, leurs mœurs, leur discipline et moyens de les conduire. — On connaît peu, en France, la guerre d'Afrique. — Il faudrait créer à Alger une école pour les jeunes officiers destinés à la guerre d'Afrique. — Sanglante aventure de nuit au camp d'El-Arrouch. — D'El-Arrouch à Philippeville. — De Philippeville à Dellys. — Dellys. — Retour à Alger. — Quelques mots sur le Maroc.

Du haut des sommets de la Kasbah de Constantine, j'avais contemplé au nord-ouest le vallon du Rummel, avec quelques jardins et de beaux champs de blé, les collines baignées par la rivière qui serpente au loin, et, vers l'ouest, à onze ou douze lieues, la montagne au pied de laquelle s'élève l'ancienne Milève, aujourd'hui Milah. En quittant Constantine pour gagner Philippeville, où je devais prendre le bateau à vapeur, je descendis dans le vallon du Rummel, dont les aspects me charmaient de loin. J'avais dit adieu au cheik Moustapha, lui promettant de recommander [1] ses services rendus à la France en Algérie. L'abbé Suchet restait avec moi ; il voulait bien poursuivre jusqu'au bout son œuvre de pieuse amitié.

Nous passâmes à gué le Rummel à une lieue de Constantine. La rivière n'a point de pont ; les piétons doivent se mettre dans l'eau ; quand les pluies de

---

[1] Cheik Moustapha de Mjez-Ammar a reçu la croix d'honneur.

l'hiver enflent le Rummel, les voyageurs à cheval et les convois ont de la peine à le franchir. Nous rencontrâmes au gué une douzaine de musiciens arabes ambulants avec des tambours et des hautbois; leur figure et leur contenance nous avaient inspiré des soupçons; nous apprîmes plus tard que ces musiciens arabes étaient une bande d'espions envoyés par des tribus ennemies; ils allaient chercher des nouvelles de nos troupes et de nos opérations militaires. Il n'est pas de forme et de déguisement que ne prenne l'espionnage de nos ennemis en Algérie. Lorsque Abdel-Kader veut jeter au loin des avis ou des proclamations, les porteurs de ces messages sont d'une invisible habileté. On rencontre quelquefois en Algérie des chanteurs errants appelés *medahh* et des improvisateurs appelés *fesehha*, qui colportent la haine contre la France. Leurs poésies populaires entretiennent l'esprit d'insoumission et les animosités religieuses. C'est comme une presse d'opposition et d'opposition violente qui va chercher, à travers le pays, des hommes pour se faire écouter. Il importerait de soumettre ces medahh et ces fesehha à une sévère vigilance [2].

De Constantine au camp de Smendou on compte huit lieues. Nous ne trouvions que des collines dépouillées et des solitudes. Les restaurateurs et les images de la vie française au camp de Smendou sont une surprise au milieu d'un pays désert. Nous y déjeunâmes comme dans une de nos villes de France.

---

[2] Une circulaire du lieutenant général de Bar, gouverneur général par intérim, a répondu à nos vœux sur ce point.

De Smendou au camp d'El-Arrcuch, sept lieues. A trois lieues de ce dernier camp, du haut du col de *Toumiette* ou des Deux-Mamelles, un tableau magnifique s'est tout à coup ouvert devant nous; au fond de ce tableau blanchit le camp d'El-Arrouch. Dans le trajet de Constantine à Philippeville il n'y a de triste que les huit premières lieues; un peu au delà de Smendou, les aspects du pays s'animent; la nature devient plus belle et plus riante à mesure qu'on avance. Après avoir dépassé *Toumiette*, nous aimions à reposer nos regards sur de verdoyantes collines d'où partaient des bataillons d'oiseaux. Des lauriers-roses et des myrtes aux bords de courants d'eau vive nous rendaient le printemps que nous avions laissé auprès de la Seybouse. Je me souviens d'une multitude de tourterelles qui voltigeaient tranquillement devant nous sur le chemin; quelques-unes nous accompagnèrent bien longtemps. Je les vois encore avec leur cou tacheté, le bout de leurs ailes noir, le bout de leur queue blanc et le reste de leur corps d'un gris charmant. Mais quelle grâce dans leur pose! quelle suavité légère dans leur marche! Nul pas de jeune fille n'aurait pu être comparé au pas de ces tourterelles au milieu des églantiers et des myrtes fleuris. Grâce à l'absence des chasseurs, les oiseaux des solitudes africaines sont plus doux et plus familiers qu'en d'autres pays. Ces belles contrées où l'homme manque m'ont quelquefois rappelé la terre avant Adam; j'ajouterai que les bêtes de la création devaient s'incliner devant le premier homme comme les tourterelles qui nous ont fait un si long salut sur le chemin d'El-Arrouch.

Le camp d'El-Arrouch est plus considérable que celui de Smendou. Il est sous la garde du troisième bataillon d'infanterie légère d'Afrique, dont je parlerai tout à l'heure en détail. L'officier qui le commandait, M. Peyssard, parvenu depuis au grade de général, est un homme aimable, instruit et sérieux. C'est un des officiers d'Afrique qui m'ont paru le mieux comprendre le caractère, les besoins et l'avenir de notre conquête. Un village de cent six familles dont j'avais vu le plan a dû s'élever à El-Arrouch depuis mon passage. L'eau manque au site riant d'El-Arrouch, mais une petite rivière coule à un quart d'heure de distance, et pourrait abreuver le nouveau village au moyen d'un aqueduc. Ce point, où viennent aboutir les routes de Constantine, de Bône et de Philippeville, a de l'avenir. Le nouveau chemin d'El-Arrouch à Bône côtoiera la voie romaine d'Hippone à Constantine. Le commandant Peyssard me conduisit à une ferme construite sous sa direction par les zéphirs, à un quart d'heure d'El-Arrouch; cette ferme est dans une belle situation; la vue de cette création agricole console des images de la guerre. J'y ai visité les ateliers et les instruments aratoires, qui sont exclusivement l'œuvre des zéphirs. Leur industrieuse activité a organisé un théâtre au camp d'El-Arrouch. Ils y jouent des vaudevilles et des opéras-comiques. Les représentations ont lieu le jeudi et le dimanche, et à chaque passage du convoi de Philippeville à Constantine. Ce théâtre est une utile distraction au milieu des fatigues et des ennuis du camp ; et, de plus il exerce une sorte d'influence morale, parce que, au lieu de refrains obscènes, les soldats chantent maintenant des couplets inspirés par la décence et le goût. Durant les marches pénibles ou les soirées de bivac, le *loustic* égaye ses camarades en répétant les pièces qu'il a jouées.

Le chasseur des bataillons d'Afrique, appelé aussi zéphir par un plaisant jeu de mots qui lui est resté, est un homme à part en Algérie. Ces bataillons ont beaucoup fait dans les travaux de la conquête; nous devons dire quelques mots de leur origine, de leur caractère, de leurs services. C'est d'ailleurs une étude fort digne de l'attention du moraliste. Ce que je sais là-dessus, je l'ai appris du commandant Peyssard.

L'organisation des bataillons d'infanterie légère d'Afrique date de l'année 1832. Tous les militaires frappés d'une condamnation correctionnelle viennent, à l'expiration de leur peine, continuer dans ces corps le service qu'il doivent à l'État. Avant la formation de ces bataillons, les soldats condamnés à des peines correctionnelles rentraient ensuite dans l'armée; mais ce retour, qui offrait une réhabilitation immédiate, avait des côtés affligeants; les soldats rapportaient beaucoup de vices de leur séjour plus ou moins long au milieu des perversités de toute nature, et devenaient pour la discipline un péril continuel. On songea donc à former des corps avec tous les hommes que les régiments avaient rejetés. Le but principal de cette création fut de vouer aux travaux de l'Afrique des soldats qui, déjà éprouvés par la misère, pouvaient, mieux que d'autres, résister à l'influence du climat. Ce n'est du reste qu'en Afrique qu'il devenait possible de tirer parti d'une telle réunion d'hommes : il leur fallait des chefs énergiques, d'une conduite irréprochable et armés de moyens de répression extraordinaires. Le rappel au règlement pour l'application des peines disciplinaires dans ces bataillons a toujours été une faute. Les très-graves difficultés des premiers temps ont prouvé tous les dangers des ménagements, et toute l'efficacité de l'action libre et vigoureuse des officiers et des sous-officiers. Les bataillons changèrent peu à peu de face quand le vendeur d'effets fut mis en prison au pain et à l'eau, jusqu'à ce que l'objet dont il avait trafiqué se trouvât payé sur sa solde. Le même châtiment et la même réparation atteignirent le vol fait à un camarade, indépendamment de la correction que les soldats infligent au voleur sans la participation de leurs chefs. Les autres fautes furent punies avec plus ou moins de rigueur selon le caractère connu de l'homme : on ne traduisit plus devant les conseils de guerre que ceux dont les fautes pouvaient entraîner la dégradation militaire. C'est l'emploi des moyens extra-réglementaires qui a discipliné les bataillons d'infanterie légère d'Afrique ; c'est ainsi qu'ils ont fini par avoir un esprit de corps et qu'ils ont rendu des services dont bien des régiments envient la gloire.

Trois sortes d'hommes composent l'armée : les jeunes soldats, les remplaçants et les engagés volontaires. Dans les bataillons d'infanterie légère d'Afrique, les jeunes soldats sont les plus faciles à conduire; ils commettent des fautes plutôt par entraînement que par vice ; leur délit le plus fréquent est la désertion, et c'est l'amour de la famille qui les y pousse.

La pensée de la famille est un grand moyen d'action sur eux. Les remplaçants s'adonnent à l'ivrognerie, qui les pousse à l'insubordination. Quand ils ont épuisé leur bourse, ils vident leur sac pour satisfaire leur penchant; et c'est ainsi que la vente des effets devient leur délit ordinaire. Les engagés volontaires, composés de mauvais ouvriers et de jeunes gens dont l'éducation a été manquée, fournissent la plus détestable portion du bataillon. Ces derniers se posent en juges et en frondeurs; les actes des chefs militaires passent par leur contrôle; leur facile bavardage éblouit de pauvres soldats tirés de la charrue ou de l'atelier; leur peu de connaissances est comme une permanente conspiration contre la discipline. Un corps où se réunissent tant d'éléments pervers aurait besoin d'officiers versés dans la science si difficile du cœur humain, et dont le coup d'œil rapide comprît la diversité de traitements que réclame la diversité de caractère; à défaut d'une pénétrante habileté, qui est toujours rare, il y a d'indispensables qualités sans lesquelles les commandants des bataillons d'infanterie légère d'Afrique ne pourraient pas tenir; ces qualités sont la dignité, la justice et l'inflexibilité.

La résignation, cette vertu que le soldat de l'armée d'Afrique a porté à un degré inconnu jusqu'à notre âge, le courage avec toute son audace, l'insouciance de l'avenir, la facilité à se laisser entraîner, un esprit industrieux et fécond en ressources, voilà ce qui caractérise en général les zéphirs ou chasseurs des bataillons d'Afrique. Ils accomplissent le bien et le mal avec le même élan; le même jour peut les voir admirables de dévouement et effrayants de perversité.

L'amour-propre est excessif chez le plus grand nombre des zéphirs ; ils se proclament les meilleurs soldats devant l'ennemi et en sont convaincus ; nous ne blâmerons pas cet excès d'amour-propre, qui a enfanté tant de merveilleux exploits à Bougie, à Constantine, à Djumilah, à Mazagran, à Collo. Cette bravoure ne reçoit d'autre récompense que sa propre joie ; l'espoir de l'épaulette d'officier lui est ravi, et, pour ne pas exposer la croix d'honneur à être mal portée, on l'accorde très-rarement à un zéphir. C'est de l'héroïsme gratuit.

La récompense promise aux zéphirs de bonne conduite c'est de passer dans des régiments. Parfois leur attachement pour de bons officiers qui les connaissent, la crainte de devenir l'objet de préventions, les déterminent à refuser la faveur de rentrer dans un régiment. C'est ce qui est arrivé à El-Arrouch à l'époque de l'inspection générale de 1843. Cinquante hommes furent proposés pour passer dans les rangs de l'armée ; vingt d'entre eux demandèrent au lieutenant général duc de Fezensac de rester dans leur bataillon. Le chasseur des bataillons d'Afrique tient à ses officiers et souffre tout de leur part, mais il se roidit contre l'activité d'un chef étranger au corps. Il y a là comme un esprit de famille, et tout pouvoir étranger porte ombrage. Entre les mains d'officiers qui sachent les prendre, les zéphirs sont en Afrique une puissante utilité.

On m'a communiqué le rapport adressé aux inspecteurs de santé après l'affaire de Djumilah, qui est à peine parvenue aux oreilles du public. Le lecteur le trouvera à la fin du volume. Ce curieux rapport achèvera de faire connaître le chasseur des bataillons d'Afrique.

Nous passâmes la nuit au camp d'El-Arrouch. Le commandant Peyssard et moi nous nous promenâmes dans le camp, à la clarté des étoiles, jusqu'à plus de minuit, causant de l'Algérie et des travaux glorieux de l'armée. La guerre qui se fait en Afrique est peu connue en France. De temps en temps des bulletins sont publiés dans les journaux; on raconte brièvement un fait militaire important, quelques traits saillants, quelques marches; mais les détails qui mettent en relief les mœurs et les caractères des vainqueurs et des vaincus, les mille couleurs qui peignent l'âme humaine et le pays, sont passés sous silence. Mes conversations avec des officiers en divers points de l'Afrique m'en ont plus appris sur la guerre que la lecture des bulletins et des rapports publiés dans le *Moniteur* depuis quinze ans. Il faudra que cette guerre d'Afrique, si féconde en choses extraordinaires et mémorables, soit racontée un jour. En attendant un Salluste, je voudrais que tout officier intelligent écrivît ses souvenirs; on aurait ainsi des Mémoires à l'aide desquels l'histoire des grandes choses africaines serait moins difficile à composer.

Une observation qui m'a frappé dans mes études algériennes, c'est l'ignorance de tout officier nouveau venu, en matière de guerre africaine. L'officier qui arrive commence par faire son éducation, et c'est toujours aux dépens de l'armée. Pourquoi n'y aurait-il pas à Alger une école où se formeraient de jeunes officiers destinés à la guerre d'Afrique? Ils s'instruiraient dans l'art de combattre les Arabes, qui n'a rien de commun avec l'art militaire européen ; ils seraient mis au courant des habitudes, des questions et des affaires du pays ; ils apprendraient enfin comment on peut gagner de l'empire sur l'esprit des races musulmanes. Il faudrait qu'il y eût dans l'officier d'Afrique deux hommes, l'un qui sût manier l'épée, l'autre qui sût fonder, le soldat et le civilisateur, le guerrier et le juge, car l'officier d'Afrique est souvent appelé à rendre la justice, et nous aurons beaucoup fait pour notre domination morale quand nous aurons persuadé aux Arabes que notre justice vaut mieux que toute autre justice. Il n'y a rien à dédaigner ni à mépriser chez l'Arabe qui arrive pour vous solliciter comme juge ; ce qui vous paraîtrait niais ou indifférent a de l'importance pour lui ; ce rien qui excite votre humeur est précisément le point où l'Arabe vous attend pour savoir ce qu'il doit penser de vous, pour décider s'il doit vous refuser ou vous accorder sa confiance.

Je regarderais comme un malheur pour nous toute injustice commise envers les Arabes soumis. Il y a des tribus arabes placées sous le feu des Kabyles qui ne leur pardonnent pas leur soumission à la France : prenons garde de les blesser dans leurs intérêts et de les réduire au désespoir. Dans le voisinage d'El-Arrouch, la tribu des Eulmas, belle et riche tribu, nous était dévouée. A l'époque de mon passage, on venait de la déposséder injustement et au profit du caïd de Philippeville ; or cette tribu approvisionnait le camp d'El-Arrouch, couvrait la route de Philippeville et nous avertissait de tout ce qui se passait aux environs. Placée entre les Français et les Kabyles, la tribu a dû se résigner à un acte d'injustice ; elle garde son terrain au prix d'une location onéreuse, mais l'effet produit sur les Eulmas a été mauvais.

On me racontait au camp d'El-Arrouch que des Arabes du voisinage avaient demandé des maçons pour leur bâtir des demeures. La transformation d'une tribu en village serait toute une révolution. L'insalubrité du petit camp de *Toumiette* n'avait pas favorisé le goût naissant de quelques Arabes pour les demeures de pierre ; mais c'est déjà beaucoup qu'ils aient senti la supériorité de notre manière de vivre.

La nuit, pendant que tout dormait dans le camp d'El-Arrouch, excepté les sentinelles, j'entendis un coup de fusil ; au point du jour, j'étais sur pied ; j'appris qu'un Kabyle avait été tué. Le malheureux avait eu la fantaisie de se trop rapprocher du mur de notre camp ; le factionnaire le prit pour un espion. « *Simi, simi*, ami, ami, » dit le Kabyle en entendant armer le fusil ; un moment après, il tombait frappé d'une balle au cou. Le bruit de projets menaçants de la part des Kabyles avait depuis quelque temps tenu en éveil le camp d'El-Arrouch ; cet homme inoffensif fut la victime d'une inquiète vigilance. Dans la journée du lendemain, les parents vinrent au camp demander son corps ; on le leur remit en exprimant des regrets sur ce qui était arrivé : « Nous n'avons pas à nous plaindre, répondirent les parents du mort, c'est Dieu qui l'a ainsi voulu. » Ils racontèrent que le malheureux Kabyle était parti de sa demeure pour s'en aller tranquillement au marché de Philippeville. Il avait une mule qui, après le coup de fusil, s'en était retournée aux cabanes de son maître.

D'El-Arrouch à Philippeville il y a sept lieues. Nous suivîmes longtemps les bords du Safsa, dans un vallon couvert de prairies, planté d'oliviers, rempli d'arbustes charmants. Je retrouvais les coteaux aux gracieux contours, les riantes images des bords de la Seybouse. A trois lieues d'El-Arrouch, on voit le camp d'Oued-Amar. Nous avons rencontré des soldats occupés aux travaux de la route. Leurs fusils en faisceaux menaçaient et contenaient les Arabes maraudeurs. A deux lieues plus loin, le camp d'Edis. Nous avons passé par là par de longs défilés qu'ensanglanta plus d'une fois le brigandage des Kabyles. Plus d'une fois aussi ces lieux entendirent les rugissements du lion, ces rugissements qu'on prendrait d'abord pour le bruit lointain du tonnerre, et dont la saisissante horreur fait hérisser tout le poil des chevaux. On m'a montré la Ferme-Bramard, à une lieue de Philippeville; de là jusqu'à la cité nouvelle, un riche vallon s'est déroulé devant nous; c'était des prairies, des beaux champs de blé, de jolies collines boisées, de grands frênes; nous reprenions la Safsa que nous avions perdue pendant quelques lieues.

Nous avons parlé ailleurs de Philippeville, de ses ressources et de son avenir.

C'est à Philippeville que je me séparai de mon compagnon de voyage, M. l'abbé Suchet. Qu'il reçoive ici l'expression publique et dernière de mes sentiments reconnaissants; en lui disant adieu, mes souhaits pour lui se sont confondus avec tous mes vœux pour cette nouvelle Église d'Afrique si chère à ma pensée !

Le 15 mai au soir j'étais sur le paquebot de l'État le *Castor*, qui retournait à Alger. Dans la nuit du 15 au 16 la mer était si grosse, qu'on ne pouvait plus gouverner. De Philippeville à Collo, la tempête ne nous a pas quittés. Les côtes d'Afrique resteront longtemps l'effroi des navigateurs ; il n'y a pas de bons mouillages, mais ils sont plus ou moins mauvais. De plus, pendant huit ou dix mois de l'année, des brouillards dangereux couvrent les côtes le matin. Le 17 mai, à une heure après-midi, nous mouillions devant Bougie. Je remettais avec bonheur le pied sur la terre, mon corps brisé par la tempête trouvait du repos. Le même jour, à cinq heures du soir, nous quittions Bougie par un beau temps. Les montagnes au sud-est de Bougie étaient magnifiques ; sous un ciel bleu une longue ceinture de gaze paraissait suspendue aux flancs de ces monts : ses deux bouts touchaient aux deux extrémités du ciel. Les sommets se perdaient dans l'azur du firmament, les bases offraient de bizarres aspects. Ces montagnes présentent comme des amas de pyramides, des amphithéâtres, mille formes sévères et capricieuses qu'eût aimées le pinceau de Salvator Rosa. La chaîne, au nord-est de bougie que nous avons cotoyée, n'offre aucune de ces étonnantes scènes. La seule chose qui m'ait frappé de ce côté, c'est, à la pointe du cap, une roche percée qui laisse voir le ciel et qui se remplissait de l'écume des flots bondissants. Les géographes du moyen âge qui ont fait passer sous cette percée les navires à voiles avaient la faculté d'agrandir merveilleusement les objets :

un canot aurait bien de la peine à la traverser. On a placé de ce côté la retraite du fameux Raymond Lulle, ce Pierre l'Ermite de la croisade du raisonnement, qui, au treizième siècle, se mit en tête de convertir les musulmans avec le glaive de la dialectique. L'étendue de sa science et l'audace de son zèle tenaient du prodige. Il prêcha les musulmans de Bône sans malheur, mais ses prédications à Bougie lui coûtèrent la vie ; les disciples de Mahomet le lapidèrent sans respect pour sa vieillesse. Raymond Lulle, laissé pour mort, respirait encore quand, la nuit, des marchands génois le recueillirent et l'emportèrent sur leur navire, qui allait se diriger vers l'île de Mayorque, patrie du vieux martyr. L'auteur de l'*Art général*, le pénétrant chercheur des démonstrations, le fervent philosophe catholique qui aspirait à foudroyer l'islamisme par le tonnerre de ses argumentations, expira en vue même de Mayorque, où depuis quatre siècles son souvenir est resté.

Nous avions pris à Bougie le petit brick de guerre le *Liamone* pour le remorquer jusqu'à Dellys. Le 18, à 10 heures du matin, le *Castor* et le *Liamone* jetaient l'ancre dans la baie de Dellys, qui, d'après l'opinion de quelques savants, représente l'ancienne Rusucurium. Ce point est à dix-sept lieues de Bougie, à douze lieues d'Alger. Un victorieux combat du maréchal Bugeaud contre les Kabyles venait de donner à la France, depuis quelques jours, le pays de Dellys. Le colonel Barthélemy, commandant de Philippeville, m'avait confié des dépêches pour M. le gouverneur général ; je me fis conduire à terre afin de m'acquitter de ma commission. Il n'y avait point de débarcadère, et nous n'atteignîmes pas le rivage sans difficulté. Dellys était alors un pauvre village, au penchant d'un côteau dominé par des collines. Je remarquai dans un mur qui fait face à la rade un bas-relief représentant quatre figures de petite dimension : c'est un vestige de la domination romaine. Des traces des murs de l'ancienne ville subsistent encore. Un camp de trois cents hommes était établi à Dellys, sous le commandement d'un jeune capitaine qui s'appelle, je crois, Perregaux ; j'écris peut-être mal son nom, mais j'ai bien gardé le souvenir de sa physionomie à la fois pleine de gravité et de vive intelligence. Il se chargea de faire parvenir mes dépêches au maréchal, qui se trouvait à quelques lieues de là. Je vois encore ces tentes trempées par la pluie, ces fusils en faisceaux, ces cuisines en plein vent, ces murs élevés à la hâte et munis de petites pièces d'artillerie, toutes ces images d'un camp, le lendemain d'une prise de possession. On y sentait une odeur de poudre et de bataille ; on pouvait être attaqué à toute heure, et les moyens de défense n'étaient pas grands. Cette poignée d'hommes attendaient d'Alger des blockaus pour se défendre contre les Kabyles.

Un coup d'œil suffit pour juger de la beauté de la situation de Dellys, du sol fertile en fruits et particulièrement en raisins et en figues, et du parti qu'on peut tirer de cette position. Les bases d'une ville française y sont jetées ; c'est un grand marché ouvert aux produits des Kabyles. Les vents d'ouest, si fréquents sur les côtes d'Afrique, ne soufflent pas dans la rade de Dellys, et, par les vents d'est, nos vaisseaux y tiennent bien le mouillage. A quelque distance de

Dellys, un rocher de plus de cent pieds de haut pend sur la mer comme un cap creusé, fouillé par l'éternel roulement des vagues ; des sculptures fantastiques sillonnent ses flancs ; ce bizarre travail des flots et des brouillards que l'imagination arabe doit mettre sur le compte d'invisibles artistes, est une curiosité de Dellys. Il a été question de placer un phare sur la pointe de ce rocher ; j'ignore si c'est fait.

Le 18 mai, à huit heures du soir, nous revenions à Alger. Du haut de la dunette du *Castor*, en contemplant, à deux lieues de distance, les hauteurs d'Alger, je remarquais qu'à partir du sommet de la ville les hauteurs s'inclinent progressivement, peu à peu, avec une grande et étonnante régularité jusqu'au moment où elles se confondent avec les lieux plats ; rien de brusque, d'âpre ni de violent; il y a, à distance, une admirable et harmonieuse ligne qui descend de la montagne à la plaine.

Quelques jours avant mon départ d'Alger pour Hippone et Constantine, M. le maréchal Bugeaud avait bien voulu m'offrir de l'accompagner dans une excursion qu'il projetait à travers la province d'Oran, au retour de son expédition dans l'est ; ce projet, dont la réalisation eût complété mes études sur l'Algérie, ne put pas s'accomplir. L'expédition de l'est, contrariée par les pluies, avait duré un peu plus longtemps que ne l'avait pensé M. le maréchal. Quand je revins à Alger, il n'était pas encore revenu lui-même, et l'époque de sa rentrée demeurait incertaine. Des inquiétudes de cœur me commandaient un prompt retour à Hyères. Je renonçai donc avec un profond regret à la province d'Oran. Du reste, M. le gouverneur général ne put exécuter sa pacifique tournée dans la province de l'ouest. La guerre le porta tout à coup sur les frontières du Maroc, et la bataille d'Isly, qu'une politique indépendante aurait pu rendre si féconde, fut comme un vent de gloire qui vint caresser les plis de notre drapeau.

Le Maroc sera longtemps un inquiétant voisinage ; la victoire d'Isly, suivie d'un bon traité, aurait pu nous valoir une immense domination morale dans les États de Muley Abderrhaman. Les hauts faits de de l'Oued-Isly seront à recommencer ; désormais les principaux périls pour notre Algérie française nous viendront du Maroc. Abd-el-Kader, l'homme de la foi musulmane menacée, soulèvera inévitablement les tribus de ce pays ; Muley Abderrhaman qui nous a envoyé un ambassadeur et qui ne demanderait pas mieux que de vivre en paix avec nous, sera dénoncé comme un *ami des chrétiens*, et la foudre des vengeances religieuses peut le frapper. Toutefois, plus d'un parti, plus d'un intérêt se remue au sein de ces peuples. Abd-el-Kader trouvera dans le Maroc des éléments de guerre contre nous, mais la terreur de nos armes affaiblira la propagande de l'émir. Nous nous battrons sur nos frontières de l'ouest, nous nous battrons probablement dans le Maroc même. Qu'importe ? le caractère de notre domination africaine, c'est la force toujours armée, toujours en haleine, au moins pendant bien longtemps. La civilisation chrétienne ne s'est pas établie en Algérie pour qu'un pouvoir ennemi la coudoie ; la France ne peut pas rester là sans que les contrées du Maroc changent de face. Si l'Espagne avait eu sa grandeur d'autrefois, nous lui aurions dit : Soyez la voisine de la France sur le sol africain. — A défaut de l'Espagne pourquoi une forte puissance ou bien même plusieurs puissances d'Europe ne planteraient-elles pas leur domination dans le Maroc?

Les chapitres suivants tiennent à des appréciations, à des faits et à des considérations générales qui ne pouvaient pas trouver leur place dans le récit.

XIX

PARALLÈLE DE JUGURTHA ET D'ABD-EL-KADER

Grandeur de la pensée humaine. — Les premiers temps de Jugurtha et d'Abd-el-Kader. — Micipsa devient maître de la Numidie. — Caractère du rôle d'Abd-el-Kader; sa mission religieuse. — Jugurtha n'avait pas, comme Abd-el-Kader, la ressource du fanatisme religieux. — L'or de Jugurtha à Rome; l'or d'Abd-el-Kader n'achète personne en France. — Les deux chefs ont la même manière de combattre. — Abd-el-Kader a pu organiser ses troupes. — Les séductions de Jugurtha et d'Ab-el-Kader. — Poésies de l'émir. — Fin de Jugurtha. — Comment peut finir Abdd-el-Kader. — L'œuvre française en Afrique est caractérisée.

Il y a quelque chose d'immense et d'éternel dans l'homme qui est instruit et qui pense. Au lieu de n'occuper qu'un point étroit du globe, il habite tout l'univers; au lieu de ne vivre que dans l'heure fugitive, il vit dans les siècles, il a l'âge du monde, l'âge de l'histoire ; il représente tout le passé du genre humain ; il n'est pas simplement un homme, ce sont les hommes qui vivent et revivent en lui. Cette possession des temps et de l'espace par l'étude est merveilleuse comme la mémoire, qui loge dans un coin du cerveau les cieux, les mers, les montagnes, tous les grands tableaux de la création.

Un Numide, il y a dix-neuf siècles, soutint le choc de la puissance romaine ; on s'en est plus d'une fois souvenu depuis qu'un marabout résiste avec tant de persévérance aux armes de la France en Afrique. Essayons donc d'établir un parallèle détaillé, motivé, complet, qui nous fasse bien comprendre Jugurtha et Abd-él-Kader.

Jugurtha, le neveu, le fils adoptif de Micipsa, ne passa point son jeune âge dans de molles frivolités ; beau, ardent et fort, il domptait les coursiers, lançait le javelot, disputait le prix de la course avec les jeunes gens de son âge, goûtait sans fatigue les joies de la chasse, et nul ne frappait plus loin que lui le lion, le tigre ou la panthère dans les montagnes ou les forêts de la Numidie.

Abd-el-Kader [1] (l'esclave du Tout-Puissant), homme aux formes charmantes, à la figure grave et rêveuse, aux belles mains et aux jolis pieds, apprit sans maître à monter à cheval dès ses premiers ans ; toujours il se montra solide sur le dos des chevaux ; bien jeune encore, il était adroit à tirer le fusil, monté sur un coursier ; en poursuivant au galop un cavalier, il l'abattait à une grande distance.

Micipsa, pour débarrasser ses fils d'un rival intrépide, brillant et populaire, l'avait envoyé commander un corps en Espagne, dans la guerre de Numance ;

---

[1] Abd-el-Kader est né en 1808, dans le voisinage de Mascara.

mais, au lieu d'y trouver la mort, Jugurtha y trouva la gloire, une belle renommée, et l'amitié de Scipion. Il dit dans son cœur : A moi le royaume de Numidie ! Après la mort de Micipsa, il ne recula point devant un crime pour écarter de son chemin Hiemsal, qui importunait le plus son ambition. Lorsque Adherbal, vengeur de son frère, prit les armes, Jugurtha commença par le vaincre et finit par lui faire arracher la vie à Cirtha (Constantine), au mépris des lois de la capitulation. Maître de la Numidie, il se maintenait par la vigueur de sa volonté, l'habileté de sa diplomatie, le courage de ses troupes dévouées à l'indépendance africaine.

Abd-el-Kader, en entrant sur la scène, n'a éveillé la jalousie dans l'âme d'aucun chef musulman ; son naissant génie n'a dérangé autour de lui le plan d'aucun émir, d'aucune puissance arabe. Aussi n'a-t-il eu besoin de précipiter personne dans la mort pour se délivrer d'une rivalité remuante. Le cadi Sidi-Ahmed, qu'il fit mourir à Azzew, était plutôt un traître qu'un compétiteur. Prêtre et guerrier, fils de Mahi-Eddin réputé saint, lequel comptait lui-même plusieurs marabouts parmi ses aïeux, Abd-el-Kader, environné de bonne heure de respects pieux et de brillants présages, s'est présenté comme l'apôtre et le défenseur de l'islamisme menacé par la France ; les croyants d'Afrique l'ont accepté pour guide et pour appui. « Quand il parle de la religion, dit un « de ses poètes, il fait pleurer l'œil qui n'a jamais « versé une larme. » Ce fut en 1832 que les Français entendirent pour la première fois prononcer le nom d'Abd-el-Kader. Successeur de son père dans le beylik de Mascara, il parut à la tête d'intrépides bandes arabes qui se précipitèrent inutilement sur la ville d'Oran, devenue française depuis le mois de juillet 1830 par la soumission de Hassan-Bey. Proclamé sultan des Arabes le 28 septembre 1832, son élection fut considérée comme une œuvre du ciel. Les visions merveilleuses et les signes prophétiques ne manquèrent pas au berceau de sa grandeur. Lorsqu'il s'en alla visiter le tombeau de Mahomet, les saints de la Mecque lui dirent : « Tu règneras un jour ! »

Jugurtha, dans les mauvais jours de sa fortune, pouvait, à force d'argent, d'activité et de génie, retrouver des troupes, reconstituer un parti contre Métellus ou Marius. Mais il n'avait pas l'immense ressource du fanatisme religieux, qui ranime éternellement la bravoure, rassemble les débris et lance des forces nouvelles ; Abd-el-Kader, toujours vaincu par nos armes, est toujours debout parce qu'il est puissant comme une croyance, mystérieux comme le destin, et qu'il est profondément enraciné au sol, comme l'idée musulmane au cœur de l'Arabe indompté. Tout sentiment qui a Dieu pour mesure et pour but prend dans son énergie quelque chose d'impérissable. Abd-el-Kader, bannière vivante, personnification belliqueuse de l'islamisme africain, fût-il réduit à n'avoir que sa natte de palmier ou de jonc, que son cheval ou son chameau, serait encore redoutable. A un signal du marabout guerrier, le Désert pourrait s'ébranler ; chaque vallon, chaque plateau, chaque détour de montagne, pourrait vomir des milliers de cavaliers.

Jugurtha avait appris à Numance que tout était à

vendre à Rome, et c'est avec de l'or autant et plus qu'avec le fer qu'il attaquait les Romains ; il acheta la moitié du Sénat, il fit main basse sur les consciences des bords du Tibre ; les belles qualités de Calpurnius et d'Albinus, la vertu de Scaurus, étaient venues échouer contre l'or de Jugurtha ; sauf de rares exceptions, le peuple seul était alors honnête et pur à Rome, et les richesses du Numide avaient pour les nobles d'irrésistibles séductions : la cupidité romaine fut pendant longtemps tout le secret de la puissance de Jugurtha.

Dans l'âge où nous sommes, l'or n'a rien perdu de son pouvoir, et toutes les consciences ne sont pas intraitables. Pourtant Abd-el-Kader, qui sait ce qui se passe dans notre pays, n'y a acheté personne : l'émir n'a pas les trésors de Jugurtha, et puis, disons-le, les Français ne vendent pas la France.

Autant qu'on peut en juger par les récits de Salluste, les batailles de Jugurtha, avec les éléphants de plus, ressemblaient assez aux batailles d'Abd-el-Kader ; elles se composaient de ruses, de piéges, de fuites simulées ; les chevaux africains, accoutumés aux aspérités des lieux, s'échappaient à travers les rochers et les broussailles. Les Numides avec leurs javelots blessaient ou tuaient de loin, comme aujourd'hui les Arabes avec leurs longs fusils. Jugurtha trompait, fatiguait, harcelait l'ennemi ; c'est encore aujourd'hui la tactique du chef arabe. On corrompait les sources, enlevait ou détruisait les vivres à l'approche des Romains ; on tombait sur les traînards, les imprudents, sur tous ceux que ne protégeait pas le corps principal de l'armée. Les premières victoires de Métellus l'attristaient, parce que les inépuisables ruses du Numide les lui faisaient payer beaucoup trop cher; il n'atteignit fortement Jugurtha qu'en livrant les champs à la dévastation et en livrant au glaive tous ceux qui s'offraient à lui en âge de porter les armes. Ces espèces de *razzias*, que nous avons imitées en ce qu'elles ont de moins atroce pour atteindre dans ses intérêts l'Arabe qui nous échappe toujours, avaient découragé Jugurtha, épouvanté la Numidie.

Nous ne croyons pas que Jugurtha ait rien emprunté à la discipline des armées romaines. Après une bataille les soldats numides se dispersaient, reprenant chacun le chemin de sa cabane, et cela ne s'appelait pas une désertion. Rien de régulier n'existait dans les forces de Jugurtha ; peut-être n'eût-il pas osé soumettre à une organisation permanente la farouche énergie d'hommes accoutumés à l'indépendance. Abd-el-Kader a montré plus d'autorité ou plus de génie; il a établi des troupes régulières ; nous avons les lois et les règlements qui forment son code militaire. L'armée d'Abd-el-Kader, un peu fictive, car il n'a pas toujours les premiers éléments pour appliquer sa législation militaire, l'armée de l'émir, disons-nous, se partage en *goum* (cavalerie) ou *kriallas* (cavaliers), en *askars* (marcheurs ou fantassins), en *tobdjias* (canonniers). Il a déterminé l'uniforme de chaque arme et de chaque grade, le mode d'avancement, l'administration des vivres, établi des décorations et des récompenses. La bravoure, la piété, la patience, voilà les conditions du commandement. « L'officier, dit Abd-el-Kader, est à sa troupe ce qu'est le cœur au corps de l'homme. » Les chefs des cavaliers et des fantassins portent des insignes en guise d'épaulettes ; on lit sur ces insignes des inscriptions arabes dont l'une exprime l'idée que la patience dans le commandement est la clef de l'assistance divine.

Jugurtha devait être éloquent ; Salluste nous dit qu'au moment d'une grande affaire le chef numide parcourait les rangs de tous ses bataillons et les échauffait de ses discours. Lorsqu'il alla à Rome plaider sa cause devant le Sénat, il ne lui fut point permis de se faire entendre de l'illustre assemblée, mais les sénateurs qui s'étaient repus de son or avaient senti aussi le pouvoir de sa parole. Un grand charme s'attachait à la personne de Jugurtha ; la belliqueuse jeunesse de Numidie s'était passionnée pour lui, et, dans l'expédition d'Espagne, il était devenu, d'après Salluste, l'idole de l'armée comme la terreur des Numantins. Jugurtha exerçait donc beaucoup d'empire par son prestige personnel ; mais nous croyons qu'Abd-el-Kader en exerce bien plus encore. Telle est sa séduction, que parfois même les officiers français n'ont pas pu s'y dérober[1]. L'émir joint à l'attrait des formes exquises et au double titre de marabout et de guerrier les qualités de savant et de poète. Ses amis nous apprennent, que, quand il monte son coursier noir, il paraît modeste comme un petit enfant, et se couvre à moitié la figure ; ce qui n'empêche pas qu'on ne compare sa vigueur à celle du lion. La poésie arabe contemporaine nous

---

[1] Ce chapitre était écrit lorsque le massacre des prisonniers français de la Deira, exécuté par l'ordre d'Abd-el-Kader, est venu souiller la gloire de l'émir.

répète que l'esprit de l'émir est plus vaste que la mer, qu'il est le savant des savants, le savant des Marabouts, et que les plus grands talebs (écrivains) s'inclinent devant son génie ; qu'une lettre qu'on lui adresse ne reste jamais une heure sans réponse, et qu'il emploie toujours les plus belles, les plus pures expressions.

« Notre maître, disent les poètes de l'émir, est
« comme la rosée qui tombe du ciel, comme la brise
« du printemps qui parfume les jours des esclaves
« de Dieu, comme le soleil des beaux mois dont tout
« le monde veut avoir un rayon, comme le jeune
« jasmin qui embaume, comme la rose qui se balance
« au lever du soleil, comme la violette appuyée sur
« une frêle tige et qui ne change jamais, comme la
« colombe qui roucoule dès le matin et que les
« oiseaux viennent écouter, enfin comme une petite
« vague de la mer qui bat sans cesse les flancs des
« rochers, car sans cesse notre maître frappe l'oreille
« du doux bruit de l'explication du livre divin (le
« Coran). »

Les vers d'Abd-el-Kader sont connus sous les tentes et les gourbis de l'Afrique ; plus d'un cavalier les chante pour charmer l'ennui de ces longues courses où parfois on fait des lieues sans rencontrer un seul arbre. L'émir a consacré par des vers le souvenir de ses principaux faits d'armes ; après avoir pris Tlemcen, il comparait la cité arabe à une amie dont il aurait conquis l'affection. « En me voyant, disait
« l'émir-poète, Tlmecen m'a donné sa main à bai-
« ser ; je l'aime comme l'enfant aime le cœur de sa
« mère ; j'enlevai le voile qui enveloppait son long

« visage, et je palpitai de bonheur : ses joues étaient
« rouges comme un charbon ardent. Tlmecen a eu
« des maîtres, mais elle ne leur a montré que de
« l'indifférence ; elle baissait ses beaux et longs cils
« en détournant la tête ; à moi seul elle a souri et
« m'a rendu le plus heureux des sultans. Je l'ai
« tenue par le grain de beauté qu'elle avait sur une
« joue, elle m'a dit : Donne-moi un baiser et ferme-
« moi la bouche avec la tienne. »

Dans un chant où je ne sais quelle autre muse du Désert célébrait la prise de Tlmecen par l'émir, Tlmecen, s'adressant à son vainqueur, lui disait :

« O Abd-el-Kader, toi qui sauves les esclaves de
« Dieu, qui sauves même les naufragés de la plus
« forte tempête au milieu de la mer, je t'ai donné
« mes clefs de bonne volonté ; il faut que tu me
« donnes Alger, ses biens et son peuple pour me
« servir ; il me faut aussi Oran, sa forteresse et ses
« canons. Quand tu tiendras ces deux places, ajoute-
« t-elle, tu n'auras pas besoin de te déranger pour
« obtenir la soumission de tout le pays. »

C'est souvent par trahison que s'achève le rôle des grands hommes de guerre. Bomilcar, deux fois l'instrument de mauvais desseins, avait promis à Métellus de lui livrer Jugurtha mort ou vif. Un jour qu'il trouva le chef numide triste et se plaignant de sa destinée, il le pressa de terminer la guerre et de se confier dans Métellus : déjà les conditions de la soumission étaient remplies ; mais, quand Jugurtha, dépouillé d'hommes et d'argent, fut sommé d'aller entendre son arrêt de la bouche du général romain, il recula devant la crainte de la servitude et se replongea dans l'air libre de la Numidie, remuant tout par son génie afin de se refaire une armée. Mais cet élan d'une âme énergique fut bientôt troublé par la découverte fortuite du complot de Bomilcar. Délivré du traître, il ne put se délivrer de ses sombres inquiétudes. Plus de repos, de confiance, de sécurité Toute figure d'homme lui semblait cacher un ennemi ; il tressaillait au moindre bruit, ne passait jamais la nuit au même endroit, et parfois, au milieu des ténèbres, il se réveillait en sursaut et se saisissait de ses armes en poussant d'effroyables cris. Agité, mélancolique, il changeait chaque jour ses plans et ses choix et flottait malheureux entre l'ennemi et le Désert. Un roi faible et lâche se rencontra pour accomplir l'œuvre de Bomilcar. On sait comment Bocchus, roi de Mauritanie, fit tomber son allié entre les mains de Sylla et de Marius. Nous avons vu à Rome le cachot (le Tullianum) où une vengeance indigne d'un grand peuple laissa mourir de faim Jugurtha.

Abd-el-Kader n'a pas de Bomilcar à redouter. La lassitude de la guerre, notre justice, nos victoires répétées, qui seront pour les musulmans une manifestation de la volonté de Dieu, diminueront le nombre des hommes attachés à sa mission de défenseur et de réparateur de l'islamisme, mais la liberté et la vie d'Abd-el-Kader n'ont rien à craindre de l'Arabe. Abd-el-Kader est marabout, il brille de la triple auréole de la religion, du génie et des batailles : il peut dormir en paix sous la garde du premier Arabe venu. Il peut manger sans frayeur le kouskoussou sous toutes les tentes, boire à tous les ruisseaux, à toutes les coupes, et suivre les pas du musulman sans redouter une embuscade. Mais le sort des combats peut le livrer à la France. Quel que soit le coup qui nous l'amène, il ne trouvera chez nous ni le cachot ni le supplice de Jugurtha. Notre civilisation est plus généreuse que celle des Romains[1].

Ainsi, dans le même pays, deux hommes de génie, à de longs âges d'intervalle, auront conquis une immortelle renommée en combattant deux grandes nations. La prolongation de la résistance d'Abd-el-Kader ne doit pas exciter notre surprise : sachons bien que ce sultan des solitudes est l'homme d'une croyance, et, de plus, qu'il est supérieur à Jugurtha.

La vapeur, ce prodigieux instrument donné au genre humain pour hâter sa marche vers l'unité, nous assure la possession de l'Algérie en la faisant toucher à nos rives.

L'Afrique, au temps des Romains, était plus facile à conquérir qu'elle ne l'a été de nos jours, à cause du grand nombre de villes qu'il y avait alors et qui permettaient d'atteindre de grands intérêts. Mais calculez le temps qu'il fallait pour que jadis des troupes parties d'Ostie ou de Brindes arrivassent sur les côtes africaines. Que de semaines, de mois perdus dans une navigation soumise à toutes les incertitudes des vents et des flots ! Que d'inévitables lenteurs pour porter des secours, des ordres, des idées ! Grâce à la vapeur, l'œuvre française en Afrique sera infiniment plus prompte que l'œuvre romaine. Avec la vapeur

---

[1] La prise d'Abd-el-Kader, son séjour en France, sa retraite à Brousse et à Damas ne sont ignorés de personne. La belle conduite du célèbre émir à l'égard des chrétiens de Damas a excité l'admiration de l'Europe. (Note écrite en 1861.)

la France peut en dix ans faire en Afrique ce qui coûtait un siècle à Rome. La Providence a voulu que la civilisation chrétienne eût de plus puissants moyens de propagation que la civilisation païenne. Elle a donné aux peuples chargés de porter l'unité morale des ailes plus rapides qu'aux nations anciennes chargées de porter l'unité politique. Toutefois prenons garde aux illusions en de tels sujets ! Les illusions, ces poétiques enchantements de la vie, ne sont que des travers ou des faiblesses d'esprit quand elles s'appliquent aux grandes questions de l'avenir. Il y a loin, bien loin de la conquête matérielle d'un pays à sa conquête morale ; à l'une peuvent suffire les jours et les années, à l'autre il faut des siècles. On a bientôt fait de saisir le corps de l'homme, mais l'âme humaine est bien autrement difficile à prendre.

XX

LA GUERRE D'AFRIQUE

Grandeur de la guerre d'Afrique. — Mission du peuple français comme peuple civilisateur et sauveur de la civilisation. — Charles Martel et la bataille de Tours. — La haute portée des croisades. — La réunion de l'Orient et de l'Occident. — Les grands desseins de saint Louis en Égypte. — Notre guerre d'Afrique est une continuation des croisades. — Différence entre notre armée d'Afrique et les anciennes armées de la Croix. — Le soldat d'Afrique. — Le belliqueux caractère de l'islamisme. — L'interrogatoire de Mohammed-ben-Abdallah, frère de Bou-Maza. — Le langage de la victoire chez les Arabes. — Systèmes militaires en Algérie. — Le maréchal Bugeaud. — La soumission des Arabes. — La mort d'Abd-el-Kader ne finirait rien. — Ce qu'il faut penser de ce qu'on appelle la barbarie de nos expéditions d'Afrique. — L'officier d'Afrique.

« Que faisons-nous en Afrique? » me disait il y a deux ans M. le maréchal Bugeaud dans son salon à

Alger ; je lui répondais : « Vous continuez l'œuvre de Godefroy, de Louis VII, et de saint Louis. » Quoique la tournure des idées de M. le maréchal gouverneur ne le porte pas à croire à la mission providentielle de la France contre l'islamisme au profit de l'unité du genre humain, de l'unité chrétienne, je n'oublierai jamais avec quel bienveillant intérêt il m'écoutait lorsque je lui développais en peu de mots l'œuvre français depuis les grands coups de Charles Martel. Il faut l'avouer, voilà bien des années que la tribune, la presse et les livres inondent notre pays de mots, de découvertes et de systèmes sur l'Algérie, et cette guerre d'Afrique n'est pas jugée d'assez haut. Nul ne paraît se douter que cette guerre soit la grande chose du temps présent. On n'y voit qu'une charge pour la France, des sacrifices d'hommes et d'argent. Essayons d'éclairer un peu les diverses faces de cette matière et d'agrandir un peu les horizons.

La France est un pays d'initiative et d'élan. C'est un pays missionnaire, il fut quelquefois martyr. Le destin de la France est de dominer par les idées ; elle sait mettre à leur service une épée à laquelle nulle autre épée n'est comparable. Si nous avons été quelquefois la terreur et la girouette des nations, nous en avons été plus souvent la lumière et l'arbitre. La France est l'avant-garde des peuples dans leur marche vers l'avenir ; elle leur donne l'âme et le signal ; elle les appelle, les réchauffe et les inspire. Si la France venait tout à coup à disparaître, le monde perdrait son plus beau foyer de sentiments généreux, son mouvement se ralentirait, ses pas deviendraient incertains et languissants. La suppression de la France ferait rétrograder le monde ; les peuples seraient déroutés. Nous ne parlons point de la large place que nous nous sommes faite sous le soleil par nos victoires et notre langue, par nos mœurs et nos chefs-d'œuvre ; il ne sera question ici de nous que comme peuple civilisateur et sauveur de la civilisation.

La première page de cette sublime histoire est écrite dans les champs de Tours. Il y a onze cents ans que l'héroïque fils de Pépin d'Héristal fut le rempart d'airain contre lequel se brisa la barbarie musulmane, dont les flots menaçaient de couvrir l'Europe. Les écrivains arabes ont appelé le théâtre de cette bataille le *pavé des martyrs ;* ils ajoutent que ce lieu, où tant de musulmans tombèrent, est un lieu saint, et qu'on y entend le bruit des anges du ciel invitant les fidèles à la prière. Pour nous aussi, enfants de la France, ce lieu est saint, car le christianisme et la civilisation remportèrent là un éclatant triomphe, et quelquefois sans doute les bons génies qui veillent sur le royaume de Charlemagne se plaisent à visiter le champ de bataille de Tours. L'immense révolution des croisades partit du cœur de la France ; dans l'opinion des vieux siècles, Dieu agissait, et les Français servaient d'instruments. Aussi le recueil des histoires de ces guerres sacrées reçut-il le titre de *Gestes de Dieu par les Français* (Gesta Dei per Francos). L'Europe entière finit par se mêler à ce mouvement prodigieux, mais ce fut la France qui donna le signal de ces expéditions gigantesques, ce fut elle qui prit à ces grandes choses la plus glorieuse part ; et, lorsque Jérusalem libre et chrétienne vit se relever le trône de David et de Salomon, il n'y eut que des princes français assis sur ce trône illustre. Il faudrait être singulièrement borné en histoire et ne rien comprendre aux révolutions humaines, à l'état du monde il y a huit siècles, pour ne voir dans les croisés que de pauvres fanatiques s'acheminant laborieusement vers des lieux révérés. On ne rencontrerait pas aujourd'hui un seul homme sérieux qui méconnût la haute portée des croisades et leur influence si considérable sur les destinées de l'Occident. Certainement les générations du onzième, du douzième et du treizième siècle n'eurent pas le sentiment de tout ce qu'elles accomplissaient; ce que l'homme connaît le moins en histoire, ce sont précisément les choses qu'il fait lui-même; les événements dont nous sommes témoins, ou dans lesquels nous sommes acteurs, ont des secrets qui ne se révèlent qu'à la postérité. Le genre humain, sous la main de Dieu, exécute des marches dont il ne comprend pas tout le sens, semblable au soldat qui va, qui obéit à la voix du chef sans être initié dans ses combinaisons et ses plans. Un point capital demeure acquis à l'histoire, c'est que le long et vigoureux effort des croisades, vaste insurrection contre l'islamisme, a sauvé l'Europe de la nuit musulmane. L'Europe doit aux croisades la grandeur de sa vie morale, la grandeur de son passé.

Il n'avait pas suffi à la France d'empêcher les débordements de l'islamisme, de le retenir, de l'emprisonner dans les limites asiatiques. Elle travaille à l'accomplissement de ce fait immense qui sera décisif pour l'avenir du genre humain : la réunion de l'Orient et de l'Occident. Ce fut en vue de ce but mal défini alors, mais d'une incontestable réalité pour nous, que nos aïeux fondèrent un royaume français à Constantinople, et qu'ils découpèrent en seigneuries, en marquisats et en duchés, les lieux les plus illustres de l'Asie et de la Grèce. Saint Louis portait en Égypte des projets de colonisation; il emmena avec lui beaucoup de cultivateurs et d'artisans. Si on lui avait proposé de succéder au sultan du Caire, il ne *l'eust mie refusé* [1]. Leibnitz, dans un mémoire adressé à Louis XIV, fait admirer les grands desseins de saint Louis en Égypte. L'expédition de Tunis, où le pieux roi trouva la mort, était faite pour atteindre profondément l'islamisme africain. L'esprit des croisades, devenu, d'âge en âge, plus politique que religieux, produisit ces longues guerres contre les Turcs qui se sont prolongées jusqu'au dernier siècle. Enfin Bonaparte reprit la pensée de saint Louis en Égypte, et Charles X, sa pensée en Afrique. La conquête du vieux roi qui est mort proscrit nous est seule restée.

Notre guerre d'Afrique est donc une continuation des croisades. Après avoir soufflé sur le fragile édifice du brigandage des Turcs à travers les mers, et délivré l'Europe de l'ignominie d'un vieux tribut, nous nous sommes établis sur la terre africaine, dans l'ancien héritage des Romains; nous avons planté au cœur de ce pays l'idée française, l'idée chrétienne. Nous ne trouvons pas dans notre armée d'Afrique l'enthousiasme religieux qui animait les anciennes

---

[1] *Mémoires de Joinville.*

armées de la Croix. Les saints, dont l'intervention dans les batailles des guerriers francs rappelait l'intervention des dieux dans les combats de l'Iliade, ne jouent aucun rôle sous nos drapeaux de l'Algérie. Il n'y a au milieu de nos jeunes colonnes ni visions, ni songes prophétiques, ni miraculeuses découvertes qui raniment les forces épuisées et décident de la victoire. Le merveilleux de notre guerre d'Afrique, c'est le merveilleux de la bravoure et de la résignation. On ne lit pas sans émotion dans les chroniques du moyen âge le récit de tant de privations et de maux soufferts en silence sur les chemins de Constantinople, de Nicée, d'Iconium ou de Satalie, autour d'Antioche ou de Jérusalem, aux bords du Selef ou du Nil. Le souvenir du divin Crucifié, la persuasion qu'on expiait ainsi des fautes et qu'on passait de la mort à l'éternelle vie soutenaient les princes, les chevaliers et les soldats des anciennes croisades : l'espoir du ciel faisait mépriser les angoisses de la terre. Mais que dire de notre jeune armée d'Afrique pour qui recommencent les rudes travaux de nos vieilles guerres d'Orient, et qui, privée du puissant mobile de la pensée religieuse, est réduite à trouver en elle-même la force de tout supporter?

Oh! que j'admire le soldat d'Afrique, bien plus poussé par l'amour du devoir que par l'idée de la gloire, supportant sans se plaindre la faim, la soif et les épreuves du climat, méprisant le puéril, pratiquant l'héroïsme comme une vertu vulgaire, gagnant des batailles, ouvrant des routes, défrichant des solitudes, se dévouant obscurément à une œuvre glorieuse! Ouvrier de la civilisation, après s'être battu contre l'ennemi, il se bat contre le mauvais génie des terres infécondes, et sa vie est une lutte et un péril continuels. Le soldat d'Afrique a plus de peine que n'en eut jamais le soldat de la République et de l'Empire. Nos phalanges républicaines et impériales avaient toujours besoin de courage, mais rarement de résignation ; une victoire décidait de tout ; après le dernier coup de canon tout était fini. Il n'en est pas de même en Afrique. Un succès ne termine rien ; il faut toujours avoir l'arme au bras et toujours triompher. La victoire est pour le soldat d'Afrique une manière d'être, et des succès de tous les jours ne donnent ni repos, ni abondance, ni sécurité entière. Pour trouver dans l'histoire quelque chose de comparable au soldat d'Afrique, il faut remonter au croisé des vieux temps. La résignation fut la plus haute vertu des hommes des guerres saintes; elle a passé dans l'âme du soldat d'Afrique. Les musulmans de l'Orient appelaient les croisés une *nation de fer*. Cette nation de fer, les musulmans d'Afrique l'ont retrouvée depuis 1830.

On s'étonne parfois des difficultés toujours renaissantes que rencontre notre armée dans la guerre d'Afrique. On ne sait pas assez que tout Arabe, disciple du Coran, est un héros, qu'il méprise la mort par conviction religieuse, et qu'en matière de guerre notre discipline seule nous donne la supériorité sur l'Arabe musulman. Une armée arabe disciplinée comme l'armée française serait invincible. Qu'on me permette quelques mots sur le belliqueux caractère de l'islamisme.

Les doctrines du Coran sont les doctrines de la

conquête; Mahomet a surtout prêché la guerre à ses disciples. « Grands et petits, marchez à la guerre « sainte, dit le prophète arabe, et consacrez vos « jours et vos richesses à la défense de la foi... Celui « dont les pieds se couvrent de poussière pour la « cause de Dieu, Dieu le préservera du feu de l'en-« fer. » Les fidèles de l'islamisme qui ne peuvent eux-mêmes porter les armes doivent concourir à la guerre par le sacrifice de leurs biens. D'horribles tourments sont destinés à ceux qui entasseront l'or et l'argent et qui refuseront d'employer leurs trésors au soutien de la foi. Le Coran ouvre le ciel à tout musulman mort sur le champ de bataille. Le prophète arabe défend de dire que ceux qui ont été tués pour la cause de Dieu soient morts; ils vivent et reçoivent leur nourriture de la main du Très-Haut. Personne n'ignore que les musulmans ont coutume de laver leurs morts et de les envelopper dans un linceul; les fidèles qui périssent en combattant n'ont pas besoin de ces sortes de purifications; Mahomet a dit : « Inhumez les martyrs comme ils sont morts : « avec leur vêtement, leurs blessures et leur sang; « ne les lavez pas, car leurs blessures, au jour du « jugement, auront le parfum du musc. » Avec de telles doctrines et des nations ardentes accoutumées à la vie rude, aux fatigues et aux privations, quoi de plus facile à expliquer que la rapidité de leurs invasions dans les contrées de l'Orient? On juge que ces nations pouvaient bien conquérir le monde. Ainsi se seraient accomplies ces paroles qu'un écrivain arabe prête au fondateur de l'islamisme : « Les royaumes « du monde se sont présentés devant moi, et mes

« yeux ont franchi la distance de l'Orient et de l'Oc-
« cident : tout ce que j'ai vu fera partie de la domi-
« nation de mon peuple. »

Voilà les idées qui sont entrées dans les croyances des musulmans. Le fanatisme fait leur force. La guerre est leur devoir. Si la terre leur échappe, ils auront le ciel. Toute la puissance d'Abd-el-Kader repose sur ces seules idées.

Au mois de novembre 1845, il parut devant un conseil de guerre à Alger un homme dont la parole éclairait d'une vive et terrible lumière la question de la guerre d'Afrique : cet homme est Mohammed-ben-Abdallah, le frère de Bou-Maza. Les journaux reproduisirent l'interrogatoire qu'il subit. Cette voix qu'on entendit était comme la voix du fanatisme africain dans son expression la plus haute et sa plus franche énergie. Mohammed-ben-Abdallah nous disait que les Arabes ont donné à son frère le surnom de *Bou-Maza* parce qu'ils l'avaient vu souvent suivi d'une gazelle envoyée de Dieu lui-même pour l'accompagner dans ses courses. Bou-Maza, né dans un village de l'empire du Maroc, venu en Algérie en 1838, s'était marié chez les Ouled-Younes et s'était acquis parmi eux une grande réputation de sainteté. Les tribus du Dubra l'avaient visité et lui avaient parlé du désir de faire la guerre sainte. Bou-Maza s'était mis à leur tête. A mesure que son nom se repandait, il recevait des lettres de diverses tribus et de divers émirs qui lui disaient : « Vous êtes le maître de l'heure annoncée par les livres saints : si vous parvenez à chasser les chrétiens, nous vous proclamerons notre sultan. » C'est ainsi que parmi les musulmans commence toute guerre sainte. Ils appellent au commandement celui qui est le plus éminent par sa piété. Si on demande à Mohammed-ben-Abdalla ce que pensera son frère Bou-Maza lorsqu'il le saura au pouvoir de la France, il répond que le cœur de son frère saignera et qu'ensuite ce frère se résignera à la volonté de Dieu, Pour lui, il sait que la mort est une contribution frappée sur nos têtes par le maître du monde : « Dieu, ajoute-t-il, la demande quand il « lui plaît; nous devons tous l'acquitter, mais ne « l'acquitter qu'une fois. » On dit au prisonnier que des aveux pourraient lui mériter la royale clémence. Il répond que sa vie n'est au pouvoir de personne et ne dépend que de Dieu. Si on lui demande pourquoi, jeune encore et étranger à l'Algérie, il est venu au milieu de nous chercher le péril, il répète que son seul désir, son seul but, a été d'aider au triomphe de la religion musulmane. Le prisonnier annonce avec fermeté que nous n'avons pas à compter sur la franche soumission des Arabes, qu'ils nous tromperont dans leurs promesses, que leur paix cachera toujours le projet de recommencer la lutte, et qu'ils ne se lasseront jamais de mourir pour leur foi.

Au temps des croisades, les musulmans croyaient voir des anges combattre dans leurs rangs. L'historien arabe Kemal-Eddin parle d'un ange vêtu de vert, qui mit en déroute l'armée de Roger, prince d'Antioche. Au rapport de Boha-Eddin, pendant que Philippe-Auguste et Richard menaçaient Saint-Jean-d'Acre, une légion céleste descendit la nuit au milieu des assiégés. De nos jours, le fanatisme des musulmans d'Afrique égale le fanatisme des musulmans de

Syrie au douzième siècle, mais ils ne nous ont pas encore appris si les anges vêtus de vert vont à leur secours.

En présence d'une situation pareille, il n'y a qu'un seul moyen d'imposer silence aux armes des musulmans, c'est de les convaincre avec leurs propres croyances ; or, ils regardent la victoire comme une manifestation de la volonté de Dieu ; pour eux la force c'est quelque chose de Dieu lui-même, c'est la vérité, la justice, le droit : Dieu parle par la bouche du plus fort. Il importe que les Arabes ne puissent pas croire un seul instant que la victoire n'est point avec nous. Dans les guerres ordinaires les échecs se réparent, les champs de batailles ont d'éclatantes revanches. Dans la guerre d'Afrique le moindre revers est grave, compromet notre position, nuit à notre avenir, parce qu'il donne à penser aux Arabes que Dieu n'est pas définitivement avec nous ; et que la balance penche incertaine dans la main de l'arbitre des destinées. Le plus petit échec éveille des espérances, fait ajourner les soumissions et germer des résistances qui remettent tout en question.

Ce qu'il faut donc à notre vaillante armée d'Afrique, c'est un système de prudence et de vigilance continuelles, qui nous laisse en possession de la victoire et ferme la porte à toute surprise.

Je ne suis pas homme de guerre, et je n'ai pas à présenter au public le plus petit système militaire applicable à la conquête de l'Algérie ; il est assez de mode que des gens qui se sont bornés à manier la plume tant bien que mal donnent des leçons aux généraux, contrôlent leurs plans de campagnes, et substituent à des combinaisons mûries dans les camps, des combinaisons improvisées dans un bureau de journal. Quant à moi, on voudra bien me permettre de ne pas professer l'art de la guerre. Je n'ai que les faits et le bon sens à offrir comme base de mes jugements.

Dans les premiers temps de notre conquête on se fatiguait en courses inutiles; nos pesantes colonnes avec leur matériel roulant n'atteignaient pas les Arabes, qui avaient toujours le temps de fuir, et de plus, elles souffraient toujours sur leurs flancs et sur leurs derrières. On a comparé la marche de ces colonnes au sillage du navire : le sillage se referme derrière le vaisseau. Nos colonnes ne devinrent redoutables qu'en se faisant légères; les petites pièces de montagne portées à dos de mulet, les bêtes de somme pour l'ambulance et les vivres remplacèrent les canons de campagne, les fourgons, le gros matériel de toute nature. Nos colonnes se composèrent d'infanterie pour les cinq sixièmes. Voilà le nouveau système dont l'habile application par le maréchal Bugeaud a produit de si grands résultats.

Que dirons-nous du système de ceux qui veulent donner à la cavalerie une action principale et exclusive? Ils oublient que les deux tiers de l'Algérie présentent des régions montagneuses, occupées par des Kabyles ou de l'infanterie arabe; ils oublient qu'Abd-el-Kader, dont on cite l'exemple, rencontre partout où il passe des vivres et même des chevaux, et que nous ne rencontrons, nous, que des places abandonnées. Notre cavalerie ne pourrait pas marcher sans convois, sous peine de mourir de faim; or les convois ne cheminent pas vite. L'alliance de l'infanterie et de la cavalerie est le seul moyen qui ait réussi et qui puisse réussir.

Au moment où le maréchal Bugeaud prit le gouvernement général de l'Algérie, on ne pouvait pas aller sans péril d'Alger à la Maison Carrée; nos troupes étaient prisonnières à Médéah et à Milianah. On ne communiquait avec Blidah qu'une fois par semaine et au moyen d'une escorte de quinze cents ou deux mille hommes; et maintenant, sauf des dangers produits par des émotions passagères, un colon peut faire des centaines de lieues sans courir aucun risque. On est forcé de convenir que depuis 1841 nos affaires militaires n'ont pas été mal conduites, et plût à Dieu que de 1830 à 1841 la question algérienne eût marché comme elle a marché dans ces dernières années! Il n'y a rien de pis que de faire les choses à demi et avec de molles incertitudes. Les sacrifices se prolongeaient, et les fruits n'arrivaient pas. On encourageait les résistances, les rébellions de l'ennemi, on dégoûtait le pays, dont les forces se consumaient inutilement. Le champ restait ouvert aux ambitions subalternes, aux calculs de la cupidité. En même temps nous donnions à l'Europe et au monde un spectacle dont souffrait notre gloire et qui aurait pu faire croire à l'impuissance du génie de la France. Depuis 1841, les choses ont changé de face sous la vigoureuse main du maréchal Bugeaud. Il a agrandi, consolidé, organisé notre empire en Afrique, et lui a imprimé un mouvement qui ne s'arrêtera plus. Des rives d'Alger à l'oasis de Laghouat, du Maroc à Tunis, l'Arabe et le Kabyle prononcent son nom avec une

très-grande considération; l'armée française d'Afrique croit en lui, ce qui n'est pas une petite gloire pour un chef, car les armées ne se trompent jamais sur l'homme qui les commande. Un officier supérieur d'Afrique m'écrivait : « Le maréchal Bugeaud a
« poussé vigoureusement la guerre et obtenu sous
« ce rapport des résultats importants. Il a montré
« pour la vie et la santé du soldat une sollicitude in-
« connue avant lui. Il a fait construire des hôpitaux
« et des casernes, où nos troupes trouvent un air plus
« pur et des soins plus étendus. Il a donné à la colo-
« nisation un développement qu'elle n'avait jamais
« pris avant lui. »

La direction militaire du duc d'Isly ne saurait donc être condamnée. Elle peut avoir des côtés imparfaits, des côtés que l'expérience doit compléter ; mais ne perdons pas de vue que la guerre d'Afrique est une œuvre toute nouvelle, qu'il a fallu inventer une stratégie. La perfection de la guerre d'Afrique sera l'organisation des colonnes avec le plus de légèreté possible. Je hais l'esprit de parti autant que j'aime la vérité. J'ai placé ma vie bien au-dessus des passions de ce temps, sous quelque drapeau qu'elles se montrent ; et comme la splendeur de notre âge n'est pas telle qu'on doive faire litière de bonnes et glorieuses pages, j'aime à rendre justice au maréchal duc d'Isly. Des boutades, des saillies un peu étranges, une allure parfois originale, ne sauraient être prises pour la mesure d'un homme : on doit mesurer un homme à ses œuvres.

L'Algérie est conquise, mais sa complète soumission sera l'œuvre du temps, et non pas l'œuvre d'un homme. Quand on connaîtra mieux la piété belliqueuse des Arabes, on s'étonnera moins du retour si fréquent des mouvements qu'il faut réprimer. Leur paix n'est qu'une trêve ; c'est du temps qu'ils se donnent pour se mettre en mesure de recommencer une agression. Un Arabe les a comparés à un âne altéré qui regarde au fond d'un puits ; l'âne trouve l'eau trop basse ; il n'ose enfoncer la tête de peur qu'elle n'entraîne le corps, mais, si l'eau s'élève, il boira. Les Arabes de défaite en défaite, de malheurs en malheurs, tomberont aux pieds de notre puissance, mais ils ne nous aimeront jamais. Le musulman vaincu ne peut aimer le chrétien victorieux.

Les luttes d'Abd-el-Kader avec notre armée me rappellent la fable du lion et du moucheron ; seulement, le lion, qui se nomme la France, n'est jamais *abattu*, jamais *sur les dents*. Et peut-être le moucheron, qui se nomme Abd-el-Kader, finira par rencontrer en chemin *l'embuscade d'une araignée* [1].

Il y a des gens qui croient que la mort ou la captivité du célèbre émir mettrait un terme à la guerre ; c'est ne pas bien comprendre le caractère de notre lutte africaine. Assurément notre ennemi sera plus faible le jour où un chef comme Abd-el-Kader lui manquera ; mais les guerres de religion ne finissent pas avec un homme, quelque génie qu'il puisse avoir. Il sortira toujours du milieu de ce peuple intrépide des chefs pour diriger la guerre *sainte* qui nous est déclarée.

[1] Les événements ont donné raison à toutes nos appréciations sur Abd-el-Kader. Nous n'avons pas besoin de rappeler comment il est tombé en notre pouvoir et comment l'a traité la France.

Il se présente un point fort délicat que je voudrais traiter en quelques lignes : c'est ce qu'on appelle la barbarie de nos expéditions d'Afrique. Je commencerai par dire que j'abhorre la guerre, que la mort donnée à l'homme par l'homme m'a toujours paru la plus affreuse chose, et que rien ne semble pouvoir justifier le vol à main armée de ce don magnifique que l'on nomme la vie. Pourtant, ce que le cœur repousse, la raison humaine l'accepte. J'ai parlé précédemment de cette mystérieuse loi de la guerre qui est une grande loi du monde, et j'ai dit que Dieu s'était fait appeler le Dieu des armées, le Dieu des batailles. Les sociétés ne marchent qu'à travers le sang et les douleurs. En remontant de siècle en siècle jusqu'aux premiers temps historiques, nous trouverons que tout changement dans le monde a eu besoin de la guerre pour se faire accepter : tous les siècles ont du sang sur le front. C'est là le plus grand témoignage de la misère des hommes et de leur peu d'élan vers la vérité.

Si on lit les récits des âges passés, on verra que la guerre a toujours été plus ou moins cruelle, selon les mœurs des nations belligérantes, selon les causes de la lutte, selon le caractère du peuple avec lequel un autre peuple se bat. Lorsque la civilisation fait la guerre à la barbarie, elle est parfois tristement forcée d'être barbare pour ne pas s'exposer à combattre à armes inégales ou pour ne pas perdre des avantages importants. C'est ce qui nous est arrivé de temps en temps en Afrique, et bien souvent nos soldats ont été entraînés à venger leurs frères des atrocités commises contre eux. A Dieu ne plaise que je veuille justifier les actes qui ont pu s'accomplir ! j'ai peu de goût pour de tels tableaux et j'en détourne mes yeux. Mais une longue étude des guerres de l'Europe contre l'Orient musulman, une longue étude du caractère des disciples du Coran, m'ont convaincu que le plus efficace moyen d'action sur les Arabes, c'est la crainte. Cela est douloureux à penser, mais les grandes choses sociales ne s'accomplissent pas avec le sentiment. Les Arabes ne se soumettront à nous qu'à force de nous redouter. Les publicistes qui sont d'avis qu'il faut prendre les Arabes par la douceur ne se sont pas suffisamment rendu compte du caractère des races musulmanes. La mise en pratique de semblables rêveries ferait rire à nos dépens les tribus de l'Atlas et du Jurjura. D'inutiles violences, de froides cruautés, l'abus de la victoire, livreraient à l'indignation publique le chef qui s'en rendrait coupable, mais je le répète, au nom de l'histoire, au nom de la vérité du caractère arabe, faisons-nous craindre en Afrique. Le musulman, dans ses rapports avec l'étranger, ne s'incline que devant la majesté de la force et l'appareil formidable de la puissance. Il y a des peuplades sauvages qui ne croient en Dieu que parce qu'elles ont entendu la la foudre. L'Arabe pense de même à l'égard des pouvoirs humains.

Le temps présent n'est pas aux grandes pensées; l'élévation ne marque point son caractère. L'âme humaine se plonge dans les intérêts ; elle court risque de s'asphyxier dans la matière. La guerre d'Afrique, malgré les tristes choses qu'elle a de temps en temps traînées après elle, met en regard de nos misères morales les nobles côtés du cœur de l'homme ; elle donne à nos instincts étroits et bas des leçons de sentiments élevés ; elle offre à notre égoïsme des modèles du plus parfait dévouement. Notre âge a besoin de la guerre d'Afrique pour ne pas perdre les traditions qui ont fait la gloire de notre pays. Il y a dans l'exercice habituel du courage et de la résignation une incontestable grandeur morale.

Nous admirions tout à l'heure le soldat d'Afrique. Mais ce sont les bons officiers qui font les bons soldats. Nous ne voulons citer aucun nom pour ne pas nous exposer à oublier des noms qui seraient dignes de louanges. Il nous suffira de signaler à l'attention de la France cette multitude de jeunes officiers, tous capables, tous intrépides et dévoués. Ceux qu'atteignent les balles ou les yatagans (et le nombre en est déjà grand) sont frappés à la face ou à la poitrine. Les pertes se réparent avec une facilité qui étonne ; une génération est là toujours prête pour remplir héroïquement les vides que fait la mort. Aux qualités brillantes qui sont de tous les âges de notre histoire, la plupart des jeunes officiers d'Afrique joignent le sérieux de l'esprit, un caractère réfléchi, fruits d'une éducation forte et de cette étrange vie passée en face du monde musulman, monde si grave, destiné à périr. L'officier d'Afrique, couchant sous la tente, vivant avec le spectacle des belles nuits et au milieu des grands tableaux de la nature, souffrant tour à tour de la chaleur, du froid ou de la pluie, séparé des joies, de l'élégance et des commodités européennes, placé en face de mœurs, de passions et de races qui lui sont nouvelles, doit subir une profonde influence dans son caractère et ses pensées. Il gagne en maturité, en expérience, et s'élève naturellement à la méditation, à la manière des capitaines anciens. Oh! ces jeunes hommes qui marchent à la tête de nos régiments de l'Algérie n'ont rien à envier à leurs vaillants devanciers de la République et de l'Empire. Ils livrent de moins grandes batailles, mais leur vie est plus laborieusement et plus péniblement occupée : ils ont besoin de plus de force d'âme et d'un plus énergique dévouement à leur pays. Or, disons-le, le but de notre guerre d'Afrique est plus haut, plus sacré que le but de nos guerres européennes; il ne s'agit point là-bas de l'ambition d'un homme ni de la propagande de principes plus ou moins bons et d'une application plus ou moins opportune; il s'agit de rejeter bien loin ou de soumettre la barbarie musulmane établie à deux journées de la France, et qui pendant des siècles avait insulté l'Europe; ce qui est en jeu, c'est la sainte cause de la civilisation, la cause immortelle des idées chrétiennes auxquelles Dieu a promis l'empire du monde et dont le génie français est le soutien providentiel.

XXI

COMMENT NOUS GOUVERNONS LES INDIGÈNES

D'où vient la répugnance des musulmans pour le dénombrement. — Nombre des habitants indigènes de l'Algérie. — L'impôt. — Gouvernement des indigènes. — Les bureaux arabes. — Il faut associer, dans une certaine mesure, les Arabes au gouvernement des indigènes. — De l'aristocratie chez les Arabes. — Pourquoi la province de Constantine a toujours été plus facile à gouverner que les deux autres provinces. — La propriété arabe. — Conseils adressés aux populations arabes et kabyles. — Disparition de l'or et de l'argent de la France sous la main des Arabes — Jusqu'ici nous avons apporté aux Arabes plus de vices que de vertus.

Il est plus facile de conquérir des peuples que de les soumettre, plus facile de les soumettre que de leur imposer des lois et des institutions. Cela est vrai dans tous les pays et dans tous les temps, mais cela est surtout profondément vrai pour des races qui haïssent religieusement l'étranger. Aux yeux des musulmans, l'étranger, c'est l'ennemi *(harbi)*.

La première difficulté qu'ait rencontrée l'administration française en Algérie, c'est le manque de statistique et de dénombrement. On s'est souvent demandé pourquoi le dénombrement a toujours tant répugné aux musulmans. J'y trouve plusieurs causes. On peut dire d'abord que cette répugnance provient d'un grand respect pour le foyer, pour la vie intérieure et les mystères de la famille. Il y a quelque chose qui ressemble comme à une invasion dans cette manière de venir vous compter, hommes, femmes, enfants. Quand on pleure sur un cercueil où qu'on se réjouit sur un berceau, à quoi bon permettre à la loi de venir prendre note de vos larmes ou de votre allégresse, de venir constater une place vide au foyer ou un convive de plus à la table du père de famille? N'y a-t-il pas une sorte de profanation à tenir compte du nombre des femmes, à prendre leurs noms, dans un pays où la femme est gardée sous le mystère? De plus, le défaut de dénombrement étant un moyen de tromper les tyrans et de leur échapper, cette coutume a dû s'établir d'elle-même en Afrique et en Asie, qui de tout temps ont été gouvernées par des oppresseurs. Telles sont les premières raisons que nous appellerons morales et conformes aux habitudes de l'Orient. Mais il est une autre raison, toute religieuse, plus forte peut-être que les autres, et qui est née des traditions antiques de l'Asie. David fut châtié d'une façon terrible pour avoir fait le dénombrement de son peuple; c'était comme une manière de mettre sa confiance dans ses propres moyens, de compter ses forces, et de substituer l'énergie humaine à la toute-puissance divine. Aussi le Seigneur frappa le roi David. Dans les pays de l'islamisme où c'est Dieu qui décide des batailles, le dénombrement a pu donc paraître un crime contre Dieu.

La ressemblance des noms est aussi une difficulté pour le recensement des populations de l'Algérie. Ceux qui ont voyagé en Afrique et en Orient n'ont entendu que les noms de Mohammed, d'Ibrahim, de Moustapha et de Hassan, de Aïcha, de Fatma, de Nefica et de Gueltoum; voilà pour les musulmans, hommes et femmes. Quant aux juifs, ils s'appellent *Cheloum* (Salomon), *Murtekai* (Mardochée); presque toutes leurs femmes se nomment *Rahil* (Rachel). Les Africains et les Orientaux se distinguent, autant qu'ils le peuvent, par l'indication de leurs professions.

Les données les plus probables nous autorisent à penser que nos possessions africaines renferment environ quatorze cent mille habitants : un million répandu dans le Tell algérien, quatre cent mille dans le Sahara. Les deux mille sept cents lieues carrées du Tell algérien pourraient nourrir trois ou quatre fois plus d'habitants ; les pâturages et les riches oasis semés à travers les treize mille cinq cents lieues carrées du Sahara offrent des ressources supérieures au nombre d'habitants qui s'y trouvent épars. Quoique une population de quinze cent mille habitants n'ait rien de considérable sur un sol de vingt et un mille lieues carrées (la France n'en a que vingt-sept mille), pourtant il étonne le voyageur qui n'a visité l'Algérie que par les chemins ordinaires, les chemins connus. En Europe, c'est sur les grandes routes et dans les lieux ouverts qu'on rencontre les centres de population ; telle n'est point la coutume des Arabes et des Kabyles, leurs campements ou leurs habitations sont cachés ; on a voulu les dérober à la fois aux regards des agresseurs et aux exactions des maîtres.

L'assiette de l'impôt n'est pas la même dans la province de Constantine et dans les provinces d'Alger et d'Oran. Les populations de la province de l'est payent l'*achour* ou le dixième des produits, et le *hokor* ou loyer de la terre. Les provinces du centre et de l'est payent l'achour, mais le hokor est remplacé par le *zekkat*, qui signifie chez les Arabes une aumône religieuse et qui maintenant est devenu un impôt ordinaire. Le hokor suppose que le gouvernement est possesseur des terres, et dans les provinces d'Alger et d'Oran les terres n'appartiennent pas à l'État. Dans le pays de Constantine, l'achour a pour base le nombre des charrues. Dans les pays d'Alger et d'Oran, c'est la quantité de grains semés et la récolte présumable qui dirigent la perception de l'achour.

Le fond de notre gouvernement des indigènes est emprunté au mode d'administration qu'avait Abd-el-Kader; nous avons des khalifas, des aghas, des caïds, et des cheiks. Nos trois provinces de l'Algérie, commandées chacune par un lieutenant-général, comprennent des subdivisions qui sont partagées en khalifas, aghaliks et caïdats; ces divers fonctionnaires correspondent avec nos bureaux arabes dont les chefs sont des officiers. Chaque bureau arabe est un centre d'administration française. L'officier placé à sa tête, plus ou moins versé dans la langue et les mœurs du pays, remplit une œuvre d'une haute importance; c'est l'homme d'après lequel les indigènes jugent notre autorité, notre caractère, notre valeur morale, nos droits à les commander. Il faut que cet homme montre quelque aptitude pour les affaires, qu'il soit grave de ton et de manières, qu'il ait de la fixité dans ses idées et ses décisions, et surtout qu'il ait le sentiment de la justice, car si la crainte doit être le fondement de notre pouvoir en Afrique, la justice doit en être la constante inspiration : la pensée musulmane ne trouve rien de plus beau, de plus divin que la force et la justice. Le choix du chef d'un bureau arabe ne se fera donc pas légèrement. Nous souhaitons que ces fonctions soient entourées de considération et d'honneur, et que l'officier qui fait nos affaires en présence de l'Arabe gagne de l'avancement tout comme s'il servait la France sur le champ de bataille. Les chefs des bureaux arabes ne seront pas les moindres fondateurs de notre domination morale en Afrique.

Quelques hommes ont désiré que des officiers français gouvernassent les indigènes dans tous les degrés de la hiérarchie. Ils n'ont pas pris garde au très-petit nombre d'officiers versés dans la langue arabe et dans la connaissance des mœurs, des coutumes, du caractère des peuples conquis. Le maréchal duc d'Isly[1] évalue à peine à une trentaine le nombre de nos officiers qui savent l'arabe. Mais quand même nous aurions sous la main tous les éléments d'une administration uniquement française, nous ne penserions pas qu'il fût d'une bonne politique d'adopter ce moyen de gouvernement.

Dans une entreprise aussi difficile que la soumission d'un peuple musulman, il nous importe d'avoir des auxiliaires parmi les musulmans eux-mêmes ; il nous importe que des chefs arabes se compromettent au service de notre cause. Toutes les fois qu'ils nous prêtent l'appui de leur crédit, ils se séparent, jusqu'à un certain point, de l'islamisme, et

---

[1] Parmi les brochures du maréchal duc d'Isly sur la question algérienne, il en est une très-récente qu'il faut signaler à l'attention publique ; elle est intitulée : *Quelques réflexions sur trois questions fondamentales*. Le maréchal traite du système de guerre en Afrique, du gouvernement des Arabes et de la colonisation européenne. Cette petite brochure vaut mieux que de gros livres ; elle abonde en importantes vérités.

perdent quelque chose de la force qu'ils pourraient plus tard tourner contre nous. Le principe de l'administration des Arabes par des chefs indigènes dépendant de l'autorité française, nous semble bon, sauf les modifications que l'expérience peut lui donner. Un Arabe sait mieux que nous comment on prend un Arabe, comment on obtient sa confiance, comment on déjoue ses ruses, comment on perce les finesses de sa diplomatie. Mahomet a comparé les membres de la société musulmane aux dents égales d'un peigne, et parmi les nations de l'islamisme règne l'égalité sous un seul maître et une seule loi. Il existe pourtant une aristocratie chez les Arabes ; on trouve chez eux le noble d'origine ou chérif, descendant de Fathma Zora, fille du Prophète, et de Sidi-Ali-Ben-Ebi Thaleb, son oncle ; le noble militaire ou djouad, issu d'anciennes familles, ou, mieux encore, issu de la tribu des Koraïchs à laquelle appartenait Mahomet ; et enfin le noble religieux ou marabout, gardien farouche de la foi musulmane, personnage considérable qui tient dans les plis de son vêtement de laine la paix ou la guerre. Lorsque cette triple aristocratie participera à l'administration des Arabes pour le compte de la France, notre œuvre sera bien avancée.

Mais n'oublions jamais que ce gouvernement des indigènes par des indigènes doit être inséparable de l'action française, de notre direction, de notre contrôle. L'administration par les indigènes est comme la monnaie du pays qu'on laisserait en circulation, mais après l'avoir frappée à l'effigie de la France ; il y a non-seulement un intérêt français, mais encore un intérêt d'humanité à ne pas livrer exclusivement à des indigènes l'administration des Arabes. On connaît leur esprit de rapine et leur esprit de vengeance. Des chefs arabes, débarrassés de toute surveillance, immoleraient à leurs passions les intérêts les plus sacrés ; ils ne se feraient pas faute de concussions et de cruautés. Dans la province de Constantine, où le jeune duc d'Aumale a laissé de bons et durables souvenirs, dans cette province commandée par un homme du plus rare mérite et de la plus haute valeur morale, le général Bedeau, on aime à voir de jeunes officiers s'en allant au milieu des tribus, écoutant leurs réclamations, recueillant leurs plaintes, prenant sur place des renseignements destinés au bureau arabe, et remplissant ainsi au profit des Arabes une mission protectrice dont ceux-ci doivent sentir le prix[1]. La province de l'est a toujours été gouvernée avec moins de difficulté que les deux autres provinces : la raison en est toute simple. Ahmed-Bey n'avait pas de grandes racines dans ce pays ; nul n'a regretté sa chute, et depuis la prise de Constantine qui a délivré la province d'un détestable régime, l'action française n'y a rencontré aucune sérieuse difficulté. Ajoutons que la diversité des races et des intérêts est un obstacle à la rébellion dans cette contrée, et que la pensée d'Abd-el-Kader l'a touchée à peine. Il n'en est pas de même des provinces d'Alger et d'Oran, longtemps et profondément sillonnées par la politique, les espérances,

---

[1] Le colonel Lebreton, homme d'esprit autant que brave officier, m'a donné d'utiles renseignements sur l'administration de la province de Constantine.

l'âme de l'émir. Là sa parole a fait bouillonner les passions religieuses, et ses succès ont créé des intérêts. La cendre est toujours chaude dans la province d'Oran ; et pour peu qu'Abd-el-Kader y souffle, on y retrouve du feu. Ne soyons donc pas surpris des différences politiques et morales que nous présentent nos trois provinces de l'Algérie ; et cependant rappelons ici que dans les pays du centre et de l'ouest l'autorité française a trouvé parmi les chefs arabes des auxiliaires fidèles, et qu'au milieu des récentes insurrections on a vu des khalifas, des aghas et des caïds des provinces d'Alger et d'Oran se faire tuer pour notre cause.

Une équitable et sage administration des indigènes importe à l'avenir de l'Algérie ; mais il est un point sans lequel la meilleure administration n'aboutirait à rien de durable ; cette question capitale dont une bonne solution deviendrait un très-grand élément pacificateur, c'est la propriété arabe. Le domaine est toujours prêt à mettre la main sur le sol occupé par des tribus soumises à notre puissance ; plusieurs ont été dépossédées ; les autres sont agitées sourdement de la crainte de se voir chassées des lieux qu'elles cultivent, où reposent les ossements des aïeux. Tant que cette question ne sera pas réglée avec justice, les tribus qui nous obéissent demeureront dans l'inquiétude, et peut-être finirions-nous par les réduire aux inspirations du désespoir. Nous aurons occasion de revenir sur cette question.

L'homme qui préside depuis cinq ans aux destinées de l'Algérie, et dont la supériorité s'est révélée à l'œuvre des Métellus et des Marius, le maréchal duc d'Isly, agronome et guerrier, a plus d'une fois adressé aux populations arabes et kabyles des conseils dignes d'un peuple civilisateur. Voici ce qu'il leur disait au mois de juin 1845 dans une proclamation en langue arabe dont la traduction est sous mes yeux :

« Le premier moyen de réparer les maux de la
« guerre et d'être heureux, c'est de rester fidèles à la
« promesse de soumission que vous nous avez faite,
« et devant laquelle nous avons arrêté nos escadrons
« et nos bataillons. Il faut accepter franchement le
« décret de Dieu qui a voulu que nous soyons venus
« gouverner ce pays. Vous savez les malheurs qui
« sont arrivés aux autres tribus qui se sont révoltées
« contre nous et les volontés de Dieu.

« Le second moyen, c'est de vous occuper, avec
« activité et intelligence, d'agriculture et de com-
« merce ; établissez des villages, bâtissez de bonnes
« maisons en pierres et couvertes en tuiles, pour
« n'avoir pas tant à souffrir des pluies et du froid en
« hiver, de la chaleur en été ; faites de beaux jardins
« et plantez des arbres fruitiers de toute espèce, sur-
« tout *l'olivier greffé* et le *mûrier* pour faire de la soie.
« Vous vendrez très-bien l'huile et la soie, et du pro-
« duit de la vente vous vous procurerez tout ce qui
« est nécessaire pour vous habiller et meubler vos
« maisons.

« Faites de grandes provisions de paille et de foin,
« pour nourrir vos bestiaux pendant la mauvaise
« saison. — Construisez des hangars pour abriter
« vos troupeaux contre les pluies et les neiges qui
« en détruisent beaucoup. — Castrez les jeunes veaux
« et les agneaux, sauf ceux qui sont réservés pour la

« reproduction, et ce doivent être les plus beaux.
« Les veaux et les agneaux castrés profitent davantage
« et se vendent mieux au marché parce que la viande
« est meilleure. — Ayez de meilleures charrues pour
« mieux labourer la terre.

« Donnez un ou deux labours préparatoires aux
« terres que vous voulez ensemencer la même année ;
« le premier en février ou mars, le second en mai.
« Par ce moyen vous n'aurez pas cette grande quan-
« tité de mauvaises herbes qui nuisent tant à vos ré-
« coltes. Avec des terres ainsi préparées, vous pour-
« rez semer aux premières pluies d'octobre, et vos
« blés n'auront plus à craindre les sécheresses de
« mai ; ils seront en épis au milieu d'avril. Vos ré-
« coltes auront moins à redouter les sauterelles, ce
« fléau n'arrivant ordinairement qu'en mai ; il trou-
« vera vos orges mûres et vos froments bien près de
« l'être.

« Je ne saurais trop vous recommander de ne pas
« détruire vos forêts, comme vous le faites ; il vien-
« dra une époque, je vous le prédis, où vous y trou-
« verez une grande richesse. Il s'établira autour de
« vous des villes populeuses où vous vendrez à bon
« prix vos bois de construction et de chauffage.

« Je ne vous en dirai pas davantage pour cette fois.
« Quand vous aurez bien médité ces conseils d'ami
« et que vous serez entrés dans la pratique des cho-
« ses que je vous ai recommandées, je vous en dirai
« d'autres, toujours pour votre bien, car nous vous
« aimons comme des frères, et nous sommes affligés
« toutes les fois que vous nous forcez à vous faire
« du mal.   « Salut. »

Pendant mes courses en Afrique, et surtout pendant mon séjour à Alger, j'ai entendu nos compatriotes se plaindre que l'or et l'argent de la France disparaissent sans retour sous la main des Arabes. Ce peuple-là consomme peu, trouve chez lui toutes les choses dont il a besoin, et quand il se rend à nos marchés, ce n'est pas pour échanger ses produits contre les nôtres, mais pour les échanger contre notre argent. De plus, cinq ou six mille Kabyles, plus de mille Mozabites, des centaines de Biskris, de Nègres et autres, gagnent à Alger quatre ou cinq francs par jour au métier de portefaix ou de commissionnaires, et tout ce monde-là dépense bien peu ; des milliers d'ouvriers, d'industriels et de serviteurs musulmans entassent de leur côté. Étendez ces calculs généraux à Bône, à Constantine, à Oran, aux principaux points de l'Algérie, et vous aurez la certitude que chaque année des millions tirés des coffres de la France sont emportés par les Arabes et enfouis dans je ne sais quelles solitudes. Depuis quinze ans, que de trésors doivent être cachés dans les coins les plus âpres de l'Atlas ! et combien de trésors qui n'ont plus de maîtres et que nul ne retrouvera plus ! Cette disparition du numéraire de la France en Algérie est un mal qu'on ne saurait éviter complétement ; mais des mesures et des prescriptions habiles pourraient le diminuer. Amenons les Arabes à troquer leurs produits contre les nôtres. Nous ne sauverons notre numéraire qu'en multipliant les échanges.

Hélas ! en désirant qu'entre nous et les Arabes, les échanges se multiplient, c'est comme si nous désirions voir s'accroître leurs besoins. Or, ce sont les grands et nombreux besoins qui font la pauvreté. Celui-là est le plus riche à qui il faut le moins. Le moraliste aimerait qu'on pût inspirer aux Arabes le goût d'une vie plus commode, plus saine, mieux abritée, sans porter atteinte à la simplicité de leurs habitudes. Il aimerait qu'on leur apportât le bien-être sans la corruption. Malheureusement les premiers temps de l'invasion d'une civilisation nouvelle, quand l'amour du bien n'en est pas encore l'inspiration la plus saillante, forment comme un crépuscule où se mêle moins de lumière que de nuit : jusqu'ici nous avons donné aux Arabes et aux Kabyles plus de vices que de vertus. Mais la Providence tient d'autres présents en réserve aux contrées d'Afrique tombées en notre pouvoir.

XXII

COLONISATION

La question d'Afrique. — Les causes des contrastes du continent africain. — État de la colonisation de l'Algérie. — Défaut de plan et choix de mauvais agents. — La question de la propriété. — Nécessité d'établir en Algérie des populations européennes. — Deux zones de colonisation pour l'Algérie. — L'Afrique est un débouché providentiel ouvert au superflu des forces françaises et européennes. — Ce qu'il y a d'actuellement praticable pour le gouvernement civil de l'Algérie. — On ne pourra rien fonder en présence de l'islamisme sans la supériorité morale. — Une lettre de M. le maréchal Bugeaud. — De l'élément religieux dans la colonisation africaine. — Faut-il ouvrir aux Maronites du Liban les chemins de l'Algérie ? — On n'a pas pu avoir l'idée d'interdire à nos prêtres d'Afrique l'étude de la langue arabe. — Influence du prêtre en Algérie. — Salut à la nouvelle Église d'Afrique. — La domination française en Afrique considérée comme un pas vers l'unité morale et religieuse du genre humain.

Il est temps que la question d'Afrique échappe aux ignorants, aux charlatans, aux esprits légers, aux esprits faux et aux passions basses. Nous ne sommes pas de ceux qui aiment à s'égarer dans les chimères et qui acceptent en silence une situation pleine de sacrifices et de périls. Il n'est pas besoin d'avoir un grand génie pour parler avec bon sens et bonne foi, avec exactitude et patriotisme ; un examen très-réfléchi de la question d'Afrique, une étude approfondie de l'histoire, des lieux, des hommes et des choses de l'Algérie ont donné à nos idées sur ce sujet le caractère d'une inébranlable conviction. Nous ne discuterons pas tous les systèmes connus; ils sont mêlés de bien et de mal comme toutes les opinions qui se présentent sous la forme de systèmes. Nous exposerons nos idées et nos vœux avec précision et clarté, avec la haute impartialité d'un homme qui ne possède en Algérie ni une obole ni un pouce de terrain, et qui, en France, indépendant et solitaire, ne connaît ni coterie ni parti.

Les limites de l'Algérie française sont celles de l'Afrique romaine. Nous avons repris l'œuvre des Romains avec le christianisme et la vapeur de plus. Le vaste continent africain, privé de grands fleuves, d'îles et de mers, s'ouvre plus difficilement à la civilisation que les autres contrées de l'univers [1]. Il présente comme une masse uniforme et impénétrable, comme un pays fermé. Les fleuves et les bras de mer sont des passages pour les idées et l'industrie humaine. Comme nul peuple n'est condamné aux ténèbres éternelles, nous dirons qu'il faudra des siècles

---

[1] Nous ne parlons pas de l'Égypte, parce que l'Égypte des anciens appartenait à l'Asie.

avant que la lumière brille dans les lointaines profondeurs de l'Afrique. Au milieu de cette immense péninsule, où la nature offre de si prodigieux contrastes, où se découvrent la plus vigoureuse végétation et la plus horrible stérilité, la civilisation sera bien longtemps condamnée à coudoyer la barbarie. Pendant que la charité chrétienne accomplira ses touchantes merveilles en Algérie, il y aura dans la Nigritie et dans la Guinée des anthropophages et des sacrifices humains. Placés entre la Méditerranée et la *mer sans eau* (comme parlent les Arabes), nous élèverons un empire français qui, à deux journées de Marseille et de Toulon, sera la continuation de la patrie.

Dans les premières années qui suivirent la révolution de 1830, le gouvernement, obligé de pourvoir laborieusement à ses besoins de chaque jour, laissa languir notre œuvre africaine ; les destinées de l'Algérie flottaient au gré des opinions les plus contraires ; des fautes commises sous le coup de nécessités politiques firent sortir de terre un ennemi à la fois habile et dangereux; Abd-el-Kader fut comme *une épine dans notre œil* (ce sont les expressions de l'émir lui-même). D'énergiques efforts ont renversé cette puissance. Elle essayera de se relever, mais les grands coups sont frappés, et chaque tentative nouvelle n'aboutira qu'à de sanglantes leçons. L'Algérie est donc conquise. Il reste à nous en assurer la possession, à en tirer parti, à fonder un empire profitable qui puisse mériter le nom de France d'Afrique comme il y eut jadis une France d'Orient ; seulement cette France d'Orient ne fut que passagère, et il ne dépend que de nous d'établir à nos portes une domination impérissable.

Il n'est pas exact de dire que rien n'ait été fait en Afrique pour la colonisation. N'eût-on fait qu'ouvrir des routes dans les trois provinces, ce serait déjà un commencement très-important, car un pays percé de routes est à moitié civilisé. On a donc ouvert l'Afrique ; le zèle, les pensées généreuses, les nobles efforts, l'industrie peuvent y passer. Là ne se borne pas l'œuvre française dont le mouvement principal date de 1841. On a partout bâti des hôpitaux et des casernes ; on a élevé beaucoup de villes et de villages, avec des enceintes pour les protéger ; on a agrandi, embelli, fortifié diverses cités qui existaient déjà. Le port d'Alger, quoiqu'il ne réalise point toutes nos espérances, et le passage de la Chiffa, sont des travaux dignes d'un grand peuple. Enfin cent mille Européens civils sont aujourd'hui répandus dans les trois provinces algériennes : on en comptait à peine vingt-six mille au commencement de 1841. Nous avons des écoles et des églises, et les plaines de Staouéli s'étonnent de la face nouvelle que leur ont donné de pieux et admirables travailleurs. L'ordonnance royale du 26 septembre 1842 qui a organisé la justice en Algérie, a contribué au progrès de la colonisation.

Mais un regrettable défaut de plan de la part du pouvoir empêche que l'œuvre africaine ne reçoive une impulsion décisive et ne marche à son vrai destin : de plus, sauf quelques exceptions honorables, le personnel administratif, chargé de l'accomplissement de tant d'importantes choses, est resté évidemment beaucoup au-dessous de sa mission. Je sais bien que, lorsqu'il s'agit de la fondation d'un empire, un gouvernement peut hésiter sur l'adoption d'un plan définitif, mais ces doutes ne doivent pas être éternels : ils seraient de nature à compromettre très-sérieusement l'avenir de notre conquête. La perpétuité de la paix européenne est une chimère, quelles que soient les dispositions de notre temps à fraterniser avec les nations, et l'Afrique française n'est pas en mesure, tant s'en faut, de pouvoir se suffire à elle-même et se défendre. Quant au personnel administratif de l'Algérie, il n'est jamais permis de confier les graves intérêts d'un monde naissant à des gens incapables ou peu jaloux de leur honneur. Il aurait fallu des hommes modèles pour l'administration de l'Algérie, et pendant de trop longues années on y a jeté des agents dont on voulait se débarrasser. Des mains impures trafiquaient du sang et de l'or de la France. Le fumier engraisse et féconde le sol, mais il ne féconde pas le sol social et politique. L'Algérie française se ressentira longtemps du mal moral qui lui a été fait. Impartial appréciateur de l'œuvre africaine, je dois dire que sous ce rapport le gouvernement exerce aujourd'hui une utile vigilance.

Avançons maintenant dans la profondeur des questions. Et d'abord disons un mot de la question de la propriété, qui est la plus grande difficulté de la colonisation européenne en Afrique. Nous nous sommes plus d'une fois convaincu que la vérité sur les choses de l'Algérie n'avait pas fait beaucoup de chemin au milieu de nous. On connaît bien peu surtout ce qui touche à la propriété. Depuis quelques années, on demande qu'elle soit constituée. Chacun croit qu'il s'agit de constituer la propriété sur toute l'étendue de l'Afrique française. On ignore que les ordonnances royales qui ont cherché à fixer définitivement les droits des colons s'appliquent seulement à une très-mince portion du territoire algérien : la banlieue d'Alger, la banlieue de quelques villes de la côte. Au lieu de travailler vainement à porter la lumière dans le chaos et la nuit de tant de situations inextricables, le gouvernement devrait, selon nous, se borner à une ordonnance en trois lignes qui légitimerait l'état présent des choses et consacrerait les droits de tous les possesseurs actuels : ils demeureraient en paix comme les possesseurs des biens nationaux. Cette difficulté est donc facile à résoudre.

Mais une difficulté plus considérable, c'est la nécessité d'établir les populations européennes dans des terres qui ont des Arabes pour possesseurs légitimes, car on se trompe fort quand on dit ou qu'on écrit que le gouvernement français est propriétaire de tout le sol de l'Algérie : il n'en possède qu'une petite partie connue sous le nom de *terres du Beylik*. Le reste a pour maîtres légitimes des indigènes munis de titres ou appuyés sur une longue jouissance. Voilà une des plus vraies difficultés pour la colonisation européenne. Le refoulement dans le Désert serait aussi barbare que l'extermination, et de plus une telle œuvre demanderait des efforts inouïs, un prodigieux déploiement de forces. Il faudra donc vivre avec les Arabes, nous faire place à côté d'eux, les resserrer, les déposséder en tout ou en partie et ne jamais déposséder sans payer. Cette introduction du peuple dominateur au sein des populations conquises ne peut s'accomplir que par la double action de la force et de la justice, et par les avantages certains qu'apportera aux indigènes une civilisation supérieure.

Le paiement régulier de l'impôt par tous les indigènes ne suffirait pas à l'entretien de notre armée d'Afrique. Il faut qu'une population européenne considérable s'y transporte, y fasse ses affaires, y prenne racine par le puissant attrait de la propriété et allège le budget africain : il importe que l'appât de bénéfices positifs l'y entraîne. L'Etat, qui devra être le principal colonisateur, ne regrettera pas des sacrifices faits au profit des colons : ce sera une marche inévitable vers les grandes économies. En aidant le colon à se fixer solidement sur le sol africain, en y multipliant les propriétaires, le gouvernement s'enrichit lui-même puisqu'il plante au cœur de l'Algérie un peuple qui sera promptement en état de diminuer ses charges en attendant qu'il l'en délivre.

Le désarmement, le système pacifique, ne résiste pas à un simple coup d'œil jeté sur la situation algérienne. Nous devons être armés, toujours armés.

Le colon civil n'est pas homme à rester sur la défensive ; un qui-vive continuel ne lui va pas. Epargnez-lui l'inquiétude et le danger. Il a besoin d'une pleine sécurité. Il est peu porté à enfoncer la charrue dans une terre d'où il se croit en péril d'être chassé d'une heure à l'autre, à semer un champ dont un ennemi pourra faire la moisson, à bâtir des fermes qu'il craindra de voir livrer aux flammes. Le colon civil, je le répète, veut jouir d'une sécurité complète : il ne s'attache qu'au sol qui ne tremble point.

L'Algérie demande donc deux zones de colonisation agricole : une zone civile, une zone militaire. Distribuez cent mille colons civils depuis Tlemcen jusqu'à la Calle; donnez-leur le voisinage de la mer jusqu'à dix ou quinze lieues dans les terres selon l'état du pays. Placez plus avant dans les terres les colons militaires d'après les données et les moyens très-praticables qu'a plus d'une fois exposés M. le maréchal Bugeaud (Nous n'admettons qu'une moitié de son système de colonisation). Les anciens soldats de l'Algérie, accoutumés au climat, accoutumés aux Arabes, sauront défendre leurs plantations et leur culture et seront invincibles dans leur habitation ou leur ferme : on sait que tous les efforts des Arabes expirent devant quatre murs fermés. La zone de colonisation militaire formera comme une ceinture armée qui, se reliant à nos postes, protégera d'une ligne impénétrable la zone civile.

Une fois abrités et tranquilles comme dans un département de la France, les colons civils travailleront et feront travailler. Ils déploieront cette activité que nul souci n'arrête et qui produit les larges résultats. Le sol ne sera plus inutilement fertile; couvert de riches plantations, de villages et de fermes, il annoncera qu'il a passé sous l'empire de l'esprit de vie. C'est alors que le capitaliste se tournera vers l'Algérie ; il n'a pas jusqu'ici une foi très-vive dans l'avenir de notre conquête; il a invoqué à l'appui de sa timidité les tâtonnements du gouvernement. La rareté de l'argent dans nos cités africaines a fait porter l'intérêt à des taux prodigieux que l'emprunteur pourtant supporte fort bien, tant le bénéfice est facile en Algérie à l'aide d'un peu d'argent ! L'argent est une grande puissance, mais ce n'est pas une puissance héroïque : il ne s'aventure qu'à bonne enseigne, ne se pique pas de courage, et trouve aisément de bonnes raisons pour rester dans les profondeurs d'un coffre-fort. L'argent ne se dévoue pas, ne remue qu'à son profit et ne procède que par calcul : dans l'immense mouvement des choses humaines l'argent appelle l'argent. Ouvrez-lui en Algérie les perspectives dont il a besoin, et vous verrez les travailleurs se presser à sa suite, et vous verrez par milliers les émigrants tourner le dos à l'Amérique et s'élancer vers les rivages africains.

Notre œuvre en Afrique n'est pas seulement française, elle est européenne. Chaque pays d'Europe, la France surtout, a des bras inoccupés que l'Algérie attend. Toute force oisive est dangereuse. Nous avons en France des activités qui cherchent leur place et ne la trouvent point, des puissances jeunes et vigoureuses qui s'agitent autour de la voie commune, et qui, ne rencontrant pas leur emploi, sont à la fois comme une protestation vivante et une permanente conspiration contre la société. Au milieu d'un continuel accroissement de population dont les résultats sont incalculables pour l'avenir, le génie industriel multiplie les procédés et les inventions qui rendent l'homme inutile ; ce mouvement contradictoire, qui jusqu'à présent paraît avoir trop peu frappé les hommes d'État, est cependant d'une effrayante nature. Quoi de plus terriblement simple ! D'un côté les masses s'étendent dans une progression inouïe, de l'autre se présentent chaque jour des machines nouvelles qui tendent à remplacer le travail des masses ! Et quand la vapeur, cette formidable puissance des âges nouveaux, s'appliquera à l'agriculture comme elle s'applique aux métiers, que ferez-vous de tant de bras qui tout à coup se croiseront en présence de ces découvertes auxquelles vous laissez prendre un développement imprudent? Rendez donc grâce à la Providence qui vous a donné un monde où l'excédant de vos forces trouvera son emploi ; au nom des plus chers intérêts de la France, occupez-vous de ce continent africain qui s'ouvre à tous nos besoins et qui donnera de l'air à tant d'intelligences menacées d'étouffer. Ne soyons pas comme les Turcs de qui on a dit qu'ils étaient très-propres à posséder inutilement de grands empires. Protégez, encouragez tout essai qui demandera à se produire ; faites que l'Algérie soit le pays des belles espérances et non pas des amers mécomptes ; faites souffler un vent de liberté dans cette zône civile où toutes les facultés, tous les élans, toutes les les combinaisons, se donneront rendez-vous et rivaliseront d'intelligence et d'ardeur.

La conservation de l'Algérie n'est plus une question ; l'opinion publique ou plutôt la foi nationale a répondu. Les instincts des peuples sont des inspirations divines, et la France a le sentiment profond des grandes choses que cache la question africaine. Si une loi de l'État n'a pas encore déclaré que l'Algérie est française, la conscience et le cœur de tous l'ont déclaré ; espérons pourtant que le jour n'est pas loin où le gouvernement, appuyé sur cet assentiment national qui chez nous est une si grande force, consacrera par un article de loi le fait victorieux, le fait inadmissible. Nous sommes de ceux qui veulent que l'Algérie soit à jamais française, mais le temps n'est pas venu où les provinces d'Alger, d'Oran et de Constantine puissent être régies comme nos quatre-vingt-six départements. Nos droits, nos privilèges, notre Charte, qui forment notre dignité, notre grandeur de citoyen, seraient un luxe passablement embarrassant avec nos quinze cent mille sujets arabes ou kabyles et les cinquante mille étrangers de tous les pays d'Europe dispersés sur le sol algérien. Ce que nous demandons en ce moment, c'est pour les colons étrangers, une protection générale, et, pour les colons de notre pays une protection particulière qui représente le droit commun des Français dans ses applications possibles au milieu des images et des besoins d'une récente conquête : nous pensons ici que dès à présent il pourrait être utile d'accorder à la ville d'Alger le bienfait des institutions municipales. La représentation civile des intérêts d'Alger serait un progrès. Nous nous abstenons de signaler les nombreux inconvénients de la concentration de toutes les branches de l'administration algérienne dans le ministère de la guerre ; les esprits les moins clairvoyants peuvent les reconnaître ; nous regardons cette situation comme purement transitoire, et nous ne doutons pas que d'ici à un temps prochain nos divers ministères ne se partagent l'administration de l'Afrique française.

Chaque colon est un missionnaire de la civilisation européenne. Il lui appartient de la faire aimer ou de la faire haïr. Il lui appartient de bâtir l'édifice des choses futures. La domination française s'établira en

Afrique avec plus ou moins de promptitude selon le caractère plus ou moins moral de la colonisation. Nous avons la supériorité de la force qui se traduit par la discipline, la baïonnette et le canon. Il nous faut la supériorité morale, cette puissance sans laquelle rien ne se fonde. Depuis quinze ans, les indigènes de l'Algérie n'ont pas dû être émerveillés de l'échantillon européen que nous leur avons offert. Puisque nous voulons entreprendre l'éducation des Arabes et des Kabyles, soyons meilleurs, plus honnêtes qu'eux ; puisque nous voulons leur faire aimer nos mœurs, nos usages, nos lois et notre génie, forçons-les de nous admirer comme hommes, forçons-les de convenir que nous sommes plus près qu'eux du dévouement, de la justice et de la vérité, plus près de Dieu. Je sais que trop souvent les colonies sont le refuge de gens pervers, mais notre Algérie n'est pas une colonie, c'est un empire qu'il s'agit d'établir à nos portes, c'est un agrandissement de la France, un prolongement de la patrie qu'il importe de créer à à l'image des sentiments les plus élevés. Je voudrais, autant que possible, qu'un colon ne fût admis en Algérie qu'après avoir justifié de sa qualité d'honnête homme. Les conditions de moralité, que nous souhaitons à la colonisation algérienne, ont une très-haute importance qui mériterait d'être sentie, comprise par les esprits politiques de notre temps.

Les Arabes valent mieux que beaucoup d'Européens civils qui habitent l'Algérie : pourquoi se rangeraient-ils sous nos idées, nos lois, nos volontés ? on est peu disposé à imiter ceux qu'on méprise. La question de notre domination morale en Afrique est tout entière dans le caractère des colons européens. C'est trop souvent la fange européenne qu'on rencontre dans les contrées algériennes ; or la fange n'est pas un ciment solide ; on bâtit avec elle des masures et non des monuments. Les vieux Francs qui portèrent la guerre en Orient ne furent jamais méprisés des musulmans. Les hommes des croisades, si forts, si patients, si indomptables, prenaient aux yeux des musulmans de prodigieuses proportions lorsqu'ils faisaient la prière avant de livrer bataille.

Je me souviens ici d'une belle lettre qui n'était pas faite pour le grand jour, mais dont la reproduction dans cet ouvrage sera un service rendu à la cause algérienne et à l'opinion publique en France.

Cette lettre est l'expression des sentiments d'un homme considérable qu'on juge très-diversement parmi nous ; elle éclairera, elle étonnera beaucoup de gens ; elle intéressera tout le monde. Voici donc ce que M. le maréchal Bugeaud me faisait l'honneur de m'écrire d'Alger à la date du 29 mai 1844, en réponse à quelques observations sur l'Algérie :

« ..... Oui, monsieur, après avoir soumis les
« Arabes par les armes, il faut les édifier par de bons
« exemples, et consolider notre domination par la
« supériorité de notre moralité. L'avenir de notre
« entreprise est à cette condition ; car il est des résis-
« tances que la force matérielle ne saurait atteindre,
« et devant lesquelles le relâchement dans les
« mœurs, l'abandon des principes religieux n'enfan-
« teraient que la faiblesse. Je suis tout disposé, par
« caractère et par conviction, à déployer les plus
« grands efforts pour atténuer le désordre moral que

« vous signalez ; je partage toutes vos sympathies, et
« je crois avec vous que nous avons beaucoup à faire
« dans l'intérêt des bonnes mœurs. Mais rien ne se
« fonde en un jour. Le temps est, avec l'inspiration
« d'En-Haut, l'élément indispensable de toute œuvre
« sérieuse, et Dieu lui-même a mis sept jours à créer
« le monde. J'attache trop de prix à votre bonne
« opinion pour ne pas vous rappeler en peu de mots
« la multitude des obligations que nous avons à
« remplir à la fois. Administrer une armée de
« soixante-quinze à quatre-vingt mille hommes, la
« faire marcher, combattre et travailler sur cent
« points différents, soumettre un peuple belliqueux,
« le protéger et le gouverner après l'avoir soumis ;
« introduire dans son sein un peuple nouveau
« (cette dernière tâche est immense ; elle présente
« des milliers de difficultés que l'expérience seule
« peut faire apprécier); correspondre avec trente ou
« quarante points occupés de l'Algérie, et avec l'ad-
« ministration de Paris : tout cela, monsieur, con-
« stitue une mission qui est au-dessus des forces d'un
« homme, quel qu'il soit.

« Depuis que je suis en Afrique, j'ai rarement
« dormi plus de quatre heures sur vingt-quatre ;
« je n'ai pas consacré un instant à mes plaisirs, ni
« même aux jouissances de la famille ; et cependant
« je me couche chaque fois avec le regret d'avoir
« laissé une foule de choses pressantes à faire. Tout
« mon temps, toutes mes veilles ne suffisent pas aux
« affaires les plus urgentes, et je suis forcé de me
« déclarer insuffisant à remplir les innombrables
« obligations d'une tâche qui me paraît la plus vaste

« de notre époque. Une guerre en Europe serait une
« chose difficile sans doute, mais ce serait une œuvre
« simple ; il ne s'agirait que de battre les armées
« ennemies pour obtenir une bonne paix. Ici la
« guerre bien faite, la guerre heureuse est assuré-
« ment la base de l'édifice, mais elle n'en est que la
« base. Tout est à créer, tout doit marcher à la fois,
« et il n'est pas possible qu'à chaque point de vue
« isolé, nous ne laissions pas beaucoup à désirer.
« Mais les hommes de cœur et de sens comme vous,
« monsieur, nous tiennent compte des difficultés
« que nous avons vaincues et de ce que nous avons
« réalisé dans l'ordre d'idées qui les préoccupe par-
« ticulièrement. Aussi ce que je viens de dire ne
« s'adresse-t-il point à vous ; je réponds seulement
« aux critiques hasardées, irréfléchies que la presse
« nous lance quelquefois avec légèreté. Vous ne
« m'avez point reproché de n'avoir point fait assez ;
« vous m'avez signalé une grande chose à faire ; je le
« reconnais et je vous en remercie..... »

Je me félicite qu'il m'ait été permis de publier cette noble et curieuse lettre. Elle est à la fois une grande espérance donnée aux gens de bien et une remarquable appréciation de l'œuvre d'un gouverneur général en Algérie. Dans les temps de révolution, la renommée des hommes, si l'on excepte les hideuses figures de l'histoire, ne laisse voir que la moitié de la vérité ; l'autre moitié demeure cachée au monde ; elle attend un événement, une épreuve, une occasion pour se révéler, et quelquefois cette occasion n'arrive pas ! Heureux quand la vérité tout entière sur le caractère d'un honnête homme mêlé à des événements divers peut s'échapper du milieu des agitations d'une époque !

Nous nous trouvons amené à parler de l'élément religieux dans la colonisation africaine. Nous avons, en plusieurs endroits de ce livre, indiqué notre pensée à cet égard. L'élément religieux doit, à notre sens, être considérable dans l'œuvre africaine. Milton nous représente l'Esprit divin déployant ses ailes sur l'abîme du chaos et le fécondant; ainsi l'esprit religieux devra féconder le chaos de ce monde naissant qu'on nomme l'Algérie. Les institutions catholiques qui ont jadis vivifié cette terre sont appelées à la vivifier une seconde fois et pour toujours. Si vous nous trouvez quelque chose de plus moral et de plus élevé, de plus fécond et de plus civilisateur que la pensée catholique, nous nous empresserons de l'accepter et d'en demander l'application à l'avenir de l'Algérie. Mais la gloire du catholicisme comme puissance civilisatrice a éclaté par tant d'œuvres depuis dix-huit siècles, qu'on peut nous pardonner de nous attacher encore à ce moyen d'action.

Ce que les Arabes comprendront le mieux de notre religion, c'est la charité. Or la charité, le dévouement aux misères de l'homme, voilà les plus solides bases de la domination morale d'un peuple. Il faut que les établissements de charité s'élèvent en grand nombre dans nos trois provinces de l'Algérie, et que nous accoutumions les Arabes et les Kabyles à recevoir nos soins. L'art de guérir est un merveilleux moyen d'influence sur les Arabes. Nous leur montrerons une science plus difficile, la science du dévouement dont la source et la racine sont dans un cœur chrétien. On connaît l'œuvre admirable des Orphelins d'Alger à laquelle deux nobles dames [1] ont attaché leur nom, imitant ainsi le zèle d'illustres Romaines des premiers siècles chrétiens, les Paule et les Mélanie. Mais là ne doit pas s'arrêter la charité. Des hôpitaux civils qui s'ouvriraient aux indigènes comme aux Européens, des établissements pour la vieillesse, des bureaux d'aumône, des écoles gratuites, donneraient aux Arabes et aux Kabyles quelque idée des bienfaits de l'inspiration chrétienne. Ils nous maudiraient moins après nous avoir vus panser leurs plaies, soulager leur indigence ; cette ravissante merveille de religion, qu'on appelle la sœur de charité, suffirait seule pour leur donner le sentiment de notre supériorité morale. Les ordres religieux eussent été de puissants instruments pour la colonisation de l'Algérie. Le temps n'a laissé sous notre main que les enfants de Rancé, courageuse et sainte phalange qui s'étendra, nous l'espérons, à travers l'Afrique française. Quoique l'âge de la chevalerie soit passé, comme disait Burk il y a plus d'un demi-siècle, pourquoi un de nos vieux ordres de chevalerie, l'ordre de Malte ou tout autre, modifié selon les temps nouveaux, n'occuperait-il pas une étendue de terre en Algérie et n'y donnerait-il pas l'exemple du travail intelligent, du patriotisme intrépide et de la morale religieuse ? Le souvenir des temps héroïques de notre pays, appliqué à de récentes conquêtes de la France et à de grandes vues d'avenir, ne manquerait ni d'utilité ni de poésie.

---

[1] Madame la maréchale Bugeaud et madame de Bar. L'œuvre des Orphelins a pour directeur un homme d'une infatigable charité, l'abbé Brumaud.

Quelques amis des Maronites, touchés des maux qui sont tombés sur ces fidèles montagnards, ont eu la pensée de leur ouvrir les chemins de l'Afrique. Nul plus que moi n'est attaché à nos frères du Liban. Il y a quinze ans, lorsque personne ne s'occupait d'eux et que le public semblait ignorer leur existence, j'ai un des premiers en France rappelé [1] leur origine, leurs traditions, leur ancienne alliance avec nous, leurs mœurs, leur caractère et leurs espérances. Depuis, j'ai gémi sur leur destinée que le gouvernement français n'a pas pu ou su protéger. Oui, certes, si l'extermination des Maronites, nos vieux amis, devait s'accomplir, il faudrait sans hésiter les tirer du Liban, les transporter en Algérie et leur ouvrir dans notre Afrique française une sorte de champ d'asile. Accoutumés aux climats chauds, aux travaux agricoles et à la vie arabe, braves, dévoués à nos intérêts, professant la même religion que nous, et parlant la langue des peuples que nous avons vaincus en Algérie, les Maronites seraient pour nous d'importants auxiliaires pour la colonisation. Mais tout homme qui a du sang français dans les veines ne voudra pas que le sacrifice du Liban se consomme et que les Maronites soient voués à la destruction au profit des plans britanniques. Des jours plus propices se lèveront pour cette bonne et vaillante race. Quand l'empire turc qui est bien mort aura eu ses funérailles, de grandes questions européennes se débattront en Orient; la voix des siècles, l'histoire et la religion donnent la Syrie à la France; il faut que les Maroni-

---

[1] Correspondance d'Orient.

tes restent dans le Liban ; ils seront nos utiles alliés : c'est une avant-garde qui attend les futurs triomphes de la France en Orient.

On a dit que le gouvernement français, redoutant les imprudences du zèle religieux, avait interdit à nos prêtres d'Afrique l'étude de la langue arabe : nous ne voulons croire à rien de pareil. Comment! tous les Européens de l'Algérie sont excités à apprendre la langue arabe afin que leurs relations avec les indigènes soient plus sûres, plus intéressantes ou plus productives; la connaissance de la langue arabe est la plus indispensable condition pour pénétrer ce pays de notre esprit, de nos mœurs, de nos idées, pour y faire passer la civilisation par les mille et mille canaux du discours; et, sous prétexte qu'il pourrait se rencontrer un ecclésiastique imprudent, on aurait interdit à nos prêtres, apôtres de morale et de charité, de faire comme tout le monde en Afrique! on leur aurait interdit des relations de politesse, de fraternité, d'amour avec les indigènes! on les aurait condamnés à un stérile isolement! Non, cela est absurde, et nous n'y avons jamais cru. Ce serait une grande erreur de penser que les musulmans de l'Algérie fuient la conversation avec nos prêtres; ils la recherchent au contraire, et la soutane leur inspire toujours un profond respect. Nous connaissons des prêtres qui, à l'aide d'un truchement, ont pu s'entretenir avec Abd-el-Kader et d'autres chefs musulmans : ceux-ci montraient une surprise extrême en entendant l'exposé de la morale et des sentiments du christianisme. Les Arabes ont appris par nos marabouts (ils appellent ainsi nos prêtres) que les Français ont un Dieu, un culte, des devoirs religieux à remplir, et c'est depuis ce temps qu'ils commencent à nous mépriser un peu moins. Dans les premières années de notre conquête, ce qui indignait le plus les Arabes, c'était qu'un peuple athée voulût leur imposer sa domination.

Vous ne verrez pas les ecclésiastiques de l'Algérie prendre un Arabe ou un Kabyle par le manteau et le baptiser de force. Nous laissons à l'islamisme conquérant le choix de Mahomet ou de la mort. Vous ne verrez pas nos ecclésiastiques prêcher dans nos mosquées d'Alger, d'Oran ou de Constantine ; ils savent qu'on doit ménager un peuple religieux conquis par les armes. Mais il ne se rencontrera pas un penseur sérieux, un ami de l'humanité qui ne souhaitera que nos prêtres d'Afrique ne soient à même de converser avec les Arabes. Ce n'est pas à coups de fusil que nous établirons notre domination morale, c'est par les vertus, c'est par la supériorité de nos sentiments, de nos institutions. Les discours et les exemples d'un bon prêtre seront tout-puissants en Algérie ; ils montreront aux indigènes ce que peuvent les inspirations de notre loi religieuse, et ce que pourrait être chacun de nous, si nous modelions notre vie sur l'idéal divin dont le nom est invoqué par deux cent soixante millions d'hommes [1]. L'Évangile a des trésors d'idées

---

[1] Le dix-huitième siècle, voulant discréditer le christianisme, imagina de répéter à qui voulait l'entendre que le Coran était plus répandu sur la terre que l'Évangile : beaucoup de gens en sont encore là aujourd'hui. Nous leur dirons donc que, d'après les calculs les plus rigoureux, les plus étendus de la science géographique, le christianisme avec ses communions diverses est professé par DEUX CENT SOIXANTE MILLIONS

simples que les races primitives acceptent aisément. Cent exemples s'offriraient ici sous notre plume. Nous ne rappellerons que la merveilleuse histoire des sauvages du Paraguay, transformés dans leur vie morale et sociale par des missionnaires catholiques; et nous choisissons cet exemple parce que les écrivains du dernier siècle en ont été frappés. Nous ne pensons pas que l'éternité soit promise à l'islamisme, mais les mahométans d'Afrique nous paraissent bien plus difficiles à manier que les sauvages du Paraguay : on ne doit pas se flatter d'obtenir dans un temps prochain de grandes conversions parmi eux. La mission principale du clergé de l'Algérie, dans ses rapports avec les indigènes, doit être, à notre avis, une action purement morale, un constant désir de placer bien haut dans leur estime la civilisation chrétienne, et de leur prouver, par une belle et sainte vie, que ce n'est descendre ni faillir aux yeux de Dieu que de se soumettre à la France. Oh! que nos prêtres étudient donc l'arabe, que les moyens de l'apprendre se multiplient. Au douzième siècle, on enseignait en Europe les langues des nations musulmanes. Par un décret du concile de Vienne, des chaires d'arabe et de tartare s'établissaient dans les écoles de Paris, de Salamanque et de Louvain. On trouvait des professeurs de langues orientales dans presque toutes les écoles des Frères Prêcheurs et Mineurs. Ce n'est pas

D'HOMMES, et l'islamisme avec toutes ses branches, par QUATRE-VINGT-SEIZE MILLIONS D'HOMMES!!! Sur les deux cent soixante millions de chrétiens, on compte cent trente-neuf millions de catholiques. On peut consulter les plus savants traités de géographie, entre autres la *Géographie* de Balbi, p. 75.

en plein dix-neuvième siècle et en présence du peuple arabe d'Afrique nous payant l'impôt que l'enseignement de la langue arabe pourra se restreindre. Des ouvriers évangéliques, qui se feraient comprendre des nations conquises, avanceraient singulièrement la colonisation africaine. Quelle favorable influence ils exerceraient sur les familles arabes qui devront se mettre au service des colons européens ! il y a des gens qui disent : Refoulez au loin les Arabes, ou bien exterminez-les. Nous disons, nous : Obtenez des Arabes d'abord qu'ils vous craignent, ensuite qu'ils vous estiment : tout l'avenir de l'Afrique française est dans ces deux mots.

Tout homme qui porte un intérêt véritable et un intérêt intelligent à l'avenir de l'Afrique française, doit désirer que le nombre des prêtres de l'Algérie s'accroisse. Il n'y a pas de petit séminaire à Alger, et ce qu'on appelle le grand séminaire à Alger, est bien peu de chose. Le gouvernement seul peut subvenir aux frais de cette double fondation, au milieu des besoins immenses d'un immense diocèse sans revenus. Quand les deux séminaires seront debout, et qu'une génération de lévites grandira sous l'œil du premier pasteur, l'Église d'Alger pourra se réjouir. En attendant la formation d'un clergé que j'appellerai indigène, je voudrais que chaque évêque de France tînt en réserve, pour le service de l'Église d'Afrique, un jeune prêtre dont l'intelligence et la vocation lui seraient connues : cette réserve pieuse et dévouée serait offerte à l'évêque d'Alger au fur et à mesure de ses besoins. Les jeunes prêtres de bonne volonté ne manqueraient pas ; et quel que soit le désir du chef d'un diocèse de garder les bons sujets, un évêque n'hésiterait pas à se priver, au profit de la belle moisson africaine, d'un zélé travailleur. Ce ne sont pas les ecclésiastiques auxquels on tient le moins qui doivent prendre le chemin de l'Afrique; il ne faut laisser partir, au contraire, que de saints ouvriers.

Nous avons exprimé l'idée que les portes de l'Algérie se ferment, autant que possible, à des colons sans moralité; combien serait désastreuse la présence de prêtres dont les discours et les actes donneraient de tristes armes aux hommes pervers! Une funeste pensée a trop longtemps pesé sur l'Algérie, c'est qu'on pouvait y déporter les imperfections, les erreurs et les vices de toutes les carrières, de tous les états! On doit précisément mettre le contraire en pratique. Laissons les misères de l'ordre moral en France, où le bien peut jusqu'à un certain point neutraliser le mal; n'oublions pas que nous avons entrepris de fonder un empire en Algérie, que nous sommes en présence d'un peuple essentiellement religieux, et que le succès d'une pareille œuvre est soumis à l'incontestable valeur morale de tous les instruments qui seront choisis.

Salut, Église nouvelle d'Afrique, fille des Cyprien et des Augustin! Vous avez été tirée des tombeaux par le génie et la foi de mon pays; je m'enorgueillis de vous voir renaître sous le drapeau de la France. Illustre entre toutes les Églises de l'univers, vous avez prêché avec le sang de vos martyrs et la parole de vos grands hommes; vous avez été comme un merveilleux flambeau allumé sur la montagne, et tels étaient vos rayons qu'ils éclairaient au loin les peuples de l'Italie et des Gaules. Un jour vint (jour terrible!) où les Barbares soufflèrent sur ce flambeau et l'éteignirent; mais le génie n'est pas de ces choses qu'il soit si facile d'effacer de la terre; les œuvres de vos enfants ne tombèrent point comme vos temples; elles traversèrent les mers et elles ont traversé les siècles. C'est ainsi, Église d'Afrique, que du fond de votre sépulcre vous étiez encore présente au monde religieux. Salut, ô vous qui ne deviez pas rester dans la poussière, et qui, à l'exemple du divin Maître, deviez avoir votre résurrection ! Les épreuves ne manqueront pas dans la voie qui s'ouvre devnt vous, et dès les premiers pas vous avez rencontré de mauvais jours. Ne soyez pas découragée : les épreuves avertissent et ne tuent pas ce qui doit vivre; elles éclairent et ne brûlent point; elles brisent ce qui est fragile et fortifient ce qui a de la durée dans les flancs. Vous vivrez, Église nouvelle d'Afrique; vous trouverez dans votre propre histoire les raisons de notre énergique espérance et la règle de votre avenir. Après treize cents ans de nuit et de silence, les chants des chrétiens ont retenti sur vos rivages, et désormais ils ne cesseront plus.

La domination française en Afrique doit être regardée comme un pas vers l'unité morale et religieuse du genre humain. Qu'on nous permette d'exprimer ici une idée qui plus d'une fois nous est venue à l'esprit.

La Genèse nous apprend qu'avant la construction de la ville et de la tour de Babel les hommes parlaient une seule et même langue [1]. La diversité des lan-

---

[1] Erat autem terra labii unius, et sermonum eorumdem. Livre de la Genèse, chap. XI, v. 1.

gues, qui implique toujours l'idée de la confusion, fut le châtiment d'un crime. Si la marche du monde est un perpétuel progrès vers le bien, vers la perfection, progrès voilé trop souvent par des perturbations profondes, on peut dire que les tendances des hommes aboutiront insensiblement à la suppression des diverses langues, à l'adoption d'une seule qui sera le lien universel des esprits ; les chemins de fer et les bateaux à vapeur, chargés de la mission de rapprocher les nations et de les fondre entre elles, favoriseront la marche des hommes vers l'unité de la langue. Cette unité de la langue serait le suprême résultat de l'unité politique, morale et religieuse ; et c'est ainsi que, pour sa perfection dernière, le monde redeviendrait, dans des proportions immenses, ce qu'il fut en petit aux premiers jours. Le long et laborieux effort du genre humain, c'est de réparer les désastres de la chute primitive. Voilà comment il monte, et quand tout sera réparé, les temps finiront.

Pourquoi ne dirions-nous pas que la langue française, est destinée à devenir cette langue unique, universelle, qui nous apparaît dans le lointain avenir des âges ? Avec son vêtement si léger, si lumineux et si simple, n'est-ce pas elle qui, dans les siècles modernes, a répandu le plus d'idées à travers les nations ? N'est-ce pas elle qui, acceptée en quelque sorte comme le plus parfait interprète de la pensée humaine, préside en Europe au mouvement des intelligences, et fournit à la conversation des peuples ? Un auteur florentin du douzième siècle préférait la langue française parce qu'il en trouvait la *parleure plus délicate*. Un autre ancien auteur étranger, voulant justifier sa prédilection pour notre langue, disait qu'elle *cort parmi le monde, et est plus délitable à lire et à oïr que nulle autre*. Déjà, à cette époque, elle avait obtenu en Europe une sorte d'universalité [1]. Chacun sait que nos armes et nos chefs-d'œuvre n'ont fait qu'accroître son empire. On doit donc regarder comme des crimes de lèse-civilisation les outrages contre la langue française, instrument providentiel de la civilisation du genre humain. Il y a quelque chose d'anti-social dans un livre français écrit en style incorrect ou barbare. Sauf l'indigne usage du talent, un bon auteur dans notre langue, par le seul fait qu'il écrit bien, devient un utile et grand ouvrier de la civilisation du monde.

---

[1] Dans le prologue de la *Toison d'Or* de Corneille, tragédie composée à l'occasion du mariage de Louis XIV avec Marie-Thérèse, fille aînée de Philippe IX, Mars disait à la France :

> Encore un lustre ou deux, et sous tes destinées
> Ton État n'auroit eu pour bornes que ton choix ;
> Et tu devois tenir pour assuré présage,
> Voyant toute l'Europe apprendre ton langage,
> Que toute cette Europe alloit prendre tes lois.
>   (*Scène* II.)

XXIII

LE SONGE DU VOYAGEUR

Souvenir d'une dernière visite à Hippone. — Saint Augustin est un ami. — Dernières impressions de l'auteur sur les collines d'Hippone. — Saint Augustin apparaît à l'auteur dans un songe. — L'œuvre de la France en Afrique est le sujet de paroles échangées dans ce rêve. — Gloire de notre patrie, appelée à rendre le christianisme aux contrées africaines. — Nulle révolution n'arrêtera les desseins providentiels. — Quelques réflexions sur l'affaissement, l'individualisme et la dégradation de ce temps. — Ce n'est pas vers le mal ni vers le laid que marche le genre humain. — Les âges futurs seront meilleurs, mais la terre paraîtra toujours petite aux grandes âmes.

La dernière fois que je visitai l'emplacement d'Hippone, j'étais seul; nulle préoccupation d'étude ou d'investigation ne venait me distraire de l'homme dont le génie respire sur ces collines; rien de ce qui touche à la connaissance des lieux ne me tenait en haleine; je ne cherchais ni sur quel point avait pu s'élever la basilique de la Paix, ni quels noms on pouvait donner aux débris qui apparaissent encore, ni même la place de la demeure de saint Augustin; j'avais repassé le pont de l'Abou-Gemma uniquement pour me trouver face à face avec l'immortel penseur africain. Les écrits de saint Augustin ont réponse à tout, aux maladies des âmes comme aux maladies des empires, aux instincts de grandeur qui sont dans l'homme comme aux divers mouvements qui poussent les nations en de mystérieuses voies; il y a quelque chose de tendre dans l'admiration qu'on éprouve pour saint Augustin; le cœur est de moitié dans les hommages que l'esprit lui envoie, car on serait inhabile à contempler tout entier si l'œil de l'âme de s'ouvrait point à côté de l'œil de l'intelligence : pour tout dire en un mot, le doux et profond évêque d'Hippone devient l'ami de tout homme qui l'a longtemps étudié. Voilà pourquoi, le jour de ma dernière visite à Hippone, j'allais y chercher un ami, l'ami le plus sublime et le plus complet dont dont l'idéal puisse se former en nous.

Seul, sur les collines où fut la ville du Platon chrétien, en présence de cette mer, de ces paysages, de ces horizons qui frappaient chaque jour les regards de l'illustre fils de Monique, j'écoutais comme s'il avait dû me parler, je jetais les yeux de tous côtés comme si j'avais dû le voir venir ; il me semblait que sa voix était près de m'arriver lorsque j'entendais la brise dans les rameaux de l'olivier, dans les branches de l'aubépine ; j'espérais le voir descendre du ciel lorsqu'un beau nuage passait sur ma tête, poussé par le vent de l'Edoug ; recueilli, muet, saisi d'un pieux effroi, mêlé de je ne sais quel ravissement, j'attendais que mon invisible ami se montrât. Il n'y avait plus là ni palais, ni monastère, ni basilique pour le recevoir ; il restait une gracieuse nature, des prairies en fleurs comme à Cassiacum où le jeune Augustin enseignait les choses divines à ses disciples bien chers, et la Seybouse qui roule lentement ses eaux comme si elle ne s'arrachait qu'avec regret à ses rivages bénis !

Pourquoi ce besoin, cette ardente espérance d'entendre parler l'incomparable pasteur des temps antiques, et cet empressement aux lieux où fut creusée sa tombe il y a quatorze siècles ? C'est que nous pensons que saint Augustin, du haut de la lumière devenue sa demeure, a vu les âges nouveaux, les âges futurs de l'Afrique; il pourrait découvrir l'avenir à notre inquiète curiosité; sa prophétique parole pourrait dérouler devant nous les luttes, les événements, les transformations qui attendent cette terre. Quand saint Augustin mourut il avait devant lui les Barbares et les ténèbres ; les calamités tombaient sur le monde africain. Le fer et le feu faisaient leur œuvre, le génie de la dévastation trouvait sa joie au milieu des angoisses et des ruines : on eût pu croire que les temps allaient finir pour ces pays malheureux.

Depuis lors, l'évêque d'Hippone, monté dans les régions de l'éternelle sérénité, n'avait vu que des misères et la nuit au sein de la patrie. Mais voilà qu'une race d'hommes qui n'existait pas à l'état de nation à l'époque de la mort de saint Augustin, a touché, conquis, éclairé ces contrées ; elle a interrompu une immobilité de quatorze cents ans, introduit la vie dans l'empire de la mort, les idées d'humanité et de justice dans les vieux royaumes de la violence et de la cruauté : elle a rendu l'Évangile à l'Afrique, qui tira jadis des inspirations chrétiennes sa plus belle gloire. La France de saint Louis avait apparu à Augustin sur la côte de Tunis comme une magnifique espérance ; la France de notre temps a accompli l'œuvre rêvée par le vainqueur de Taillebourg et le captif de Mansourah ; les ossements des Tertullien, des Cyprien, des Alype et des Possidius, épars sur la terre, en ont tressailli, et Augustin, le plus grand de tous, s'est incliné vers la France avec un sourire plein d'un immense amour.

Les derniers rayons du jour allaient me surprendre à Hippone ; obsédé par toutes ces pensées, j'oubliais le temps et les heures : la solitude des lieux était demeurée profonde, nulle rencontre importune n'avait troublé mes contemplations. En côtoyant la mer pour regagner Bône, le murmure des vagues ne rompait point l'ineffable harmonie où je trouvais tant de charme : saint Augustin n'avait-il pas entendu ces mêmes vagues, et les flots de ces bords n'avaient-ils pas souvent accompagné sa voix ?

Rentré chez mon hôte, je me couchai, le cœur plein, la tête en feu, avec la pensée d'échapper aux réalités grossières et de chercher dans les fantômes de la nuit et les illusions du sommeil une continuation de mes ravissements. Heureux jeux de l'imagination ! délectables effets des ardeurs de l'âme ! je m'endormis, et j'eus le bonheur de voir en songe saint Augustin ! Dans un de ses ouvrages [1], le fils de Monique raconte qu'un de ses anciens disciples, appelé Euloge, professeur de rhétorique à Carthage pendant qu'Augustin était à Milan, se trouva la veille de sa leçon fort embarrassé de certain passage d'un livre de Cicéron qui faisait le sujet de l'étude du lendemain. La nuit vint, Euloge cherchait vainement à pénétrer le sens du passage ; il se coucha en proie à une vive anxiété, demeura longtemps sans fermer l'œil, et puis le sommeil le saisit. Après de courts instants de sommeil, le jeune professeur de Carthage voit en songe son ancien maître : Augustin lui explique l'endroit du livre de Cicéron dont il était si pé-

---

[1] De curâ gorendâ pro mortuis, n° 13.

niblement occupé! « Comment ces choses peuvent se faire, » dit saint Augustin après avoir raconté ce trait, « c'est ce que j'ignore. »

Eh bien! le phénomène produit par le professeur qui, dans son embarras, avait beaucoup pensé à son ancien maître, s'est renouvelé pour moi à la suite d'heures délicieuses passées tête à tête avec l'image d'un beau génie! D'ailleurs, ne sait-on pas qu'il y a des songes dans les plus graves et les plus poétiques récits de l'antiquité?

Saint Augustin m'apparut sous le costume de moine qu'il porta depuis son baptême jusqu'à sa mort; son visage ne laissait point voir cet air délicat et souffrant qu'il eut toute sa vie ; il resplendissait d'une glorieuse immortalité. Le dialogue qu'on va lire est la plus fidèle reproduction des paroles échangées entre le saint évêque et moi dans cet étrange rêve.

LE VOYAGEUR.

Maître! c'est donc vous que je vois! par quel bienfait du ciel puis-je contempler votre face? par quel miracle de bonté puis-je voir vivant devant moi celui que la terre avait depuis si longtemps perdu?

SAINT AUGUSTIN.

Je viens à vous comme un père vient à son enfant. L'oreille d'un mortel n'est point faite pour entendre les secrets de Dieu. Ne me demandez pas comment je suis là devant vous; hier vous m'avez cherché à Hippone, vous me trouvez en ce moment : que cela vous suffise.

LE VOYAGEUR.

Je craindrais que votre présence ne s'évanouît

pendant que je vous parlerais de la félicité qu'elle me donne. Je ne veux ouvrir la bouche que pour solliciter l'aumône de quelques vérités, de quelques rayons qui percent les ténèbres de l'avenir. Jamais époque ne fut environnée de plus de nuit, et l'univers vous a salué comme un porte-lumière ! Les questions s'amasseraient sur mes lèvres ; mais dites-moi d'abord, vous, le plus parfait ornement de la vieille Afrique chrétienne, dites-moi que vous l'avez trouvée belle, ma patrie, quand vous l'avez vu lancer ses armées pour la rénovation africaine : ô grand homme ! l'Afrique était le seul pays de l'univers qui eût cessé de prononcer votre nom !

SAINT AUGUSTIN.

Ce n'est point vers un homme, quel qu'il soit, mais vers Dieu que doivent monter les louanges. Ceux à qui Dieu donne le génie ou la vertu n'ont pas le droit de s'en glorifier : on peut tirer quelque orgueil de ce qu'on possède par soi-même, mais qui oserait tirer de l'orgueil de ce qu'il a reçu ? c'est comme si l'étoile se glorifiait de son éclat, le lis de son parfum, l'or ou le diamant de son prix. Toute valeur humaine n'est qu'empruntée, toute beauté n'est qu'un reflet de l'éternelle beauté qui existe par elle-même. Du reste, quelques dons qu'un homme ait reçus d'en haut, il demeure toujours avec assez de misères pour que son orgueil en soit abattu. Cessez donc ces louanges, qui sont un vol fait à la gloire de Dieu.

Les joies de l'immortalité ne nous rendent pas indifférent aux choses de la terre ; Dieu permet qu'on se souvienne encore de la patrie. Les pasteurs, les martyrs, tous les enfants de l'Eglise d'Afrique, rangés en phalange invisible, se penchaient sur vos vaisseaux quand vos vaisseaux apportaient de nouveaux dominateurs à ces rivages ; le jour où la croix y reparut, ils remplirent les airs d'un immense cri d'allégresse. Heureuse la nation que Dieu choisit pour l'accomplissement de ses desseins ! Des nations barbares s'étaient établies pendant de longs siècles à la place de ceux qui faisaient de l'Evangile leur loi; l'heure de la chute était marquée. Le Seigneur a dit :

« Je me suis tu, mais est-ce que je me tairai tou« jours? » L'ébranlement des nations n'est souvent qu'une parole que Dieu prononce. L'Afrique chrétienne était couchée dans le sépulcre; la France a fait entendre la trompette de la résurrection. Oh! quels persévérants combats! quelle suite de courageux sacrifices ! que d'épreuves pour la nation appelée à briser la pierre funèbre de ce Lazare tant pleuré ! mais c'est la paille qui craint le feu, l'or ne le craint point. O mon fils! que vos espérances triomphent du langage de ceux qui nient ces futures merveilles. Quelqu'un qui n'aurait jamais vu le printemps et qui s'arrêterait devant une forêt dépouillée par le souffle de l'hiver ne croirait jamais que la forêt pût se parer de feuilles et de fleurs. La mer courbe ses vagues pour laisser passer les colons et les travailleurs ; les bras de la France ont remplacé les bras des Romains; le sol change de face, des cris s'élèvent, et le christianisme ressaisit pour jamais ce qu'il avait perdu.

LE VOYAGEUR.

Père, je vous écoute comme le pieux Hébreu écoutait ses prophètes, comme Alype et Licentius vous écoutaient dans votre retraite de Milan, comme vous écoutaient les mariniers d'Hippone. Les temps nouveaux de l'Afrique s'accompliront, j'en crois nos exploits qui ne sauraient être d'inutiles miracles. Mais combien il est difficile de fonder sans la foi en présence d'un ennemi dont les élans sont religieux.

SAINT AUGUSTIN.

Il est écrit : *En place de vos pères, des fils vo s ont été donnés.* Le premier âge français en Afrique, quoique mêlé de beaucoup de gloire, s'est montré plus politique que religieux, plus cupide que dévoué. L'âge suivant sera plus profondément pénétré du vrai caractère de la mission africaine et sentira plus fortement l'inspiration évangélique. Il faut avoir vécu longtemps dans une œuvre pour en comprendre tous les besoins. Chaque heure apporte son enseignement. On ne se dérobe pas éternellement à l'empire du vrai. C'est une bien puissante et bien terrible chose que la vérité. Vous vous rappelez la pierre détachée de la montagne, cette pierre qu'avait vue Daniel, devenue elle-même une montagne, qui couvrit toute la terre : cette pierre, par laquelle furent brisés les vains royaumes de ce monde, représentait la force de la vérité.

LE VOYAGEUR.

Père, l'Europe marche sans savoir où doivent la porter ses pas ; elle a des jours sans lendemain ; de vastes changements menacent le monde, la vieille société s'efface avec une promptitude inouïe dans l'histoire, un vent violent en jette au loin tous les lambeaux, et si le feu qui est sous terre éclate, peut-être qu'au milieu du tumulte orageux des nations l'Afrique renaissante sera oubliée.

SAINT AUGUSTIN.

J'ai vu le monde romain tomber sous les coups des barbares, j'ai vu balayer les peuples comme le vent balaye la poussière, j'ai entendu le bruit de calamités qui faisaient croire aux approches du dernier jour du genre humain, et tout ce prodigieux fracas des sociétés n'a pas retardé d'un moment les vues de la Providence. Il y a un jugement de Dieu dans chaque mouvement des empires comme dans la vie de chaque homme : des trônes brisés, des institutions abolies, des ruines jetées sur le chemin, les révolutions les plus diverses et les plus profondes ne sont pas des embarras pour sa puissance. Une belle lumière s'est de nouveau levée sur le ciel africain : elle ne s'éteindra plus.

Je commençais une question nouvelle lorsque le réveil mit fin tout à coup à cet entretien et me fit retomber dans ma solitude. Je fermai les yeux pour retrouver la vision disparue, mais l'image que je redemandais avait passé comme passent les illusions de la nuit. Toutefois de telles visites, même quand elles ne sont que le produit capricieux d'une imagination vivement excitée, vous laissent de l'énergie au cœur ; une parole ou une page d'un homme de génie, son portrait, quelque chose de lui qui vous frappe, vous donne une force nouvelle : c'est le vent frais du soir qui ranime le voyageur fatigué par les ardeurs de l'été et les chemins poudreux. Je sentais en moi un souffle plus pur, plus puissant, plus de courage pour continuer la vie.

Oh ! ce n'est pas toujours une facile chose que de vivre ! D'un côté, on a des tombeaux qui se sont fermés sur les restes de ceux dont toutes les pensées, tous les battements de cœur étaient pour vous, et quelles terrestres félicités pourraient jamais réparer de telles pertes ! de l'autre, on a les rudes labeurs d'une époque où la raison, l'amour du bien, le goût du grand et du beau ne tiennent pas l'empire ! Jamais il n'a été tant parlé de fraternité, et jamais le furieux amour de soi n'a plus universellement étendu ses ravages. On dirait que chacun aspire à tout saisir et veut être seul sur la terre. L'intérêt ! voilà la croyance, voilà la poésie, voilà les enchantements de ce temps ! c'est pour cela qu'on se lève, qu'on s'agite, qu'on travaille. Vous croiriez que l'âme est absente de l'univers, et qu'il n'y a plus que des corps. Où êtes-vous, élans généreux, ravissements de l'intelligence, joies sublimes de l'esprit, nobles dévouements, foi profonde à quelque chose ? Le moi, devenu impitoyable, se suffit à lui-même, se rassasie de son propre amour, s'enivre de ses voluptés solitaires ; le cœur humain, qui depuis six mille ans n'était heureux que du bonheur qu'il donnait, semble avoir changé aujourd'hui, et met sa félicité à se renfermer dans son adoration personnelle ; la vaste humanité a trouvé le secret de se cacher dans un trou.

Nous sommes arrivés à des jours où la richesse

donne la vertu et le génie. « L'or et la vertu, dit Pla-
« ton[1], sont comme deux poids mis dans une balance,
« dont l'un ne peut monter que l'autre ne baisse. »
« La vertu et les gens de bien, répétait encore le
« grand penseur de la Grèce, sont moins estimés
« dans un État à proportion qu'on y estime davan-
« tage les riches et les richesses. » C'est un lieu commun vieux comme le monde de tonner contre
l'amour de l'or ; mais il n'est pas pour le moraliste
un plus effrayant désordre que la disposition d'un
siècle à tout faire découler de la richesse. Une
pareille doctrine ferait du pauvre un objet de malédiction. Le pauvre, pour lequel le christianisme s'est
si admirablement attendri, ne serait plus qu'un vil
rebut, triste fardeau de la terre : ce n'est pas le siècle
où nous vivons qui aurait dit : *Nos seigneurs les pauvres*. Du moment où il suffit d'être riche pour gagner
estime, honneur, inviolabilité, pour gagner même
la gloire, il n'y aura plus que des hommes stupides,
lâches ou énervés qui, à moins du sentiment religieux, se résigneront à la condition de prolétaire :
les énergies, les natures vivaces s'acharneront aux
moyens de gagner de l'argent, et les voies les plus
courtes seront jugées les plus honnêtes.

Et c'est parce qu'aujourd'hui la fortune est considérée comme la mesure de la capacité, que vous
voyez dans les lettres un empressement ardent à produire, non pas ce qui est beau, mais ce qui peut
trouver des chalands. Il faut du temps pour bien
faire, mais le temps qu'on passe à achever une œu-

---

[1] République.

vre ne rapporte rien ; il faut du temps pour méditer un plan, exécuter une pensée, soigner la forme, mais le temps qu'on passe à réfléchir, à chercher, à creuser, à perfectionner, peut se passer fructueusement à manufacturer les volumes par centaines. De plus, la multitude des gens qui lisent ne comprendrait pas les belles choses. Tel écrivain qui eût été capable de faire un beau livre, se façonne pour de l'argent au goût du gros public, et les dieux littéraires ne sont plus que des boutiquiers. Étonnez-vous après cela, que le culte de l'idéal périsse, que la religion de l'art ne soit plus qu'un souvenir, et que la beauté du style soit rangée au nombre des inutilités et des chimères ! Aux yeux de ces insouciants barbares, le style n'est plus qu'un vain luxe, comme si ce n'était pas le style, et le style seul, qui fît la grandeur et la durée d'une œuvre, comme si le style n'avait pas fait l'éducation des peuples !

Mais, ne l'oublions jamais, ce n'est point vers le mal, ce n'est point vers le laid que marche le genre humain. Les spectacles de désordre que trop souvent le monde nous donne ne sont pas le but de notre destinée ; ils ne sont que les douloureuses variétés de la route. Il importe de monter plus haut par la pensée et de regarder venir des âges marqués de plus d'élévation et plus noblement empreints de christianisme. L'œuvre de la France en Afrique contribuera à donner de la gloire aux temps futurs ; nous avons taillé une illustre besogne aux générations qui viendront après nous.

A quelque développement heureux que le monde se livre, la terre nous paraîtra toujours trop petite.

Nous touchons les deux bouts de la terre avec nos ailes ; nous sommes sur la terre comme l'écureuil dans sa cage, et nous roulons sur nous-mêmes dans une étroite prison. Mais cette impression ne fait que nous révéler la sublimité de notre origine. L'âme humaine, frappée à l'effigie de l'infini, trouve étroit et petit tout ce qui n'est pas Dieu.

FIN

TABLE DES MATIÈRES

	PAGES.
Préface de la première édition	1
I. De Marseille à Alger	5
II. Physionomie d'Alger	15
III. Promenades à Moustapha	33
IV. Les environs d'Alger	42
V. Staouéli et Sidi-Ferruch	55
VI. Laghouat et le Désert	76
VII. Souvenirs religieux	95
VIII. La Société de Saint-Augustin	105
IX. Esclavage des chrétiens à Alger	113
X. D'Alger à Bône	146
XI. Hippone	163
XII. Bône	173
XIII. De Bône à Ghelma	189
XIV. Ghelma	200
XV. Mjez-Ammar	216
XVI. De Mjez-Ammar à Announa. — D'Announa à Constantine	231
XVII. Constantine	239
XVIII. De Constantine à Smendou et à El-Arrouch	258
XIX. Parallèle de Jugurtha et d'Abd-el-Kader	275
XX. La guerre d'Afrique	286
XXI. Comment nous gouvernons les indigènes	305
XXII. Colonisation	316
XXIII. Le Songe du voyageur	342

FIN DE LA TABLE.

Charleville, Typographie A. Pouillard, rue Napoléon, 22. — 8578